GOLDMANN
RATGEBER

Buch

Die schier unbegrenzten Möglichkeiten unseres Geruchsempfindens und die geheimnisvolle Welt der Düfte sind zu allen Zeiten in den Dienst der Liebe und der Verführungskunst gestellt worden. Nun entdeckt auch die moderne Wissenschaft, was besonders Liebende, aber auch alle Menschen mit einem feinen sinnlichen Gespür schon immer gewußt haben: Unser Geruchssinn besitzt große Macht über uns; Gerüche und Düfte beeinflussen unsere Gefühle, wecken Erinnerungen, beschwören Bedürfnisse herauf und wirken sich auf unsere momentanen Stimmungen aus.

Ausgehend von gesicherten Erkenntnissen – Duftmoleküle lösen eine sofortige Reaktion im Gehirn aus und haben damit Einfluß auf unser gesamtes emotionales Verhalten –, stellt Valerie Ann Worwood ausführlich Charakter und Bedeutung von über fünfzig ätherischen Ölen dar. Sie bietet eine Fülle von Mischungen und Rezepten zur Stärkung des Selbstvertrauens und Erhöhung der Lebensfreude, zur Steigerung der Liebesfähigkeit und zur sexuellen Stimulierung. Ihre aromatischen Kreationen helfen aber auch gegen Streß, Frustration, Depressionen und Traurigkeit.

Autorin

Valerie Ann Worwood arbeitet seit zwanzig Jahren als Aromatherapeutin. Sie ließ sich ursprünglich zur Physiotherapeutin ausbilden und bezog schon früh ätherische Öle in die physiotherapeutische Arbeit mit ein.

Valerie Ann Worwood ist Mitglied der Internationalen Vereinigung der Aromatherapeuten und verschiedener anderer Fachorganisationen, praktiziert Aromatherapie in ihren Kliniken in London und Essex und bietet zu diesem Thema weltweit Seminare und Vorlesungen an.

Valerie Ann Worwood

Liebesdüfte

Die Sinnlichkeit ätherischer Öle

Goldmann Verlag

Originaltitel: Aromantics. Add Zest,
Romance and Fun to Your Life
With Nature's Quintessential Oils
Originalverlag: Pan Books Ltd., London

Illustrationen: Johann Peterka

Aus dem Englischen übertragen
von Brigitte Peterka

Umwelthinweis:
Alle bedruckten Materialien dieses Taschenbuches
sind chlorfrei und umweltschonend.
Das Papier enthält Recycling-Anteile.

Der Goldmann Verlag
ist ein Unternehmen der Verlagsgruppe Bertelsmann

Made in Germany · 2. Auflage · 1/93

Umschlaggestaltung: Design Team München
Umschlagfoto: ZEFA-Stockmarket, Düsseldorf
Druck: Elsnerdruck, Berlin
Verlagsnummer: 10471
Ba · Herstellung: Ludwig Weidenbeck/sc
ISBN 3-442-10471-8

Inhaltsverzeichnis

4. Kapitel
Die aromantische Frau

5. Kapitel
Der aromantische Mann

6. Kapitel
Die andere Seite

7. Kapitel
Das aromantische Ambiente und die aromantische Aura

8. Kapitel
Sinnliche Speisen und Getränke

Einleitung

Schon der Titel dieses Buches verrät, daß wir es mit einem Buch über die Natur und die Liebe zu tun haben. Dieses Buch will uns mit Hilfe der Natur und ihren ätherischen Ölen bei der Suche nach dem richtigen Partner behilflich sein. Es handelt von Spannung und Entspannung, Wohlbefinden und Selbstvertrauen, hervorgerufen durch das Gleichgewicht von Körper, Seele und Geist. »Liebesdüfte« ist ein Buch über Sinnlichkeit und – ja, warum nicht? – über Sex.

Wir werden die ätherischen Öle kennenlernen und erfahren, wie sie wirken. Und wir werden die Geheimnisse unseres Geruchssinns ergründen, über den sich unsere Gefühle und unser Gedächtnis direkt beeinflussen lassen und der maßgeblich daran beteiligt ist, ob wir jemanden mögen oder nicht. Wir werden uns mit den Ursachen beschäftigen, warum manche ätherischen Öle ein ausgezeichnetes Aphrodisiakum darstellen, das über unser Körpergedächtnis wirkt. Und nicht zuletzt werden wir lernen, wie wir unser vor Lebensfreude strahlendes, aromantisches Selbst erwecken können. Mit »aromantisch« verdeutlichen wir auch sprachlich die Einheit von »Aroma« und »Romantik«; »Aromantik« ist der Urbegriff von Natur und Liebe.

Die ätherischen Öle sind ein natürliches Produkt aus der Pflanzenwelt. Bei den Zitrusfrüchten wird das Öl aus der Schale gewonnen, beim Eukalyptus aus den Blättern und Zweigen, beim Jasmin aus den Blüten. Auch Samen, Wurzeln, Rinde und Holz liefern Öl. Es gibt Pflanzen, aus deren verschiedenen Bestandteilen mehrere Öle hergestellt werden.

Wahrscheinlich gibt es über eine Million Pflanzenarten auf der Erde – es kommen immer wieder neue Gattungen hinzu –, doch nicht alle werden zur Gewinnung von ätherischen Ölen herangezogen. Es sind aber schon eine ganze Menge, allein in Europa verwendet man fünfhundert Pflanzen, von denen der Großteil zwar nur regionale Bedeutung hat, einige davon werden jedoch weltweit exportiert und genutzt.

Wohin uns unsere Reisen auch führen mögen, wir können sicher sein, daß eines der ätherischen Öle denselben Weg genommen hat, sei es Petitgrain, das in den Häfen von Paraguay verschifft würde, gäbe es dort Häfen, oder Nelkenöl, das in Sansibar zu Hause ist. Von Bulgarien werden wir sicher nicht ohne Rosenöl heimkehren und aus Rußland nicht ohne Kiefer. Besteigen wir ein Flugzeug nach Amerika, um Pfefferminze zu holen, oder die Fähre nach Frankreich, um Lavendel mitzubringen, oder ein Schiff nach China, um Anis zu kaufen: In welches Land wir uns auch begeben, immer gibt es irgendein spezielles ätherisches Öl, das dort hergestellt wird und das irgendwer am anderen Ende der Welt gerne kaufen möchte.

Dieser Handel ist nicht nur weit verbreitet, sondern auch uralt. Vor mehr als dreitausend Jahren wurden die ägyptischen Mumien, die wir in den Museen sehen können, mit Hilfe von Harzen und Ölen einbalsamiert, die auch heute noch von den Aromatherapeuten verwendet werden. Der eigentliche Zweck des Einbalsamierens war nicht das Überdecken schlechter Gerüche, sondern das Verhindern des Verwesungsprozesses – wofür das Fleisch der Mumien noch heute der beste Beweis ist.

Seit Tausenden von Jahren hat sich der Mensch die natürlichen ätherischen Öle zunutze gemacht, um die Lebenskraft zu stärken. Die Öle und die Pflanzen, aus denen sie gewonnen wurden, waren lange Zeit die einzige Form von Medizin, die der Mensch kannte, und sie bilden auch heute noch einen wesentlichen Bestandteil vieler moderner Medikamente. Die heutige Wissenschaft und Forschung hat nur das empirische Wissen unserer Vorfahren bestätigt und bewiesen, daß die Natur uns mit einer Unzahl verschiedener Öle versorgt, die dazu dienen, die verschiedenen Bedürfnisse der Menschen zu stillen – und darunter selbstverständlich auch das Bedürfnis nach gesundem, glücklichem Sex.

»Liebesdüfte« ist das erste Buch, in dem sämtliche Informationen gesammelt wurden, die Sie brauchen, um Ihr Leben mit Hilfe der machtvollen und kostbaren Gaben der Natur schöner und erfüllter zu gestalten. Die ätherischen Öle sind ein Mittel zur Verstärkung und Betonung unserer positiven Anlagen. Wir werden lernen, wie die Öle auf der körperlichen, seelischen und geistigen Ebene arbeiten und eine harmonische innere Schwingung bewirken, die nicht unbemerkt bleiben kann und Sie unwiderstehlich macht. Es gibt Hunderte von Ölen und Dutzende Anwendungsarten, und dieses Buch macht es Ihnen möglich, sich meiner exklusiven Rezepte zu bedienen oder Ihre eigenen Rezepte zu entwickeln, maßgeschneidert für Sie und Ihre Liebste oder Ihren Liebsten. »Liebesdüfte« ist ein Buch voller Abenteuerlust, Freude, Gesundheit, Glück und Ekstase, es nimmt Sie auf eine Luxusreise mit, auf der Sie Ihr neues aromantisches Selbst entdecken werden!

1. Kapitel

Was sind ätherische Öle?

Eigenschaften und Wirkungen ätherischer Öle

Die auffälligste Eigenschaft der ätherischen Öle ist ihr göttlicher Duft. Das könnte zu der Annahme verleiten, daß es sich bloß um eine Art Parfum handelt, um köstlich riechende Essenzen, die uns das Leben erfreulicher machen. Das stimmt auch, aber es ist bloß der Anfang.

Bei den ätherischen Ölen handelt es sich um außerordentlich komplexe Substanzen, die reich an Energie sind. Sie finden sich in bestimmten Pflanzengattungen und je nach Gattung in den Blüten, Blättern, Stengeln, Samen, Wurzeln und in Rinde oder Holz. Sie stammen aus den zartesten Blumen und den höchsten Bäumen. Manche Pflanzen liefern verschiedene Öle, je nachdem, ob man sie aus ihren Blüten, Früchten oder Blättern und Zweigen gewinnt. Jedes ätherische Öl ist in seiner Art einzigartig, und die meisten sind in ihrer chemischen Zusammensetzung äußerst komplex.

Bei einem Vortrag im Jahr 1980 soll Dr. Taylor von der Austin-Universität in Texas festgestellt haben, daß die Chemiker der ganzen Welt tausend Jahre brauchen würden, um sämtliche neuentdeckten Bestandteile der ätherischen Öle zu analysieren. Das war wahrscheinlich eine Übertreibung angesichts der immer ausgeklügelteren Analysemethoden, die heutzutage angewendet werden, aber nichtsdestoweniger wird es doch noch einige Zeit dauern, bis die Wissenschaft uns genau erklären kann, was diese Öle eigentlich sind. Wir wissen, daß sie Alkohole, Ester, Aldehyde, Ketone, Phenole und Terpene enthalten, doch einige Öle setzen sich aus über hundert Bestandteilen zusammen, und jeden einzelnen davon zu isolieren ist nicht leicht. Der Gaschromatograph kann einige Komponenten durch die »chemischen Fingerabdrücke« herausfiltern, die sie hinterlassen. Wenn ein Öl aber viele unbekannte Verbindungen enthält, wird die Sache schwierig, denn was nützen Fingerabdrücke, die nicht registriert sind und daher nicht zugeordnet werden können!

Die ätherischen Öle haben viele Eigenschaften, und entsprechend breit ist auch ihr Wirkungsfeld. Rosmarin zum Beispiel benutzt man zur Behandlung von so verschiedenen Krankheiten wie Rheumatismus, Sinusitis und Akne. Und diese Wirkungsbreite der Öle sollte man genausowenig in Frage stellen wie die Begabung einer Mutter, die gleichzeitig eine hervorragende Geigenspielerin, Krankenschwester oder Buchhalterin sein kann. Tatsächlich ist vielleicht einem so komplexen Organismus, wie ihn der Mensch darstellt, mit einem so komplexen und scheinbar widersprüchlichen Mittel wie den ätherischen Ölen am besten gedient.

Die menschliche Natur ist in gewisser Weise mit der Natur der ätherischen Öle verwandt, die mit großer Leichtigkeit vom menschlichen Körper aufgenommen werden. Viele wissenschaftliche Experimente haben gezeigt, mit welcher relativ großen Geschwindigkeit die Öle in die Haut eindringen, wenn die Anwendung mittels Massage oder Osmose (Wasser) erfolgt. Die Moleküle der ätherischen Öle sind winzig und können die Fettschichten der Haut durchdringen, bis sie die Körperflüssigkeit, die alle Körperzellen umgibt, das Blut und das Lymphsystem erreichen. Unser Körper besteht zu einem großen Teil aus Flüssigkeit, der männliche Körper zu 60 Prozent, der weibliche dagegen nur zu 50 Prozent. Von dieser Körperflüssigkeit sind etwa 50 Prozent in den Zellen, während 20 Prozent zwischen den Zellen und in der Lymphflüssigkeit vorhanden sind. Dr. Schilcher von der Freien Universität Berlin hat herausgefunden, daß die ätherischen Öle schneller in den Blutkreislauf gelangen, wenn man sie inhaliert, als wenn man sie oral einnimmt. Tatsächlich hat sich die orale Anwendung als die am wenigsten wirksame Methode herausgestellt. Der hohe elektrische Widerstand der ätherischen Öle hat zur Folge, daß sie den Körper nicht angreifen, weder im chemischen noch im elektrischen oder magnetischen Sinn.

Aus all den angeführten Eigenschaften geht bereits hervor, daß die ätherischen Öle sehr leicht mit jenem Teil des Körpers, der Heilung oder Linderung benötigt, in Verbindung treten können. Das ist auch der pharmazeutischen Industrie nicht verborgen geblieben, die einen Weg sucht, um sich der Energie der ätherischen Öle als Transportmittel für ihre chemischen Drogen zu bedienen.

Jahrtausende, ehe die Menschheit wissenschaftliche Beweise verlangte, um an ein Mittel zu glauben, wurden die ätherischen Öle bereits für medizinische Zwecke eingesetzt. Die aromatischen Pflanzen der Erde sind in der Tat der älteste und treueste Freund, den die Menschheit hat. Als während der großen Pest in London im Jahr 1665 die Menschen wie die Fliegen starben, waren die einzige Gruppe, die nicht erkrankte, die Arbeiter in der Parfumerzeugung, die in jenen Tagen natürlich nur naturbelassene ätherische Öle verwendete. Und die sogenannten »Gewürzkriege«, von denen uns die Geschichte berichtet, wurden nicht von Feinschmeckern geführt, die ihre Speisen würzen oder ihre gepuderten Perücken parfümieren wollten, sondern von Leuten, die sich Arzneien zu verschaffen suchten, die sie vor dem Tod bewahren sollten.

Jedes ätherische Öl verfügt über besondere medizinische Eigenschaften, meistens *mehrere*. Dies hat sich in jahrelanger praktischer Erprobung herausgestellt und wurde in jüngster Zeit durch wissenschaftliche Forschungen bewiesen. Um nur einige wenige dieser Eigenschaften zu nennen: Ätherische Öle wirken antiseptisch, antitoxisch, antineuralgisch, diuretisch, antirheumatisch, krampflösend und blutreinigend. In einem für eine medizinische Fachzeitschrift verfaßten Bericht wies Dr. Schilcher von der Freien Universität Berlin auf weitere Eigenschaften der von ihm untersuchten Öle hin: hyperämisch, entzündungshemmend, desinfizierend, wundheilend, desodorierend, auswurffördernd, kreislaufanregend. Viele Ärzte, besonders in West- und Osteuropa, ziehen die ätherischen Öle zur unterstützenden Behandlung bei allen Arten von Krankheiten heran, einschließlich Krebsgeschwüren, gangränösen Wunden, Hautleiden, Verbrennungen, Bronchitis und Stoffwechselstörungen.

Jetzt werden Sie sich vielleicht fragen, warum Sie noch nie etwas von diesen Ölen gehört haben, wenn sie doch so wirksam zu sein scheinen. Die Antwort darauf lautet, daß Sie sie wahrscheinlich bereits anwenden, denn ungefähr ein Drittel der modernen Medikamente basiert auf ihnen. Sie verbergen sich bloß hinter langen, eindrucksvollen Namen, so daß Sie sie nicht erkennen würden, außer Sie zögen ein medizinisches Wörterbuch zur Unterstützung heran. Und ihre Wirkung ist noch eindrucksvoller. Wissenschaftlern gelang es, dem Typhuserreger mit Zimtöl in zwölf Minuten den Garaus zu machen. Nelkenöl brauchte dazu fünfundzwanzig Minuten, während Geranium und Verbene es knapp unter fünfzig Minuten schafften. Eine Menge anderer Versuche mit Bakterien, die von namhaften Wissenschaftlern durchgeführt wurden, zeigten ähnliche Resultate. Zum Beispiel ist Thymianöl als Antiseptikum zwölfmal wirksamer als Karbol, aber in unserem hochtechnisierten Zeitalter klingt »Karbol« viel wirksamer als »Thymian«.

Die ätherischen Öle verlassen unseren Körper genauso mühelos, wie sie in ihn eingedrungen sind. Je nach der Art des Öls benutzen sie die üblichen Ausscheidungswege: Urin, Fäkalien, Schweiß, Atem. Ihre Wirksamkeit ist außerordentlich groß, was die Beseitigung aller Arten von gefährlichen Stoffen in unserem Körper betrifft, einschließlich Schwermetalle und Viren.

Für den menschlichen Körper bedeutet Gleichgewicht alles. Zum Beispiel müssen Sauerstoff und Kalzium im Gleichgewicht sein, ebenso der pH-Wert, Enzyme und Aminosäuren usw. Die ätherischen Öle haben von Natur aus die Fähigkeit, dieses Gleichgewicht aufrechtzuerhalten oder herzustellen, und da ihr pH-Wert normalerweise sauer ist, verhindern sie das Wachstum von Mikroben.

Sie scheinen tatsächlich eine Art Wächter oder Hüter des Gleichgewichts zu sein. Laut Dr. Jean Valnet »verhindert der hohe Widerstand der ätherischen Öle die Verbreitung von Infektionen und Toxinen«. So gesehen könnte auch ihre wohlbekannte schmerzstillende Wirkung, bei Arthritis, Rheumatismus und Regelschmerzen zum Beispiel, darauf zurückgeführt werden, daß sie die Enzyme kontrollieren, die für das Aufschließen der körpereigenen Opiate und Endorphine verantwortlich sind.

Es ist seit langem bekannt, daß die ätherischen Öle das elektromagnetische Feld des Körpers verändern, und in dem Maße, in dem die Erforschung der elektrischen Strukturen des Körpers voranschreitet, gewinnt auch dieser Aspekt an Bedeutung. Jüngsten Forschungen zufolge ist der Körper ein Puzzle elektrischer Muster, wobei jedes Organ und jeder Teil sein eigenes Muster hat, das bei Erkrankung des Körpers gestört wird. Auf diesem Gebiet wäre sicherlich noch einiges zur Erforschung der ätherischen Öle zu leisten.

Auch die positiven Auswirkungen der ätherischen Öle auf den Blutkreislauf sind wohlbekannt (und nicht allein auf ihre Anwendung in Verbindung mit Massage während der Behandlung zurückzuführen). Eine erhöhte Blutzufuhr verbessert die Versorgung der Gewebe mit Sauerstoff und Nährstoffen und gewährleistet den Abtransport und die Ausscheidung von Kohlendioxyd und anderen Abfallstoffen, die durch den Stoffwechsel entstehen. Auch das Immunsystem profitiert von dieser Verbesserung der Blutzufuhr, und die Viskosität des Blutes nimmt ab. Eine gute Blutzirkulation ist für eine gute Gesundheit absolut unerläßlich, da sie die Arbeit eines jeden Organs, einschließlich des Gehirns, nachhaltig beeinflußt.

Da jede Art von Anspannung oder Streß die Sauerstoffzufuhr herabsetzt, können ätherische Öle auch hier eine große Hilfe darstellen, da sie über den Geruchssinn sehr schnell direkten Einfluß auf den limbischen Teil des Gehirns nehmen und somit eine Linderung des Spannungszustandes bewirken. Es gibt noch viele Gebiete, auf denen sich eine Erforschung der ätherischen Öle bezahlt machen würde. Zur Zeit konzentriert sich die Forschung unter der Schirmherrschaft der parfum- oder duftwässererzeugenden oder mit der Herstellung von Geruchs- und Geschmacksstoffen befaßten Industrie vor allem auf die Identifizierung der sogenannten »flüchtigen« Elemente – das sind jene Stoffe, die in der Luft schweben und die Moleküle als »Lavendel«, »Jasmin« oder »Rose« ausweisen. Sie sind für den Verkaufserfolg eines Produktes ausschlaggebend. Mit anderen Worten, die Wissenschaftler sind derzeit mehr daran interessiert, wie die Öle riechen, als was sie *sind.*

Wie wir jedoch gesehen haben, setzen sich die natürlichen ätherischen Öle aus Hunderten von Bausteinen zusammen, von denen manche winzig und nur in Spuren vorhanden sind, und gerade das ist es, was die Öle einzigartig macht. Man kann sie nicht so einfach zerlegen, denn sie bilden – wie der menschliche Körper – ein unteilbares Ganzes. Auch beim Menschen gilt es neben Fleisch und Blut, den Knochen und der Körperflüssigkeit viele zusätzliche Komponenten – einige bekannt, andere unbekannt –, die uns erst in ihrer Gesamtheit zu dem machen, was wir sind. Immer wieder tauchen neue wichtige Elemente auf, von denen es heißt, sie würden uns gesund und lebensfroh machen – eines der letzten davon ist Germanium, das auch als die neueste Wunderdroge propagiert wird. Spurenelemente wie Germanium, Kalium, Magnesium, Kupfer und Zink sind, unter anderen, lebenswichtig, da sie das Gleichgewicht im menschlichen Organismus aufrechterhalten, und nur wenn wir verstehen lernen, welche Rolle jedes einzelne Element spielt und wie sie zusammenwirken, werden wir erkennen, was für ein Wunderwerk der menschliche Körper eigentlich ist. Die Forscher auf dem Gebiet der Biochemie müssen ermutigt werden, damit sie sich der Herausforderung stellen, die Spurenelemente in den ätherischen Ölen zu entdecken, denn erst dann wird es möglich sein, die Frage »Was sind ätherische Öle?« zufriedenstellend zu beantworten. Hoffen wir, daß diese Aufgabe nicht erst in tausend Jahren gelöst werden wird!

Bei der Ernte der pflanzlichen Rohstoffe, aus denen die ätherischen Öle gewonnen werden, spielt der Zeitfaktor eine große Rolle. Es ist durchaus möglich, daß gerade jetzt, in diesem Augenblick, irgendwo auf der Welt eine Glocke die Arbeiter auf die Felder ruft, damit sie im Morgengrauen die Blüten pflücken, wenn das ätherische Öl in den Blütenblättern am stärksten konzentriert ist. Es könnte in Madagaskar sein, wo die Blüten des Ylang-Ylang-Baumes geerntet werden, im Süden von Frankreich, wo der Jasmin wächst, oder am Fuße der bulgarischen Berge, wo die Damaszenerrosen gepflückt werden. Aber wo immer es auch sein mag, müssen sich die Arbeiter darüber klar sein, daß die Ausbeute um so geringer wird, je länger sie im Bett bleiben; denn um die Mittagszeit ist bereits die Hälfte des ätherischen Öles von der Blüte in andere Pflanzenteile gewandert, um Schutz vor der Sonne zu suchen.

Doch nicht nur im Laufe eines Tages wandert das ätherische Öl durch die Pflanze, auch die Jahreszeit bestimmt diesen Lauf. Palmarosaöl wird aus einer Pflanze gewonnen, die zur Familie der Gräser gehört und geerntet werden muß, noch ehe die Blüten erscheinen, während Nelkenöl aus den gepflückten und getrockneten Blütenknospen hergestellt wird. Pfefferöl wird aus den unreifen Beeren gemacht, hingegen wird Koriander erst geerntet, wenn die Früchte reif sind. Die zarte weiße Jasminblüte wird sorgfältig gepflückt, noch ehe sie einen Tag alt ist, doch der Sandelholzbaum muß dreißig Jahre alt und zehn Meter hoch werden, ehe sein ätherisches Öl voll entwickelt ist, und die Regierungsbeamten in der indischen Provinz Mysore müssen ihre Zustimmung zur Zerkleinerung des Holzes geben, um daraus durch Destillation das kostbare Sandelholzöl zu gewinnen. Manche Öle sind so alt wie die Menschheitsgeschichte selber, während andere ziemlich neu sind. Aber um welches Öl es sich auch handelt, es wird immer aus einem bestimmten Pflanzenteil von einer bestimmten Pflanzenart hergestellt, die nur in einem bestimmten Gebiet auf der Erde wächst oder angepflanzt wird, weil nur dort die richtigen Anbaubedingungen herrschen.

Acht Millionen handgepflückte Jasminblüten werden benötigt, um ein Kilogramm »Absolue« herzustellen, woraus das Öl gewonnen wird. In Bulgarien, wo an dreißig Erntetagen in den frühen Morgenstunden die Rosen von Hand gepflückt werden müssen, sind ungefähr fünf Tonnen Blütenblätter notwendig, um ein Kilogramm Öl zu erzeugen. Ein guter Arbeiter kann etwa fünfzig Kilogramm Rosenblüten am Tag pflücken, gerade genug, um ein paar Tropfen des kostbaren Öls zu erhalten.

Es verlangt große Geschicklichkeit, um das ätherische Öl aus jenem Teil der Pflanze herauszuholen, in dem es sitzt. Fenchel und Anis lagern ihr Öl in den interzellularen Zwischenräumen in ihrem Gewebe, und wenn sich die Zellen voneinander entfernen, formen sich winzige Kanäle voller Öl. Manche Pflanzengattungen besitzen spezielle Öl- oder Harzzellen, wie zum Beispiel der Zimtbaum. Orangen und Zitronen bilden Ölreservoirs, wenn sich die Wände der Zellen, die das Öl absondern, langsam zersetzen. Andere Pflanzen wie der Rosmarin und der Salbei haben feine, mit Öldrüsen versehene Härchen oder Schuppen auf ihrer Oberfläche.

Zuerst muß der Ölhersteller genau die Stellen wissen, wo sich das Öl befindet, dann kann er über die Extraktionsmethode entscheiden. Die am weitesten verbreitete Methode nennt man *Destillation;* bei ihr wird das Rohmaterial (Zedernholzschnitzel oder beim Lavendel die Blüten und Blätter) heißem Wasserdampf ausgesetzt, der es durchdringt, so daß die leichten oder flüchtigen Elemente mit ihm hochsteigen, dann kondensieren und in die flüssige Form zurückkehren. Nun müssen noch das Wasser und das ätherische Öl getrennt werden – manche ätherischen Öle sind leichter als Wasser und können von der Oberfläche abgesaugt werden, andere sind schwerer und müssen daher vom Boden des Öl-Wasser-Gemisches abgezogen werden.

Das Öl in den Schalen der Zitrusfrüchte wird durch *Kaltpressung* gewonnen. Bis 1930 etwa wurde dies von Hand mit Hilfe eines natürlichen Schwamms gemacht. Die Arbeiter preßten mit der Hand das ätherische Öl in den Schwamm, bis dieser sich vollgesogen hatte. Dann wurde der Schwamm ausgepreßt. Heute verwendet man dazu eigens konstruierte Maschinen, die gewährleisten, daß die Schale nicht erhitzt wird, weil dies die chemische Struktur und den Geruch des ätherischen Öls verändern würde.

Enfleurage ist eine alte Methode, die heute kaum noch angewandt wird, weil sie sehr arbeitsintensiv und zeitaufwendig ist. In Rahmen eingesetzte Glasscheiben werden auf beiden Seiten mit Fett bestrichen und die Blüten darauf gestreut (nur bestimmte Arten eignen sich dafür). Das Fett zieht das ätherische Öl aus den Blüten, die nach einer Reihe von Tagen durch neue ersetzt werden. Dieser Prozeß kann monatelang fortgesetzt werden, so lange, bis das Fett mit dem ätherischen Öl gesättigt ist, was dann als »Pomade« bezeichnet wird. Mit Hilfe von Alkohol, der verdampft wird, gewinnt man aus der Pomade das »Absolue«. Allgemein gebräuchlicher ist heute die *Extraktion*, eine langwierige Prozedur, bei der das Rohmaterial in einem Lösungsmittel erhitzt wird. Anschließend wird es gefiltert, mit Alkohol versetzt, gekühlt, wieder gefiltert, und schließlich wird der Alkohol durch Verdunstung entfernt.

All diese Faktoren haben natürlich Einfluß auf den Preis und bewirken, daß manche Öle sehr teuer sind. Es besteht jedoch kein Grund, sich darüber zu beunruhigen, da wir ja keine großen Mengen brauchen, weil es nichts gibt, das konzentrierter ist als diese Essenzen des Lebens.

Über den Geruchssinn

Wir wissen alle, daß man jemanden, der nicht sehen kann, »blind« nennt, und jemanden, der nicht hören kann, »taub«. Aber welches Wort gibt es, um auszudrücken, daß jemand nicht riechen kann? Die Antwort lautet: »anosmisch«. Allein in Amerika leiden zwei Millionen Menschen an Anosmie. Die meisten Leute, die nichts schmecken können, haben gleichfalls Anosmie, denn Geschmack ist hauptsächlich eine Sache des Geruchs – wenn Sie sich heute beim Abendessen eine Wäscheklammer auf die Nase stecken, werden Sie merken, was ich meine. Es wäre in der Tat richtiger zu sagen: »Das riecht gut« anstatt »Das schmeckt gut«, denn unsere Geschmacksnerven können nur zwischen salzig, süß, bitter und sauer unterscheiden, wogegen unsere Geruchsnerven zehntausendmal empfindlicher sind. Es ist Ihre Nase, die zwischen Hühnersuppe und Abwaschwasser unterscheiden kann – nicht Ihr »guter Geschmack«!

Eine interessante Sache beim Geruch ist, daß die Riechzellen praktisch Gehirnzellen sind. Gleich hinter dem Sattel Ihrer Nase ist ein kleines, schwammähnliches Gebilde, das aus dem Gehirn herausragt beziehungsweise ein Teil des Gehirns ist. Dieses außergewöhnliche Gebilde nennt man »Bulbus olfactorius« (Riechkolben), und von ihm gehen Nervenzellen aus, die sich in die Nasenhöhle erstrecken. Wenn nun ein Duftmolekül in unser Nasenloch hineinfliegt, kommt es in Kontakt mit diesen Nerven und löst im Gehirn eine sofortige Reaktion aus. Duftmoleküle aktivieren das limbische System, das ein komplexes Netzwerk aus Nervenbahnen darstellt, die für unser emotionales Verhalten verantwortlich sind und auch eine bedeutende Rolle für unser Erinnerungsvermögen spielen. Mit anderen Worten, Aroma, Emotion und Erinnerung sind untrennbar miteinander verbunden. Aber das ist nicht alles. Durch das limbische System werden der Hypothalamus und die Zirbeldrüse stimuliert, was zu Reaktionen im autonomen Nervensystem und im endokrinen System führt und somit Einfluß auf Nerven, Hormone, Körpertemperatur, Insulinproduktion, Appetit, Durst, Wärmehaushalt, Verdauung, Streß, Ablehnung, sexuelle Erregung und Sex ausübt. (Jetzt wissen Sie, warum aromantische Menschen so großes Interesse an allem, was mit Geruch zusammenhängt, haben!) Zu guter Letzt steht das limbische System auch noch mit dem Thalamus und dem Neocortex in Verbindung, was den Düften die Fähigkeit gibt, unser bewußtes Denken und Handeln zu beeinflussen. Zusammenfassend kann gesagt werden, daß das, was wir riechen, so ungefähr alles beeinflußt, angefangen von Gefühlen, Erinnerungen, Hormonspiegel bis zu einer ganzen Reihe von lebenswichtigen körperlichen Prozessen und zusätzlich auch unser Denken und damit unser Vorankommen im Leben!

Aber wer nimmt schon Notiz von Gerüchen, außer wenn das Essen serviert wird, etwas angebrannt ist oder die Windeln des Babys gewechselt werden müssen? Mehr Leute, als Sie glauben! Die Wissenschaft hat ein Phänomen bestätigt, das Frauen bereits aus eigener Erfahrung kannten – eine Gruppe von Frauen, die zusammen leben oder arbeiten, weist die Tendenz zur Synchronisation ihrer Menstruation auf. Das auslösende Signal hierfür dürfte allem Anschein nach in einer Veränderung im Schweißgeruch während der Menstruation liegen. Damit ist klar, daß wir mehr riechen, als wir glauben. Die Verbindung zwischen Geruch und Hormonproduktion wird außerdem durch Experimente bestätigt, die aufgezeigt haben, daß Frauen, die regelmäßig den Schweiß eines Mannes riechen, regelmäßigere Monatsblutungen aufweisen und daß bei Mädchen die Menstruation früher eintritt, wenn männliche Familienmitglieder vorhanden sind. Umgekehrt funktioniert es auch – Frauen nehmen während der Zeit ihres Eisprungs Düfte besser wahr und weniger, wenn sie menstruieren.

In einer jüngst erschienenen wissenschaftlichen Fachzeitschrift berichtete der Zoologe Dr. Michael Stoddart von der Universität von Tasmanien: »Unter den großen Affen ist der Mensch das am besten mit Gerüchen ausgestattete Exemplar.« Wir haben apokrine Talgdrüsen an unseren Haarwurzeln, unter den Armen und besonders um die Genitalien, die bei sexueller Erregung, Angst oder Aufregung aktiviert werden. Sie produzieren eine überaus komplexe Mischung von verschiedenen Stoffen, darunter auch die sogenannten Pheromone – Duftstoffe, die von anderen wahrgenommen werden und bei ihnen psychologische Veränderungen herbeiführen, die sich auf ihr Verhalten auswirken. Aus dem Vorhandensein unserer Sekretionsdrüsen schließt Dr. Stoddart, daß der Mensch »über ein gut entwickeltes Geruchskommunikationssystem« verfügt... ob wir uns dessen bewußt sind oder nicht!

Pheromone übermitteln den anderen Angehörigen derselben Gattung subtile Botschaften, und in der Tierwelt ist ihre Rolle äußerst eindrucksvoll, und das ist nicht übertrieben. Laut E. O. Oliver von der Harvard-Universität »genügt ein Milligramm des Pheromons der Blattschneiderameise, womit sie ihren Pfad kennzeichnet, um eine kleine Ameisentruppe dreimal rund um die Erde zu führen«. Weiter heißt es, daß das Männchen des Seidenspinners das Weibchen aufgrund ihres Duftes noch in acht Kilometer Entfernung entdecken kann. Die hochkomplizierten und konzentrierten Duftstoffe, die von der Natur produziert werden, sind offensichtlich stärker, als ihre molekulare Winzigkeit erahnen läßt!

Die außerordentliche Kraft und Einzigartigkeit von Duftmolekülen erstrecken sich auch auf das pflanzliche Leben. Zum Beispiel hat jeder Fluß seinen eigenen Geruch, seine eigenen aromatischen »Fingerabdrücke«, hervorgerufen durch die besonderen Steine und Erde, die das Flußbett bilden, und durch die Pflanzen und Algen, die im Fluß und an seinen Ufern wachsen. Diesen »Aromaflußabdruck« erkennt der Lachs draußen im Meer und folgt ihm, um nach einigen Jahren und vielen Tausenden Kilometern, die er im Meer zurückgelegt hat, zu seinem Geburtsfluß zurückzukehren und dort zu laichen. Es ist eine erstaunliche Leistung, daß sich der Fisch erinnern und in der Weite des Ozeans genau jene Moleküle orten kann, die sich vor so langer Zeit seinem Aromagedächtnis eingeprägt haben, als er den Fluß hinunter zum Meer schwamm. Und genauso erstaunlich ist es, daß die in seinem Heimatstrom von Boden und Pflanzen erzeugten Duftmoleküle noch immer von anderen »Aromaflußabdrücken«, die ebenfalls in diesen riesigen Wasserbehälter, den der Ozean darstellt, geschwemmt wurden, unterscheidbar sind.

Tiere verlassen sich auf ihren Geruchssinn, um heimzufinden, Nahrung zu suchen oder einander zu erkennen, während der Mensch denkende Gehirnzellen im Neocortex entwickelt hat und Landkarten und Stadtpläne zeichnet, in den Supermärkten Hinweistafeln anbringt und seinen Gefährten Namen zur Identifizierung gibt. Nichtsdestoweniger produzieren wir noch immer äußerst wirkungsvolle, obwohl sehr subtile Duftstoffe, und auch unser Geruchssinn hat uns nicht verlassen. Es scheint, daß der Geruchssinn, als wir noch primitivere Organismen waren, hauptsächlich zu unserer Selbstverteidigung diente und daß dann im Laufe unserer Entwicklung dieser Teil des Gehirns nach und nach die sogenannten »grauen Zellen« ausbildete und die Denkfunktion übernahm. Dr. Michael Shipley, ein Neurobiologe an der Universität von Cincinnati, wurde kürzlich bei einem Interview für *National Geographic* gefragt, ob sich im Laufe der Evolution der menschliche Geruchssinn zurückgebildet habe. Er antwortete, daß, obwohl wir dem Anschein nach Gerüchen nur wenig Beachtung schenken, ein großer Teil des menschlichen Gehirns noch immer für das Riechen zuständig sei und daß Düfte einen unmittelbaren Zugang zu bestimmten Teilen des Gehirns hätten.

Obschon wir uns nicht mehr auf unseren Geruchssinn verlassen, wurde er doch zu einem Kontrollmechanismus, der einen einzigartigen und starken Einfluß auf fast jeden wichtigen Aspekt unseres Lebens – das Unterbewußtsein eingeschlossen – ausüben kann. Gaschromatographie ist ein Prozeß, durch den ein Taustendstel eines Millionstel Gramms von einer aromatischen Substanz entdeckt werden kann. Nase und Gehirn des Menschen können hundertmal kleinere Teile solcher Substanzen registrieren. Es wurde allgemein angenommen, daß der Geruch einer bestimmten Substanz mit der Form ihrer Moleküle korrespondiere, doch eine Überprüfung einer immer größeren Zahl dieser Daten ergab, daß diese Theorie auf ziemlich wackeligen Beinen steht. Was wir wissen, ist, daß sich in jedem Nasenloch fünf Millionen Rezeptorzellen auf einer winzigen Fläche in der Größe eines Hemdknopfs befinden, und zwar im oberen Teil der Nasenhöhle unterhalb des Gehirns. Jede dieser Zellen ist mit sechs bis acht Riechhärchen besetzt, und darüber liegt eine Schicht *mucus.* Obwohl diese zehn Millionen Riechzellen alle gleich aussehen, glauben die Wissenschaftler, daß sie aus verschiedenen Proteinen zusammengesetzt sind. Wenn wir einatmen, dann treffen die Duftmoleküle – jedes einzig in seiner Art – auf die *mucus*-Schicht, durchdringen sie und kommen in Kontakt mit den Rezeptorriechzellen. Dieser Kontakt kann eine Sekunde, eine Minute oder mehrere Minuten dauern, dann nehmen sie den Weg zurück durch den *mucus,* um beim Ausatmen wieder zu entschweben.

Die Annahme, daß jedes Härchen eine unterschiedliche Eiweißzusammensetzung aufweist, läßt auf eine »chemische Anziehung« schließen, was erklärt, wie es ein besonderes Duftmolekül fertigbringt, genau jenes Härchen zu identifizieren, um den Kontakt herzustellen, so daß unser Gehirn registriert: »Das ist ein Apfel« oder »Das ist ein Tennisball«. Es sind jedoch viele Elemente daran beteiligt, die wahrscheinlich genauso wichtig sind, um den Vorgang zu erklären, darunter auch die elektrostatische Ladung des Moleküls, das Verhältnis von Fett : Wasserinhalt des Härchens und das Schwingungsmuster, das durch die unterschiedliche Form eines jeden Moleküls erzeugt wird.

Es wird sicher noch einige Zeit dauern, bis es den Wissenschaftlern gelingt, dies zu lösen, und es ist auch gewiß eine große Herausforderung. In der Zwischenzeit dringt die Bedeutung des Geruchssinns bereits allgemein ins Bewußtsein, und wir fangen an, uns das zunutze zu machen, was wir schon wissen. »Schnüffeln« wird inzwischen als Absorptionsmethode für den Körper anerkannt und gilt als wirksam genug, um auf diese Weise Verhütungsmittel, Steroide und Vitamine einzunehmen.

Die Verbindung zwischen Duft und Gefühl macht sich die Duft- und Aromastoffe erzeugende Industrie zunutze. Das größte Unternehmen auf diesem Gebiet, International Flavours and Fragrances, ist auf der Suche nach Düften zur Entspannung, zur Senkung des Blutdrucks, zum Einschlafen, zum Aufwachen, zur Steigerung der Konzentrationsfähigkeit beim Lernen, Arbeiten und Autofahren, zum Erlangen von Vertrauen und zur Bekämpfung von Depressionen, Ängsten und anderen Stimmungsschwankungen – alles, damit wir uns wohl fühlen und gut riechen. Die Aufgabe dieser Industrie ist es, den »weichen« Duft zu liefern für den Weichspüler, die »Alpenblumen« für das Shampoo und die »Zitronenfrische« für das Geschirrspülmittel. Doch leider ist sie weniger an einer Erforschung der komplexen Strukturen der natürlichen Duftmoleküle interessiert als an einer schnellen und billigen Nachahmung der diversen Düfte, so daß die »Zitronenfrische« wahrscheinlich auf Äthylazetat beruht, der »Maiglöckchenduft« der Seife auf Hydroxycitronella, und das »Geraniumöl« im Schaumbad dürfte sich als Diphenyloxid erweisen. Daraus ergibt sich die große Frage für die Zukunft, ob die Duft- und Geschmacksstofferzeuger die Forschungsergebnisse über die sedativen und stimulierenden Qualitäten der natürlichen ätherischen Öle, die die Universitäten auf der ganzen Welt ermitteln, dazu benützen werden, um den Einsatz dieser natürlichen Substanzen in ihren »Glückspillen« zu forcieren, oder es dabei bewenden lassen, daß der zur Steigerung der Konzentrationsfähigkeit verwendete »Jasminduft« zwar nach Jasmin riecht, in Wirklichkeit aber Benzylazetat ist.

Aromantiker und Aromantikerinnen brauchen sich zum Glück keine Sorgen zu machen, ob sie den echten Duft bekommen! Dieses Buch vermittelt Ihnen die Ergebnisse in Tausenden von Jahren erprobten Wissens, und Sie haben den Vorteil, daß Sie sich den harmonischen und ungefährlichen Eigenschaften natürlicher Produkte anvertrauen und nicht den unbekannten kumulativen Wirkungen von Chemikalien, die zwar vielleicht für sich genommen harmlos sein können, deren Wirkung in Verbindungen jedoch nicht absehbar ist.

Rufen wir uns in Erinnerung, daß der Geruchssinn unser erster ursprünglicher Verteidigungsmechanismus war. Unsere Reaktion auf Geruch ist mit 0,5 Sekunden schneller als auf Schmerz oder Hörreize. Die Wissenschaft glaubt nicht, daß Gehirnzellen sich erneuern können, olfaktorische Gehirnzellen hingegen schon – was ihre Bedeutung klar unterstreicht. Der Geruchssinn kann trainiert werden. Fördern wir also diesen empfindsamen Sinn durch den Gebrauch natürlicher ätherischer Öle, um ein Leben voller Aromantik zu führen!

Wie die ätherischen Öle als Aphrodisiakum arbeiten

Die ätherischen Öle wirken in achtfacher Weise auf den menschlichen Organismus ein, so daß die sexuelle Resonanz erhöht wird – das wollen wir uns jetzt veranschaulichen. Die Aufschlüsselung in getrennte Mechanismen dient dabei nur als Hilfsmittel zur Erreichung größerer Klarheit und besseren Verständnisses, denn in Wirklichkeit arbeiten Körper, Verstand und Gemüt zusammen. In der Vergangenheit wurde der Unterschied zwischen Körper auf der einen und Verstand und Gemüt auf der anderen Seite überbetont. Keineswegs alle Öle wirken als Aphrodisiakum, dieser Abschnitt bezieht sich jedoch ausschließlich auf Öle mit dieser Eigenschaft. Dabei kann es sein, daß es nur ein einziger der aufgezeigten Mechanismen ist, der dem Öl diese Qualität verleiht, oder auch zwei, drei oder mehrere. In den meisten Fällen haben die in diesem Buch genannten ätherischen Öle jedoch eine umfasende Wirkung auf den Gesamtkomplex Körper, Verstand und Gemüt. Allgemein könnte man sagen, daß die ätherischen Öle Harmonie in diesem Gesamtkomplex schaffen und uns ein Gefühl des Wohlbefindens und des Selbstvertrauens schenken. Dabei handelt es sich nicht um das übersteigerte Selbstvertrauen, das sich oft als Folge von Alkoholgenuß einstellt, und auch nicht um die Aufputscheffekte chemischer Drogen, die nicht nur fatale Nebenwirkungen haben, sondern auch zur Sucht werden können.

Es gibt einige wichtige Unterschiede zwischen natürlichen und synthetischen Substanzen, was die Fähigkeit des Körpers anlangt, diese zu absorbieren und zu assimilieren, und was sich umgekehrt wieder in deren unterschiedlichen Wirkungsweisen zeigt. Die etwa sechzig Trillionen Zellen im menschlichen Körper sind unentwegt damit beschäftigt, große Eiweiß- und Fettmoleküle zu bilden, und was an diesen Vorgängen so bemerkenswert ist, ist die Tatsache, daß sie in einer pH-neutralen Umgebung und bei mehr oder weniger konstanter Temperatur stattfinden. Trotz der ihr zur Verfügung stehenden hochtechnischen Geräte und chemischen Verfahren ist es der Wissenschaft bisher nicht gelungen, diesen fundamentalen Prozeß unter Laborbedingungen nachzuvollziehen.

Die ätherischen Öle hingegen sind selber eine Art von Naturwunder, das mit der menschlichen Natur perfekt harmoniert. Ohne Pflanzenleben, das auch die Quelle der natürlichen ätherischen Öle darstellt, wären Mensch und Tier der für sie lebensnotwendigen Energielieferanten beraubt. Selbst die Luft, die wir atmen, und die Nahrung, die wir essen, verdanken wir den Pflanzen, warum sollten wir dann nicht darauf vertrauen können, daß sie uns auch bei jener lebenswichtigen Funktion, der Fortpflanzung, die Sex einschließt, zur Seite stehen?

Emotion

Unsere Gefühle bilden die treibende Kraft bei der Partnerwahl und spielen natürlich auch eine große Rolle, ob wir unser Sexleben als zufriedenstellend empfinden. Unser emotionaler Zustand kann zu jeder beliebigen Zeit als ein starkes Aphrodisiakum wirken oder gegenteilig.

Es ist seit langer Zeit bekannt, daß die ätherischen Öle eine tiefe Wirkung auf die menschlichen Gefühle ausüben. Die alten Ägypter entzündeten morgens, mittags und abends aromatische Substanzen, um dem Sonnengott Re zu danken. Das Rezept für die Sonnenuntergangsmischung, die »Kyphi« genannt wurde, setzte sich aus sechzehn Zutaten zusammen und war dermaßen köstlich, daß es später von den Griechen und Römern übernommen wurde. Plutarch beschrieb es folgendermaßen: »Es wiegte einen in den Schlaf, vertrieb die Ängste, verschönerte die Träume... (und war) aus all jenen Dingen gemacht, die einen des Nachts erfreuen.«

Um die Ängste zu beschwichtigen, werden in den Anstalten für psychisch Kranke in Osteuropa und in Rußland in großem Maße heute ätherische Öle eingesetzt. Tatsächlich werden an so verschiedenen Orten wie Mailand und London in Raumsprays oder Luftbefeuchtern ätherische Öle verwendet, um Patienten verschiedenster Art zu beruhigen.

Doch ätherische Öle können nicht nur beruhigen, sondern unsere Geister auch beleben! Die indischen Yogis haben uns seit Jahrtausenden gelehrt, daß süße Gerüche – ob in Form von Ölen, Kräutern oder Weihrauch – dazu benutzt werden sollten, das schöpferische und das spirituelle Element in uns zu wecken und zu stimulieren. Das ist in der Tat der Grund, warum Düfte bei religiösen Zeremonien auf der ganzen Welt eine wichtige Rolle spielen.

Viele klinisch-psychologische Tests haben bewiesen, daß sich emotionell besser zu fühlen einen Hauptfaktor bei der Gesundung der Patienten darstellt. Aber warum so lange warten, bis wir krank sind? Probleme im Gefühlsbereich haben die Tendenz, uns in einen Strudel hinabzuziehen, so daß wir Schwierigkeiten bei der Verrichtung der einfachsten täglichen Aufgaben haben. Wie leicht kann es zu einer Depression kommen, wenn uns die Dinge über den Kopf wachsen! Andererseits gehört das Auf und Ab zum menschlichen Leben dazu. Wir haben alle hin und wieder mit emotionellen Schwierigkeiten zu kämpfen, und was könnte es dann Besseres geben, um unser seelisches Gleichgewicht wiederherzustellen, als die kleinen Helfer, die Mutter Natur persönlich zu unserer Entspannung und Aufmunterung geschaffen hat?

Es ist nun eine wissenschaftlich bewiesene Tatsache, daß Düfte unsere Fähigkeit, klar zu denken, verstärken und somit bewirken, daß wir unsere Aufgaben besser erfüllen. Die in diesem Buch genannten Öle und Rezepte werden Ihnen dabei behilflich sein, denn wenn wir den Anforderungen des modernen Lebens gewachsen sind, so bleibt das nicht ohne Auswirkung auf unsere sexuelle Bereitschaft. Unsere Situation in der Arbeitswelt beeinflußt unser Selbstvertrauen und dieses wiederum unser Sexleben. Es gibt kein besseres Stärkungsmittel für uns selbst als das Wissen, mit jeder Situation im Leben fertig zu werden, und kein Aphrodisiakum, das stärker auf das andere Geschlecht wirkt als ein gesundes Selbstvertrauen.

Der Leistungsdruck betrifft uns alle, und mangelnde Konzentration am Fließband kann mehr zur Folge haben als den bloßen Verlust der Arbeitsstelle. Der daraus entstehende Streß zählt zu den Hauptursachen, die die Freude am Sex mindern, und ist für Frauen genauso spürbar, wenn er sich bei diesen im Schlafzimmer vielleicht auch weniger bemerkbar macht als bei den Männern. Alles im Leben ist miteinander verflochten, Arbeit und Spiel, Tag und Nacht. Nur allzuoft wird dann zu Aufputschmitteln gegriffen, die Gemüt und Verstand umnebeln und die Menschen in einen unheilvollen Kreislauf hineinziehen. Die ätherischen Öle hingegen führen eine echte mentale Befreiung herbei und keine Flucht. Die mentalen Fähigkeiten werden erhöht und nicht vermindert oder beschränkt. Die ätherischen Öle machen uns stark, nicht schwach, bewußt, nicht halb benommen, sie schenken uns einen klaren Kopf, anstatt uns kopflos zu machen.

Und je besser wir das ewige Tohuwabohu im Berufsleben meistern, desto besser können wir die natürlichen Freuden des Lebens genießen, und welche Freuden sind schöner als die Freuden der Liebe?

Nerven

Im Jahr 1980 entdeckten Forscher am Hammersmith-Spital in London einen neuen Zweig des vegetativen Nervensystems und machten damit wieder einmal klar, daß es noch immer weiße Flecken auf der Landkarte der menschlichen Physiologie gibt. Es ist jedoch nicht meine Absicht, das menschliche Nervensystem hier in allen Einzelheiten zu erläutern, ich möchte nur einen besonderen Aspekt desselben hervorheben, nämlich das heikle Gleichgewicht zwischen dem Sympathikus und dem Parasympathikus.

Diese beiden sind in der Tat zwei Ein- und Ausschaltern vergleichbar, die mit Hilfe von chemischen Substanzen Veränderungen in der Arbeitsweise der unter ihrer Kontrolle stehenden Organe hervorrufen. Der

Parasympathikus kann zum Beispiel den Herzschlag herabsetzen, der Sympathikus wiederum beschleunigt ihn. Er benutzt dazu das bekannte Kampf- und Fluchthormon Adrenalin (so wie auch Noradrenalin und andere Substanzen), das immer, wenn Not am Mann ist, eingesetzt wird. Dieses Adrenalinsystem bewirkt auch die Ejakulation. Eine verfrühte Ejakulation tritt ein, wenn ein Mann die Adrenalinmenge, die sein Gehirn zur Ausschüttung in den Blutkreislauf dirigiert, nicht kontrollieren kann – als Ergebnis von übergroßer Aufregung oder Angst.

Vorzeitige Ejakulation, Impotenz, Orgamusunfähigkeit bei Frauen und geringe sexuelle Erregbarkeit sind alle auf das gestörte Gleichgewicht zwischen den beiden Hälften zurückzuführen: dem Parasympathikus, der auf den Orgasmus vorbereitet, und dem Sympathikus, der ihn »durchführt«. Männer weisen eine Tendenz zu einem überaktiven Sympathikus auf – vorzeitige Ejakulation; bei Frauen liegt meistens eine Unteraktivität vor, so daß es zu keinem Orgasmus kommt. Das ist natürlich eine grobe Vereinfachung dieses komplizierten Prozesses, aber es läßt sich daraus ersehen, wie wichtig unser Nervensystem ist.

Die ersten Forschungen über das vegetative Nervensystem wurden bei Männern angestellt, die aus dem Krieg zurückkehrten, und bei Frauen, die vergewaltigt worden waren und die infolge einer Überdosis des Streßhormons Adrenalin an ernsthaften Veränderungen der biochemischen Vorgänge im Gehirn litten. Das zeigt uns auch heute noch, daß jede Ursache auf der emotionalen Ebene eine Auswirkung auf die körperliche Ebene hat.

Es gibt jedoch keine Jungfrauen aufgrund emotionaler Veranlagung, und daher ist auch niemand gefeit von sexuellen Problemen. Manchmal entwickelt sich ein Teufelskreislauf, wenn der Mann sich unter Druck gesetzt fühlt, es »bringen« zu müssen, und es aus Angst vor dem Versagen dann tatsächlich infolge des Adrenalinausstoßes zur verfrühten Ejakulation kommt, was seine »Vorstellung« ruiniert und sein Problem zuspitzt.

Das Nervensystem arbeitet als ein geschlossenes Ganzes – und Gleichgewicht ist alles! Die ätherischen Öle wirken geradewegs auf das Nervensystem ein und wurden seit Jahrtausenden dazu benutzt, um die beiden Hälften des vegetativen Nervensystems im Gleichgewicht zu halten.

Eine Anzahl von Ölen sind hinsichtlich ihrer Wirkung auf den Sympathikus von Professor Shizuo Torii von der Toho-Universität in Japan untersucht worden, und seine Ergebnisse bestätigen unser empirisches Wissen. Er hat herausgefunden, daß die Tätigkeit des Sympathikus durch Jasmin, Ylang Ylang, Pfefferminze, Rose, Patschuli, Neroli, Nelke, Rosenholz und Basilikum verstärkt wird, während sie durch Majoran, Sandelholz, Zitrone, Kamille und Bergamotte herabgesetzt wird.

Der bewußte Gebrauch von natürlichen ätherischen Ölen zur Beeinflussung des Ein- und Ausschaltmechanismus des vegetativen Nervensystems verhilft zur Kontrolle über die Sexualität. Und vergessen wir nicht, daß Gleichgewicht und Kontrolle in der Sexualität nicht allein maßgeblich für die Verhütung kleinerer oder größerer Katastrophen sind, sondern auch für den Aufschwung zu neuen Höhen!

Hormone

Bisher wurden über fünfzig Hormone im menschlichen Körper nachgewiesen – natürlich haben nicht alle davon mit der Sexualität zu tun. Hormone sind chemische Nachrichtenträger, die von den endokrinen Drüsen in den Blutstrom geschickt werden. Einige dieser Drüsen widmen sich ausschließlich der Produktion von Hormonen, wie zum Beispiel die Hirnanhangdrüse, die nicht weniger als acht Hormone herstellt, andere gelten wieder mehr als Organe, wie zum Beispiel die Bauchspeicheldrüse. Selbst das Herz sondert sein eigenes Hormon ab, von dem man glaubt, daß es bei der Regulierung des Blutdrucks eine Rolle spielen könnte. Was die Tätigkeit der Hormone anlangt, so ist auch hier ein ungestörtes Gleichgewicht von ausschlaggebender Bedeutung. Manche Hormone wirken wie ein Paar von Ein- und Ausschaltern auf Samenproduktion und Eisprung. An einem einzigen körperlichen Vorgang ist oft eine ganze Reihe von Hormonen beteiligt, und die Synchronisierung sämtlicher hormoneller Funktionen ist für eine gute Gesundheit lebenswichtig.

Mit ihren ätherischen Ölen scheint uns die Natur ihren eigenen Hormonersatz zu liefern. Geranium und Eukalyptus werden zum Beispiel in der medizinischen Aromatherpaie bei der Behandlung von Diabetes eingesetzt, der auf einen Insulinmangel zurückzuführen ist. Weibliche Fruchtbarkeitsprobleme können mit Salbei, Fenchel und ätherischen Ölen aus der Rosenfamilie behandelt werden. Die Forschung zeigt auf, daß bestimmte Öle eine große Ähnlichkeit mit bestimmten Hormonen haben, wie zum Beispiel mit Östrogen und Progesteron. Die Forscher Perner und Zenife haben die Wirkung von bestimmten Ölen auf den Menstruationszyklus nachgewiesen, der natürlich einen hormonellen Vorgang darstellt.

Natürlich können nicht alle ätherischen Öle als Hormonersatz, den uns die Natur zu Therapiezwecken zur Verfügung stellt, angesehen werden. Nur bei gewissen Ölen hat man diese Wirkung festgestellt, als man sie untersuchte oder therapeutisch erprobte, aber viele Öle wirken entspannend, und Entspannung spielt eine große Rolle bei der Ausschüttung und dem Gleichgewicht der Hormone. Außerdem stärkt sie die Abwehrkräfte des Körpers und ist auch ein wichtiger Faktor, wenn es darum geht, in den vollen Genuß unserer Sexualität zu kommen. In ihrer Rolle als Aphrodisiakum tragen die ätherischen Öle somit einerseits zu unserer Entspannung, andererseits aber zur Stimulierung der sexuellen Aktivität bei, da manche Öle einen Einfluß auf die Sexualhormone ausüben; und ganz allgemein gesehen fördern sie einfach unser Wohlbefinden und damit unser gutes Aussehen. Und eine gesunde, glückliche Persönlichkeit hat sich schon immer als stärkstes Aphrodisiakum auf das andere Geschlecht erwiesen.

Stumme biologische Botschaften

Pflanzen, Insekten, Tiere und Menschen verfügen über stumme biologische Botschaften. Die Botschaften haben mit Leben und Tod zu tun – sexueller Anziehung, Fortpflanzung und Verteidigung gegen Angriffe. Die amerikanischen Biologen Dr. Orians und Dr. Rhoades haben 1982 als erste entdeckt, daß Bäume einander Duftbotschaften »per Luftpost« übermitteln, um sich vor Insektenangriffen zu warnen. Blumen und Pflanzen senden Aromanachrichten an Insekten und Tiere aus, die besagen »Komm her!« oder »Geh weg!«, je nachdem, an welche Gattung sie gerichtet sind und ob die Pflanze mit dieser in Symbiose lebt oder nicht.

Menschliche Wesen reagieren auf Botschaften, die sie einander in Form von Pheromonen übermitteln. Außerdem sprechen sie stark auf das Sexualdrüsensekret bestimmter Tiere an, insbesondere auf das von Zibetkatze, Biber und Moschusrind. Parfumhersteller sind bereit, große Summen Geld aufzubringen, um in den Besitz dieser Stoffe zu kommen und sie dann ihren Produkten beizumischen. Manche Öle, wie Ambrette und Angelika zum Beispiel, ahmen den Duft von Moschus nach, doch die meisten begnügen sich mit ihrer eigenen süßen Duftnote und wurden seit Jahrtausenden von den Menschen zur Verstärkung ihrer Anziehungskraft benutzt, um sich fortzupflanzen, oder, mit anderen Worten, für die Liebe. Die Parfümerie ist eine alte komplexe und subtile Wissenschaft, und weil die Vorliebe für bestimmte Düfte bei jedem Menschen verschieden ist, kann es eine Weile dauern, ehe Sie herausgefunden haben, welches aromantische Öl Ihr Partner besonders aufregend findet. Doch vergessen Sie nicht, wieviel Spaß Sie schon beim Ausprobieren haben werden!

Gesundheit und Schönheit

Die Anwendung von ätherischen Ölen ist mehr auf dem Gebiet von Gesundheit und Schönheit als auf dem der Sexualität bekannt. Wenn Sie sich wohl fühlen, ist auch Ihr Selbstvertrauen entsprechend hoch, und es gibt nichts Attraktiveres für das andere Geschlecht als ein gesundes Selbstvertrauen. Und die Tatsache, daß Sie blendend aussehen, hilft natürlich auch! Schlechte Gesundheit, Schmerz oder Unwohlsein zehrt an der Energie, die besser für angenehmere Dinge, wie zum Beispiel die

Liebe, eingesetzt werden könnte. In diesem Buch verrate ich Ihnen einige Rezepte, wie Sie mit physischen Problemen fertig werden können, die Ihre Sexualität beeinträchtigen, angefangen von Infektionen bis zur Muskelschwäche. Wenn Sie aber schon wohlauf sind, dann werden die ätherischen Öle Ihren Muskeltonus stärken und Ihre gute Laune fördern. Dieser Prozeß entspannt, stärkt und kräftigt zugleich die Sexualorgane.

Die natürlichen ätherischen Öle dienen dem Körper in vielfacher Weise: Sie verbessern die gesamtkörperliche Verfassung, weil es, wie Dr. Jean Valnet hervorhebt, zu ihren Fähigkeiten gehört, die Blutzufuhr zu den Geweben zu verbessern, was sowohl für die Zellerneuerung als auch für die Säuberungsfunktion der weißen Blutkörperchen von Bedeutung ist. Sie zirkulieren im ganzen Körper und führen zu einer innerlichen und äußerlichen Wiederbelebung und Verjüngung.

Ästhetische Gesichtspunkte

Parfums sind ein ätherisches Vergnügen, aber sie sind nicht ganz »unschuldig«. Ein berühmter französischer Parfümeur, Pierre Blaizot, hat einmal zugegeben, daß die Wohlgerüche in einem Parfumlabor so erotisch sind, daß ein sexuell ganz normal veranlagter Mann Gefahr läuft, vom Wege der Tugend abzuweichen beziehungsweise sich ablenken zu lassen. Der arme Monsieur Blaizot und seine Assistenten müssen leiden, damit Sie und ich unsere Partner »ablenken« können! Denn Parfums üben tatsächlich eine starke Anziehungskraft aus. Wir möchten dem köstlichen Duft auf die Spur kommen, um ihn voll auszukosten. Außerdem ist uns allen bewußt, daß es kein besseres Aphrodisiakum gibt als den Gedanken, daß uns jemand attraktiv findet, selbst wenn es am Anfang nur unser Parfum war, das der andere näher kennenlernen wollte. Ein berauschender Duft kann selbst Vorbeieilende zum Anhalten bringen, um herauszufinden, woher der Wohlgeruch kommt. Die profane Welt kommt zum Stillstand, das Romantische hält Einzug.

Vom Standpunkt des Verbrauchers aus gesehen, haben ästhetische Gesichtspunkte etwas mit Selbstfindung zu tun, mit dem Ausdruck der eigenen Persönlichkeit durch einen Duft. Ein Parfum ist eine Bestätigung unserer Individualität uns selbst und den anderen gegenüber. Es hält uns für einen flüchtigen Augenblick in der Zeit fest, »bindet« uns an einen Fleck. Dieser Prozeß ist überaus subtil, so daß ein Wohlgeruch, der sich für das Büro eignet, im Fitneßcenter fehl am Platz ist, von einem heißen Rendezvous mit dem Liebsten ganz zu schweigen. Wir ziehen einen Duft an wie ein Kleid aus unserem Kleiderschrank. Wenigstens die meisten Frauen machen das. Mit Aromantik können auch Männer von diesem »ausfüllenden« Mechanismus profitieren, indem sie sich die subtilen Duftnoten und Anwendungsmethoden zunutze machen, die uns die natürlichen ätherischen Öle ermöglichen. Er kann seinen Tag unter einer belebenden Grapefruitdusche beginnen, kurz aus dem Fläschchen in seiner Schreibtischschublade den Duft von Basilikum einziehen, ehe er sich zu der wichtigen geschäftlichen Besprechung begibt, und ein Salbeibad nehmen, um den Abend euphorisch zu beschließen!

Das Raffinierte dieses charakterausfüllenden Mechanismus besteht darin, daß man tatsächlich die Persönlichkeit *sein* kann, die man zu irgendeiner besonderen Zeit sein möchte, und es nicht nur eine durch Autosuggestion hervorgerufene Einbildung ist. Mehr noch, die ätherischen Öle kann man leicht kombinieren, so daß man mit wenigen Zutaten eine Fülle von Duft- und Gefühlswirkungen erzielen kann, indem man den Anteil der an der Mischung beteiligten Öle einfach verändert. Auf diese Weise kann ein Aromantiker die Schwankungsbreite ihres Charakters erforschen, so daß er zu jeder Zeit spürt und sagen kann: »Das bin ich!« Dann wirken die ätherischen Öle tatsächlich auch in der Hinsicht als Aphrodisiakum, daß eine Persönlichkeit, die wirklich sie selbst und glücklich ist, immer eine starke Anziehungskraft auf das andere Geschlecht ausübt.

Erinnerung

Jeder von uns reagiert auf ganz persönliche Weise auf bestimmte Gerüche, weil unsere persönliche Geschichte eng mit Gerüchen und den damit verbundenen Gefühlen verknüpft ist. Jedes Öl hat bestimmte Eigenschaften, die jedoch von unserer Erinnerung verdrängt werden können, wenn mit diesem Duft eine starke emotionale Erfahrung zusammenhängt. Ist uns dieser Prozeß bewußt, dann können wir uns die positiven Duftassoziationen zunutze machen und die negativen umprogrammieren. Es lohnt sich, auf diese Zusammenhänge näher einzugehen, was wir im nächsten Abschnitt machen werden. Aber um noch schnell ein Beispiel zu geben: Stellen Sie sich vor, Ihre aufregendste sexuelle Erfahrung hätte hinter einem Jasminbusch im Garten in einer warmen Sommernacht stattgefunden, als Sie achtzehn waren. Und jedesmal, wenn Sie später Jasmin gerochen haben, kehrte die Erinnerung an dieses Erlebnis zurück. Wenn Ihnen dieser Zusammenhang bewußt ist, dann können Sie durch die Verwendung von Jasmin die Erinnerung für sich arbeiten lassen.

Erinnerungen können aber auch entgegengesetzt wirken. Ein bestimmter Duft kann Sie davon abbringen, sich der Liebe hinzugeben, ohne daß Sie wissen, warum. Diese Gespenster können jedoch mit aromantischem Bewußtsein vom Dachboden der Erinnerungen vertrieben werden. Aber das ist wiederum eine andere Sache...

Bei der Wahl von Düften steht der persönliche Geschmack im Vordergrund. Es gibt kein einziges Parfum, das jedermann anspricht, im Gegenteil, es kann Anziehung oder Ablehnung hervorrufen. Das ist einer der Gründe, warum Ihnen dieses Buch mehrere Möglichkeiten zur Auswahl stellt.

Die Vorliebe für bestimmte Gerüche wird von uns im Laufe unseres Lebens erworben. Bei unserer Geburt ist unser »Geruchsregister« ein unbeschriebenes Blatt, und langsam beginnen wir, bestimmte Düfte mit bestimmten Emotionen zu verknüpfen, die wir empfanden, als wir diesen speziellen Geruch wahrgenommen haben. Die Verbindung von Geruch mit Gefühl und Lang- und Kurzzeitgedächtnis ist von lebenswichtiger Bedeutung für uns. Wir lernen uns vor Dingen zu hüten, die gefährlich sind (wie vor brennenden Möbelstücken), und erkennen Dinge, die gut für uns sind (wie die Mutter zum Beispiel), und wir erkennen diese Dinge durch den Geruch mit Hilfe des Gedächtnisses.

Die Wissenschaft behauptet, daß ein Neugeborenes den Geruch der Milch seiner Mutter bereits unterscheiden kann, wenn es sechs bis vierzehn Tage alt ist. Der erste wichtige Geruch wird in das Geruchsregister eingetragen mit der Anmerkung: »Das ist gut, es stillt meinen Hunger, und ich fühle mich sicher.« Nehmen wir an, der liebende Vater von diesem Baby pflegt Pfeife zu rauchen. Eine zweite Eintragung würde dann lauten: »Pfeifenrauch erinnert mich an die glückliche Zeit, als ich im Schoß meines Vaters lag.« Auf diese Weise sammelt ein Baby gute Assoziationen und Gefühle. Nun nehmen wir an, dieses Baby wird von einem Kindermädchen versorgt, das das Baby schlägt, wenn es weint (und die Eltern es nicht sehen können), und daß dieses Kindermädchen ein Parfum auf Lavendelbasis benutzt. Der Lavendelgeruch ist dann mit folgender Eintragung verknüpft: »Ich rieche Lavendel, ich fühle mich unbehaglich und nervös.« Dieser Prozeß setzt sich fort, Jahr für Jahr, völlig unbewußt wahrscheinlich, bis das Kind Mann oder Frau geworden ist und das einst leere »Geruchsregister« zu einem komplexen »Geruchsprogramm« wird.

Jeder von uns trägt in seinem Unbewußten einen Erinnerungsspeicher, der mit guten und schlechten Assoziationen angefüllt ist. Und immer wenn wir einen längst vergessenen Duft riechen, kehrt die Erinnerung an eine bestimmte Person, ein Ereignis oder einen ganzen Lebensabschnitt mit den dazugehörigen Gefühlen zurück. Ein erwachsener Mann riecht Lavendel, und ein Schauer läuft ihm über den Rücken, und er weiß vielleicht nicht einmal, warum. Wenn wir verstehen, welchen Einfluß Gerüche auf unsere Stimmungen und Gefühle ausüben, dann können wir uns dies zunutze machen. Denn das in unserem Unbewußten ablaufende

Computerprogramm kann über den Geruch auch bewußt gesteuert werden. Wir werden nicht aufhören, Assoziationen zwischen Geruch, Erinnerung und Gefühl zu bilden, ehe nicht unsere letzte Stunde geschlagen hat.

Wir werden alle von Gerüchen programmiert. Nehmen wir an, Sie hatten sich mit Patschuli parfümiert, als Ihr Partner schlecht gelaunt nach Hause kam und Sie eine heftige Auseinandersetzung hatten. Ohne daß er sich dessen bewußt wurde, vermerkte sein Erinnerungsspeicher daraufhin: Patschuli = Partner = schlechte Erfahrung. Was immer Sie auch tun, vermeiden Sie bloß, diese Assoziation ins Schlafzimmer mitzunehmen. Nehmen Sie eine Dusche oder ein Bad, benutzen Sie ein anderes Parfum, und gehen Sie auf diese Weise auf Nummer Sicher, daß zumindest ein Teil der Assoziation (Patschuli = schlechte Erfahrung) weggewaschen wurde. Wählen Sie dieses Mal einen Duft aus, mit dem Ihr Partner gute Assoziationen verbindet, oder einen, der noch mit überhaupt keinen Assoziationen belastet ist.

Manchmal mag es notwendig sein, daß wir uns geruchsmäßig »umprogrammieren«. Wenn Sie zum Beispiel den Duft von Orangen nicht leiden können, wäre es möglich, daß Sie in Ihrer Kindheit eine unangenehme Erfahrung gemacht haben, die eine entsprechende gefühlsmäßige Prägung in Ihrer Erinnerung hinterlassen hat. Vielleicht haben Sie einmal eine Orange gestohlen und wurden beim Essen derselben ertappt – Geruch und Geschmack sind verbunden. Aber solche negativen unbewußten Assoziationen beeinträchtigen Sie nur. In diesem Fall führt das bloß dazu, daß Sie sich selbst um den Genuß von Orangen und Vitamin C bringen. Sie müssen jetzt den Duft in einen neuen, positiven Kontext bringen. An einem Tag, an dem Sie Zeit für sich haben, entspannen und umgeben Sie sich mit lauter angenehmen Dingen. Legen Sie Ihre Lieblingsplatte auf, und bitten Sie Ihren Partner oder einen Freund, Ihnen behilflich zu sein. Nun verteilen Sie einige Tropfen Orangenöl auf einer Wärmequelle im Raum und atmen tief, mit geschlossenen Augen und denken nur an die Dinge im Leben, die Sie gern haben. Falls jemand bei Ihnen ist, bitten Sie ihn, sanft Ihr Haar oder Ihren Rücken oder was auch immer zu streicheln, als ob Sie eine Katze wären, die sich an der warmen, liebevollen menschlichen Berührung erfreut. Verwöhnen Sie sich auf jede nur erdenkliche Weise, um ein neues Programm für den Orangenduft zu erstellen, so daß er, wenn Sie ihn das nächste Mal riechen, nicht sofort unangenehme Gefühle in Ihnen hervorruft, sondern Gefühle von Sicherheit, Liebe und Glück.

Sie brauchen keine Angst zu haben, Sie könnten Bestrafung mit Vergnügen assoziieren oder eine konfuse Haltung diesbezüglich entwikkeln. Sie werden beide Erfahrungen als separate Zugänge zu Ihrem limbischen System bewahren, aber die neue, angenehme Erfahrung und

Empfindung wird die alte, unangenehme überlagern. Manche alte Erinnerungen sind stärker als andere, so daß Sie vielleicht die schlechte Erfahrung mehr als einmal mit einer guten überlagern müssen, aber schließlich wird die unangenehme Assoziation weichen. Diese Säuberung von Gespenstern im Gefühlsleben durch den gezielten Einsatz von Düften ist sicherlich wichtig für die vielen Leute, die sich regelmäßig und scheinbar grundlos mit unangenehmen Gefühlen konfrontiert sehen und nicht wissen, warum. Mittels Geruchsbewußtsein können wir unser Leben besser in den Griff bekommen.

Es ist wichtig, daß wir uns klar darüber werden, welche Auswirkung Mutters Parfum oder Vaters After-shave auf unser späteres Leben haben kann. Liebende sollten bewußt vermeiden, den Duft zu benutzen, den der eine oder andere Elternteil des jeweiligen Partners verwendete. Wenn Ihr Vater Ihrem Liebsten eine Flasche seiner Lieblingsmarke After-shave schenkt, sollte er diese nicht einmal aus der Schachtel nehmen. Es würde Ihnen sicher schwerfallen, sexuelle Gefühle für Ihren Partner zu entwikkeln, wenn sein Geruch Sie dezidiert an Ihren Vater erinnert. Statt dessen würden Sie ein unerklärliches Mißbehagen empfinden. Das gleiche gilt natürlich auch, wenn Ihr Liebster Ihnen ein Parfum kauft, weil seine Mutter es benutzte. Geben Sie vor, es verloren zu haben! Oder möchten Sie vielleicht, daß er von Erinnerungen an seine Mutter überwältigt wird, wenn Sie mit ihm im Bett liegen?

Bis jetzt haben wir von aromantischem Bewußtsein vorwiegend in bezug auf die Vergangenheit gesprochen. Wie sieht aber die Zukunft aus? Auch hier kann aromantisches Bewußtsein von großem Nutzen sein. Fangen wir gleich damit an, daß es Ihnen dabei behilflich sein kann, eine Stelle zu bekommen! Der Industriepsychologe Dr. Robert Barron und sein Team von der Perdue-Universität (USA) waren von den Ergebnissen ihrer Forschung über die Auswirkungen von Parfum- oder After-shave-Benutzung bei Vorstellungsgesprächen sehr überrascht. Männliche Personalleiter neigten zu negativen Reaktionen gegenüber männlichen Bewerbern, die ein After-shave, und gegenüber weiblichen, die Parfum benutzten, und beurteilten sie schlechter als unparfümierte Bewerber und Bewerberinnen mit der gleichen Qualifikation. Weibliche Personalleiter hingegen zeigten eine neutrale oder günstige Reaktion gegenüber parfümierten Berufsanwärtern.

Es scheint, als hätten die männlichen Personalleiter Schwierigkeiten beim Auseinanderhalten von persönlichen, durch die Erziehung bedingten Eigenheiten und rein professionellen Erfordernissen, während weibliche Personalleiter im Falle einer positiven oder neutralen Reaktion Parfum als ein Zeichen guter Erziehung ansahen. Daraus geht klar hervor, daß es der Mühe wert ist, herauszufinden, ob Sie es mit einem männlichen oder weiblichen Gesprächspartner zu tun haben werden. Da aber noch in letzter Minute eine Änderung eintreten könnte, ist es vielleicht am sichersten, sich auf aromantische Weise vorzustellen! Am besten fangen Sie den Tag mit einer Dusche oder einem Bad und einem der Öle an, die das Selbstvertrauen stärken (siehe Seite 89f.), oder Sie benutzen eine der Mischungen auf Seite 90 für Ihr Durchsetzungsvermögen.

Jeder von Ihnen dürfte die Erfahrung kennen oder selber gemacht haben, daß ihn ein bestimmtes Parfum oder After-shave an eine bestimmte Person erinnert, insbesondere an eine Person, zu der er eine enge emotionale Beziehung hatte. Noch Jahre nach dem Ende dieser Beziehung genügt es, diesen Duft wieder zu riechen, um sich an die Person zu erinnern, selbst wenn man sich ihre Gesichtszüge nicht mehr klar ins Gedächtnis rufen kann. Von dieser bemerkenswerten Eigenschaft der Düfte wollen wir Gebrauch machen, damit Sie bei Ihrem derzeitigen Partner einen nachhaltigen Eindruck hinterlassen.

Kaufen Sie ein Parfum oder After-shave, das gerade neu auf den Markt gekommen ist, vorzugsweise von einer renommierten Parfumfirma, weil dann die Wahrscheinlichkeit größer ist, daß das Produkt einige Jahre auf dem Markt bleiben wird. Benutzen Sie dieses Parfum oder After-shave in ziemlich verschwenderischer Weise mindestens eine Woche lang oder, wenn Sie nicht zusammenleben, an neun aufeinanderfolgenden Treffen; und bemühen Sie sich während dieser Zeit jedesmal, wenn Sie Ihren Partner sehen, besonders liebevoll, hilfsbereit, mitteilsam und sexy zu sein – alle jene positiven Dinge, die eine gute Beziehung ausmachen. Vermeiden Sie Streitigkeiten um jeden Preis. Und vergewissern Sie sich, daß Ihr Partner den Duft Ihres Parfums oder After-shave auch tatsächlich mag. Je leidenschaftlicher sich die Begegnungen entwickeln, desto besser!

Dieser Duft wird sich dem limbischen Gehirn Ihrer oder Ihres Liebsten einprägen, so daß sie sich, selbst wenn sie schon achtzig Jahre alt sind, noch an Sie erinnern werden, wenn sie diesen Duft riechen. In späteren Jahren wird sich Ihre jetzige Leidenschaft vielleicht nicht mehr an Ihren Namen oder Ihr Gesicht erinnern, aber die Empfindungen werden mit dem Parfum verknüpft bleiben bis in alle Ewigkeit. Selbst im Altersheim werden die lustvollen Tage ihrer Jugend wieder auferstehen, wenn die neue Schwester ihren Dienst antritt, umgeben von einer Wolke des »klassischen« Duftes (auch wenn sie es nicht mehr wissen sollte, diese Erinnerung sind Sie). Das ist die aromantische Bedeutung von »ein bißchen Glück verbreiten«.

Ich habe eine Freundin, die diese Methode immer benutzt hat, und sie erhält eine Menge Anrufe von ihren Exgeliebten, mehr als sonst jemand, den ich kenne. Manche Anrufer erkundigen sich bloß, wie es ihr geht, andere wissen, warum sie anrufen: »Ich habe heute dein Parfum gerochen, und es hat mich an unsere guten Zeiten erinnert, also dachte ich, ich rufe an und frage, wie es dir geht.«

Schöne Erinnerungen, nur das sollte in der Liebe zählen... aber vergewissern Sie sich, daß Sie diejenige sind, an die man sich erinnert! Wenn Ihr Geliebter Ihnen ein Parfum bringt und sagt, er habe den Duft schon früher einmal gerochen und gern gehabt, dann müssen Sie auf der Hut sein. Es könnte sich um einen Duft handeln, der Ihren Partner (unbewußt vielleicht) an eine frühere Geliebte erinnert. Sollte das der Fall sein, dann hilft nur, sich schleunigst mit aromantischem Bewußtsein aus der Affäre zu ziehen.

Entdecken Sie Ihr aromantisches Selbst

Wenn wir über Liebesdüfte sprechen, dann sind damit nicht bloß liebliche Gerüche gemeint, sondern auch Emotionen, Launen, Erinnerungen, geistige Anregung, körperliche Gesundheit, Zuversicht und Ausstrahlung. »Liebesdüfte« bedeutet Glück und Erfüllung in jeder Hinsicht.

Wenn wir die »duftende« Vergangenheit der Menschheit betrachten, dann sehen wir, daß jedes Volk oder jede religiöse Gruppe unweigerlich liebliche Gerüche mit Spiritualität verknüpft hat. Das lateinische *per fumum* (= durch Rauch) bezieht sich auf das Verbrennen von Weihrauch, um damit die Götter zu grüßen. Die Menschen erkannten, daß die Düfte zu den wertvollsten Gütern der Erde zählen, die Leib und Seele zusammenhalten. Eigentlich gibt es keinen Grund für eine Gottheit, natürliche Stoffe zu schaffen, die ein Fest für unsere Sinne sind. Pflanzliche Pheromone könnten, gleich tierischen Pheromonen, auch einen eher unangenehmen Geruch aufweisen. Das ist aber nicht der Fall. Unsere Vorfahren wunderten sich darüber und sahen darin ein Zeichen göttlicher Liebe. Wir wissen, daß der Duft der Insektenabwehr dient und auch eine antibakterielle Funktion hat, die wir uns natürlich zunutze machen können. Tatsächlich aber scheint es so, als wären die lieblichen Gerüche dazu bestimmt, uns anzuziehen, uns zu verführen, ja sogar Duft und Aroma uns auf kulinarischem Weg einzuverleiben. Uns sollten eigentlich die wissenschaftlichen Erkenntnisse über die komplexe Struktur der Düfte noch mehr in Staunen versetzen über dieses Wunder der Schöpfung als unsere Vorfahren.

Ausgehend von dem, was wir jetzt über die psychologischen Auswirkungen von Gerüchen wissen, wäre es unrealistisch, an der plumpen, veralteten Ansicht festzuhalten, daß die Menschen früherer Zeiten Düfte bloß zum Überdecken schlechter Gerüche verwendeten. Es ist viel wahrscheinlicher, daß sie die erhebenden mentalen und emotionalen Eigenschaften der Düfte genausogut kannten wie wir. Welchen Grund sonst hätten die Poeten und Philosophen des klassischen Altertums gehabt, sich die Füße mit ätherischen Ölen salben zu lassen, während sie über Fragen der Metaphysik diskutierten? Interessant ist auch die Tatsache, daß sich die vornehmen Griechinnen in der Antike den Kopf mit Majoranöl einrieben – sollte das ein Ersatz für unser heutiges Valium gewesen sein?

Fast alle interessanten Persönlichkeiten der Geschichte benutzten Parfum – das damals natürlich ausschließlich aus ätherischen Ölen hergestellt wurde anstatt aus den chemisch erzeugten Imitationen, die wir heute kennen. Kleopatra sicherte sich ihren Bedarf durch einen eigenen riesigen Garten, der von ihren Parfümeuren eigenhändig betreut wurde. Aus den Aufzeichnungen von Chardin, dem Leibparfümeur von Napoleon, geht hervor, daß dessen Verbrauch an Rosmarinwasser äußerst verschwenderisch war – 162 Flaschen allein in den ersten drei Monaten des Jahres 1806. Was wir nicht wissen, ist, ob Napoleon den Rosmarin wegen seiner die Lebenskraft wiederherstellenden Eigenschaften wählte, mit dem er sich nach dem Bad – wie berichtet wird – zu übergießen pflegte, oder ob er mehr seine auf dem Schlachtfeld sehr nützlichen antiseptischen Qualitäten schätzte oder gar seine die Gehirntätigkeit anregenden Fähigkeiten, wenn er die nächste Attacke seiner Armee gegen den Feind plante. Vielleicht waren es alle drei Eigenschaften, die aus Napoleon einen solchen Liebhaber von Rosmarin machten. Für Josephine, seine Kaiserin, kaufte Napoleon den besten spanischen Jasmin und sandte ihr Parfums von allen seinen »Fernreisen«.

Dieses Buch wird Ihnen die Geheimnisse der Düfte verraten. Da diese zugleich auf der physischen, emotionellen und spirituellen Ebene wirken, ist mit einer klug ausgewählten Mischung alles möglich. Sie können lernen, die charakterlichen Unterschiede zwischen Ihnen und Ihrem Partner auszugleichen. Sie können sich selbst heilen und dabei auch noch gut riechen. Sie können sich selbst stärken, um die Alltagsschwierigkeiten mit mehr Selbstvertrauen zu meistern. In den Kapiteln »Die aromantische Frau« und »Der aromantische Mann« gehen wir auf die Öle und Rezepte ein, die Ihr sexuelles Wohlbefinden fördern und Ihnen helfen, Ihr wahres sexuelles Potential zu verwirklichen.

»Liebesdüfte« ist eine abenteuerliche Reise in die Lustgärten der Natur, wo Sie Ihr aromantisches Selbst entdecken werden!

2. Kapitel

Vom Umgang mit ätherischen Ölen

Was Sie über den Gebrauch von ätherischen Ölen wissen sollten

Gleich dem Menschen verfügen auch die ätherischen Öle über einen sehr komplexen Charakter. Genauso wie ein und dieselbe Person viele verschiedene Aufgaben und Rollen übernehmen kann, sind auch die Öle dazu imstande. Ein vielseitiger Mann kann ein Bergbauarbeiter, ein Computerexperte, ein Sänger, ein Fußballer, ein Gatte und Vater und ein Mitglied des Roten Kreuzes sein, je nachdem, welche Rolle sein Zeitplan gerade von ihm verlangt. In ähnlicher Weise ist jedes Öl für zahlreiche Aufgaben geeignet, die keineswegs miteinander unvereinbar sind, und Sie werden sehen, wie ein und dasselbe Öl für viele verschiedene Zwecke verwendet wird. Dies ist kein Widerspruch, sondern nur ein Beweis für den Reichtum und die Schönheit der Natur.

Wenn zwei Menschen zusammenkommen, entsteht eine neue, einzigartige Beziehung. Mischt man zwei oder mehr Öle zusammen, so ergibt dies eine völlig neue organische Verbindung. Es ist wichtig, diese Tatsache zu begreifen, weil Ihnen vielleicht in einem bestimmten Abschnitt dieses Buches ein Öl auffällt, das in diesem Kapitel oder in »Die aromantische Frau« oder »Der aromantische Mann« nicht vorkommt. Das ist kein Unterlassungsfehler: Ich verwendete jenes Öl in dem bestimmten Rezept und schuf eine völlig neue Verbindung, die sich von dem einzelnen Öl gründlich unterscheidet. Die Öle können nicht willkürlich aus dem Kontext der Rezepte, in dem sie vorkommen, herausgenommen werden. Befolgen Sie einfach die Anweisungen!

Der Grundsatz »mehr ist besser« trifft bei ätherischen Ölen nicht immer zu. Im Gegenteil, in manchem Fall ist es wirksamer, wenn das ätherische Öl in einer größeren Menge Wasser aufgelöst wurde. Dasselbe gilt auch, wenn ich Ihnen für eine besondere Situation mehrere Rezepte zur Wahl stelle; sind in dem einen Rezept vierundzwanzig Tropfen, in dem anderen dreißig und achtundzwanzig im dritten, dann heißt das nicht, daß das Rezept mit dreißig Tropfen stärker oder wirksamer ist. Die Anzahl der Tropfen ist nicht so entscheidend wie die Wirkungskraft des einzelnen Öles beziehungsweise seine Wirkungskraft in Verbindung mit anderen.

Glauben Sie ja nicht, der Einsatz von purem ätherischen Öl würde den Heilungsprozeß beschleunigen. Da es sich dabei um überaus konzentrierte Substanzen handelt, müssen sie verdünnt werden. Sie pur zu verwenden wäre genauso sinnlos wie das Trinken von reinem Alkohol.

Im allgemeinen werden Sie feststellen, daß ätherische Öle eine kumulative Wirkung haben. Es könnte sein, daß das gewählte Öl oder Rezept Ihr Bedürfnis so schnell stillt, daß Sie es vergessen. Andererseits kann es vorkommen, daß Sie das Öl oder Rezept eine Woche oder länger anwenden müssen, das hängt von der Tiefe und der Art Ihres Bedürfnisses ab. Haben Sie Geduld, und geben Sie dem Öl oder Rezept eine Chance, seine Wirkung zu tun; wenn es nichts nützt, versuchen Sie es mit einem anderen Öl oder Rezept – es gibt immer Alternativen.

Einige Anwendungsmethoden sind wirksamer als andere. Im allgemeinen ist ein Massageöl am wirksamsten, weil es einerseits vom Körper über die Haut aufgenommen wird und Sie es andererseits, wenn Sie sich damit einreiben, inhalieren, wodurch gleichzeitig eine direkte Verbindung zum Gehirn hergestellt wird. Das direkte Inhalieren ist auch sehr wirksam – einfach aus dem geöffneten Fläschchen den Duft des Öles einziehen oder einige Tropfen auf ein Tuch geben und daran schnuppern. Bäder sind wirksam, weil das Öl sowohl durch den Körper als auch durch die Nase aufgenommen wird. Andere Methoden (Kerzen, Raumsprays, Wassergefäße, Luftbefeuchter und Wärmequellen) sind weniger direkt und subtiler. Sie sind der sanfte Weg.

Achten Sie auf die Mengenangaben! Manchmal wird ein Teelöffel pflanzliches Öl benötigt, manchmal ein Dessert- oder Suppenlöffel, worin das ätherische Öl aufgelöst wird – bitte lesen Sie die Anweisungen sehr sorgfältig durch!

Für die Herstellung Ihrer Rezepte werden Sie einige saubere, trockene Fläschchen aus braunem oder dunkel gefärbtem Glas brauchen; sie verhindern, daß die ätherischen Öle unter Lichteinwirkung leiden. Bitten Sie Ihren Apotheker, Ihnen solche Fläschchen in der von Ihnen benötigten Größe zu verkaufen – die Größe ist zumeist auf dem Flaschenboden angegeben. Wenn kein Tropfer dabei ist, kaufen Sie einen extra, damit Sie die Messungen korrekt durchführen können. Lagern Sie die Flaschen so, daß sie vor Hitze, Licht und Feuchtigkeit geschützt sind.

Bei einigen Behandlungsmethoden, besonders bei den Spülungen im Kapitel »Die aromantische Frau«, ist »reines« Wasser angegeben. Das heißt, es ist entweder in Flaschen abgefülltes Quellwasser zu verwenden oder abgekochtes, auf Körpertemperatur wieder abgekühltes Leitungswasser. Versuchen Sie nicht, diesen Punkt aus Zeitersparnis zu umgehen, denn Leitungswasser kann mehr Schaden anrichten, als Sie denken. Doch wenn Sie die angegebenen Instruktionen genau befolgen, werden Ihre Schwierigkeiten bald behoben sein!

Echte und unechte Öle

Hätten Sie Gelegenheit, einer Auktion für ätherische Öle beizuwohnen, dann würde Ihnen klarwerden, wie unterschiedlich die Preise der einzelnen Öle sind. Auf der derzeit gültigen Großhandelspreisliste ist Jasminöl zweiundneunzigmal teurer als Grapefruit, Sandelholz kostet etwa viermal soviel wie Limette, ein weniger gravierender Preisunterschied. Die Preise unterliegen deshalb so großen Schwankungen, weil nicht nur die Erntebedingungen bei jedem Öl so verschieden sind, sondern auch die Vorgänge bei seiner Herstellung. Außerdem müssen noch die Transportkosten berücksichtigt werden und – wie bei jeder anderen Ernte – ob es ein gutes oder schlechtes Jahr war, was sich wieder auf Angebot und Nachfrage auswirkt. Gute Händler verkaufen die einzelnen Öle zu einem Preis, der diesen Bedingungen Rechnung trägt und daher für jedes Öl dementsprechend unterschiedlich ist.

Bei der Wahl Ihres Händlers sollten Sie sehr wählerisch sein. Wenn jemand ein ätherisches Öl mit einem anderen verschneidet und auf dem Etikett »reines ätherisches Öl« vermerkt, hat er nicht gegen das Gesetz verstoßen, denn es handelt sich zwar um ein ätherisches Öl, bloß nicht um das, wofür Sie es halten. Das teure Nelkenöl zum Beispiel läßt sich in seinem Duft sehr überzeugend durch eine Mischung von Ylang Ylang und Schwarzem Pfeffer nachahmen, die beide viel billiger sind. Das Produkt mag dann zwar riechen wie Nelkenöl, es weist aber weder dessen Molekularstruktur auf, noch hat es dessen Fähigkeiten.

Manche Händler verkaufen Produkte, die den Namen »echtes ätherisches Öl« nicht verdienen, weil ein pflanzliches Öl – Mandel, Aprikose, Pfirsich, Traubensamen, Haselnuß, Soja etc. – die Basis bildet. Diese verdünnten Produkte sind aufgrund ihrer öligen Konsistenz leichter zu erkennen, da natürliche ätherische Öle nämlich nicht ölig sind – die Bezeichnung »Öl« ist in gewisser Hinsicht irreführend. Sie können den Unterschied zwischen ätherischen Ölen und anderen aus Pflanzen oder Erdöl hergestellten Ölen sehen, wenn Sie ihre Tropfen auf einem Stück Löschpapier miteinander vergleichen – erstere imprägnieren das Papier, dann verdunsten und verflüchtigen sie sich, ohne einen Ölfleck zurückzulassen, bei allen anderen bleibt ein öliger Fleck zurück. Hinterläßt Ihr »ätherisches Öl« einen Ölfleck, dann könnte dies ein Hinweis sein.

Allerdings ist dabei zu beachten, daß auch die »reinen« Produkte sehr verschieden sind – Vetiver ist von Natur aus dunkel und zähflüssig, während Lavendel wasserähnlich ist.

Das waren die schlechten Nachrichten, hier ist eine gute: Weil ätherische Öle sich so leicht mit anderen billigeren ätherischen oder pflanzlichen Ölen vermischen lassen, besteht kaum die Gefahr, daß ein geiziger Händler sie mit Chemikalien streckt. Das ist immerhin schon etwas!

Preisvergleich ist eine gute Hilfe – wenn Sie Bulgarische Rose zum gleichen Preis wie Lavendel kaufen können, ist etwas faul... an der Bulgarischen Rose. Stellen Sie Vergleiche zwischen den verschiedenen Händlern und ihren Produkten an, und greifen Sie im Zweifelsfall zur teureren Ware. (Keine Sorge, die Mengen, die wir von der echten Essenz brauchen, sind so gering, daß es im Grunde genommen nicht teuer kommt.) Wenn Sie zwei Produkte zum selben Preis finden und nicht sicher sind, welches besser ist, machen Sie sich deswegen keine allzu großen Sorgen. Bei den ätherischen Ölen geht es so zu wie in der Liebe – wenn die wahre Liebe kommt, werden Sie sie erkennen.

Auf Preisänderungen sollten Sie gefaßt sein. So wie beim Wein gibt es auch bei den ätherische Öle produzierenden Pflanzen gute und schlechte Jahrgänge. Die Natur ist unberechenbar, und das ist auch der Grund, warum die chemieorientierte Aroma- und Duftstoffindustrie nicht so leicht davon zu überzeugen ist, ihre Labors und Werkhallen gegen riesige Blumenfelder einzutauschen. Statt dessen ist sie eifrig bemüht, die Wirkungen der natürlichen ätherischen Öle so gut wie möglich zu imitieren, obwohl sie vielleicht am besten von uns allen weiß, daß die Wunder der Wissenschaft an die Wunder der Natur nicht herankommen.

Aber letzten Endes hängt die Qualität eines Produktes von den Anforderungen ab, die der Konsument stellt, und das sind Sie. Und wenn wir alle höchste Reinheit verlangen, dann können wir sicher sein, daß wir sie auch erhalten werden.

Synergistische Mischungen und Anfertigungen eigener Rezepte

In den Händen eines Künstlers kann aus den ätherischen Ölen ein Meisterwerk entstehen. Die Kunst rührt von dem Wissen her, welche Kombinationen sich gut vertragen, und das Meisterwerk entsteht, wenn Harmonie in dem Ganzen herrscht.

Man könnte den ganzen Prozeß auch mit dem Malen eines Bildes vergleichen. In beiden Fällen sind die einzelnen Elemente im Rohzustand von großer Schönheit – was könnte herrlicher sein als das Goldgelb der Osterglocken oder das klare Blau eines Sommerhimmels? Und jedes ätherische Öl ganz allein für sich genommen ist ebenso schön. Der Künstler kann Gelb und Blau zusammenmischen, um Grün daraus zu machen – alle Schattierungen von Grün, abhängig von dem Mischungsverhältnis zwischen Gelb und Blau. Und Sie können zwei ätherische Öle zusammenmischen, um eine völlig neue organische Verbindung herzustellen – und viele verschiedene Verbindungen, je nach dem Mischungsverhältnis. Der Künstler kann aus den drei Grundfarben – Gelb, Rot und Blau – eine Vielzahl von Farben herstellen, und Sie und ich können eine unbegrenzte Anzahl von Mischungen aus den vielen ätherischen Ölen komponieren.

Synergistische Mischungen sind Kombinationen von ätherischen Ölen mit einzigartiger Energie und Schwingungsmustern. Der Vorteil bei der Herstellung einer synergistischen Mischung liegt darin, daß man eine Anzahl von Ölen verwenden kann, die, würde man sie in einem normalen Rezept verwenden, nur einen halben oder einen viertel Tropfen, oder sogar noch weniger, ausmachen würden (was natürlich etwas schwierig zu bemessen wäre). Bei der Anfertigung einer synergistischen Mischung können wir für die richtigen Öle im richtigen Mischungsverhältnis sorgen – ungeachtet winzigster Mengen. Die bei synergistischen Mischungen zugelassenen Kombinationen stellen völlig neue Verbindungen dar (wie normale Rezepte auch), die trotz mancher nur in geringfügigsten Mengen vorkommenden Komponenten sehr subtil und wirkungsvoll sind: Sie sind eben mehr als die Summe ihrer Einzelteile.

Jede meiner synergistischen Mischungen bildet ein harmonisches Ganzes und beruht auf der Erfahrung vieler Jahre, in denen ich mein Handwerk gelernt habe. Therapeuten in meinem Fach entwerfen für jeden ihrer Patienten eine persönliche Mischung, die sich jedoch bei jeder Sitzung ändern kann, weil sich auch die Menschen mit der Zeit verändern und mit ihnen ihre Bedürfnisse. Obwohl ich liebend gerne für jeden von Ihnen ein eigenes Rezept erstellen würde, ist mir das leider nicht möglich, weil ich Sie nicht persönlich kenne und mit Ihren seelischen und körperlichen Gegebenheiten nicht vertraut bin. Sie werden sich also, wie ich fürchte, schon selbst an die Arbeit machen müssen.

Im ganzen Buch finden Sie Paletten von ätherischen Ölen, aus denen Sie wählen können. Die Öle für Männer und Frauen sind oft verschieden, und die Öle für bestimmte Erfordernisse sind es auch. Sie können Ihr eigenes Meisterwerk schaffen, indem Sie Öle aus einer oder aus mehreren Paletten auswählen und Ihre jeweiligen Bedürfnisse sowie die Ihres Partners berücksichtigen. Ihr Ziel ist, ein »Porträt in einer Flasche« herzustellen, das dem emotionellen und physischen Bild Ihres Partners oder Ihrer Partnerin gleichkommt oder auch Ihrem eigenen.

Wenn Sie für Ihre Liebste oder Ihren Liebsten eine Mischung anfertigen, dann suchen Sie gemeinsam die Öle aus, wobei Sie sich auf Ihre

Vorliebe für bestimmte Düfte und auf Ihre Intuition verlassen unter Berücksichtigung der in diesem Buch genannten Erfordernisse. Haben Sie die Absicht, zwei Porträts zu schaffen, eines für sich und eines für Ihren Partner oder Ihre Partnerin, dann vergleichen Sie die Öle und wählen eines aus, das Sie beide gern versuchen würden. Suchen Sie Harmonie zwischen sich und Ihrem Partner zu schaffen, indem Sie das ausgewählte Öl in jedes Rezept einbeziehen.

Ob Sie eine von meinen synergistischen Mischungen verwenden oder Ihre eigene schaffen, in jedem Fall nehmen Sie eine kleine Flasche, in die Sie die unterschiedlichen Mengen Öl hineinfüllen. Dann können Sie aus dieser Flasche jederzeit so viele Tropfen, wie Sie brauchen, für Ihr Bad, Ihre Dusche, Ihr Massageöl oder den Wasserverdunster in Ihrem Zimmer entnehmen, wann immer Sie es wünschen. Es ist viel besser, die synergistischen Mischungen eine gewisse Zeit vorher herzustellen als erst im letzten Augenblick, weil die Moleküle der verschiedenen Komponenten dann Gelegenheit haben, miteinander in Verbindung zu treten und ihre synergetische Wirkung aufzubauen.

Das Prinzip des Zusammenmischens von verschiedenen Komponenten, um ein neues, harmonisches Ganzes zu kreieren, ist so alt wie die menschliche Zivilisation überhaupt. Die alten Ägypter benutzten für ihre Parfums nicht weniger als zwanzig Ingredienzen, und etwa um Christi Geburt herum wurde ein chinesisches Buch geschrieben, das uns von einem König berichtet, der seine Gäste begrüßte und mit Luxus überschüttete, »während Räucherwerk aus hundert harmonisch vermischten Zutaten brannte«. Beethoven komponierte seine Symphonien unter Verwendung Dutzender Instrumente, während Leonardo da Vinci seine Meisterwerke unter Verwendung Dutzender Farben schuf, die alle harmonisch miteinander verbunden waren.

Eine synergistische Mischung ist, ähnlich wie eine Beethovensymphonie, mehr als die Summe ihrer Teile. Sie ist etwas Neues, etwas Besonderes. Aber auch Sie können die schöpferische Begabung in sich erwecken. Machen Sie von den in diesem Buch angeführten Paletten Gebrauch, von Ihrer Nase und von Ihrer Intuition, um einen harmonischen Duft zu entdecken. Mit Ihrer Liebe und mit den Informationen aus diesem Buch haben Sie alles, was Sie brauchen, um Ihr eigenes Meisterwerk zu schaffen – Formeln und Rezepte, die einzigartig und nur für Sie und Ihre Liebe bestimmt sind!

Rezepte für Sie und Ihren Partner für vergnügliche Stunden

Aus mehreren Gründen bietet Ihnen »Liebesdüfte« eine Auswahl ätherischer Öle. Erstens hat jeder Mensch eine Vorliebe für bestimmte Gerüche – eine wertvolle Hilfe bei der Entscheidung, welches Öl oder Rezept man anwenden soll, weil man sich automatisch zu jenen Ölen hingezogen fühlt, die mit einem harmonieren und die man braucht. Zweitens sind nicht immer alle Öle leicht erhältlich oder leicht zu finden. Drittens sind die Kosten zu berücksichtigen. Außerdem hat jedes Öl seinen besonderen Charakter und natürlich auch jede Mischung, so daß es sich lohnt, diesen zu erforschen. Und schließlich ändern wir uns, und somit ändert sich auch unsere Vorliebe für bestimmte Öle.

Aber gehen wir einmal davon aus, daß Sie *alle* Öle vom Duft her mögen, daß sie alle erhältlich und vom Preis her auch für Sie erschwinglich sind. Wo fangen Sie dann an? Um eine Antwort auf diese Frage zu finden, ziehen Sie einfach die Tabelle auf den Seiten 50 bis 52 zu Rate, die Ihnen Hinweise für die richtige Wahl von ätherischen Ölen für sich oder Ihren lieben Gast, den Sie zum Abendessen erwarten, liefert.

In der linken Spalte dieser Tabelle steht die allgemein gebräuchliche Bezeichnung für das Öl und darunter der lateinische Name, aus dem sich seine Nummer ableitet. Rechts davon sind die Haarfarben für männlich und weiblich angeführt. Wenn Sie sich über die Haarfarbe Ihrer Partnerin oder Ihres Partners nicht sicher sind, weil das Haar gefärbt oder ergraut ist, ziehen Sie statt dessen die Liste über die verschiedenen Hauttypen zu Rate (auf Seite 49).

Es gibt vier Möglichkeiten, diese Tabelle zu nutzen. Erstens kann sie Ihnen dabei helfen, eine Entscheidung über ein Öl, das im Buch erwähnt wird, zu treffen. Schlagen Sie einfach alle Öle, die Sie interessieren, nach, um zu sehen, ob sie in Nummer, Haarfarbe und Körpertypus mit Ihnen übereinstimmen.

Wenn Sie alle ätherischen Öle prüfen wollen, um herauszufinden, welche Ihnen am meisten entsprechen, müssen Sie folgendermaßen vorgehen: Berechnen Sie Ihre Geburtstags- und Ihre Namensnummer (ein Beispiel für diese Berechnung finden Sie auf Seite 48). Stellen Sie eine Liste jener Öle auf, die dieselbe Nummer haben, das heißt mit Ihnen »nummernverwandt« sind. Jetzt arbeiten Sie noch einmal die ganze Tabelle durch und kennzeichnen dabei auf Ihrer Liste die nummernverwandten Öle, welche noch zusätzlich Ihrer Haarfarbe und Ihrem Körpertypus entsprechen. Die Öle mit zwei oder drei Häkchen stimmen am besten mit Ihnen überein, aber alle Öle auf Ihrer persönlichen Liste werden Ihnen Vergnügen bereiten, ob Sie sie einzeln oder in einer eigenen Mischung anwenden.

Sie können auch eine Mischung herstellen, indem Sie eines der nummernverwandten Öle wählen und je eines aus den Kolonnen »Haarfarbe« und »Körpertypus«. Auch der Geruchsfaktor spielt bei dieser Methode eine Rolle, da eine Vorliebe für einen bestimmten Duft immer auf eine gewisse Affinität zu diesem Öl hinweist.

Um eine gemeinsame »aromantische Liebesformel« für sich und Ihre Liebste oder Ihren Liebsten herzustellen, fertigen Sie zwei Listen mit nummernverwandten Ölen an – eine für sich und eine für Ihren Partner. Nun sehen Sie nochmals die Tabelle durch, um noch zusätzlich auf Ihrer Liste die der Haarfarbe und dem Körpertypus entsprechenden Öle anzukreuzen. Beginnen Sie Ihre »aromantische Liebesformel« mit einem Öl, das auf beiden Listen aufscheint, und fügen Sie dann weitere Öle hinzu, die entweder zu Ihnen beiden gut passen oder zu einem von Ihnen, und stellen Sie auf diese Weise eine Mischung her, die Ihrer beider Geschmack trifft.

Nummern

Als »Numerologie« bezeichnet man die von dem griechischen Mathematiker und Philosophen Pythagoras gegründete Wissenschaft, die sich mit den Zahlen befaßt. Dazu brauchen Sie das genaue Geburtsdatum Ihres Partners, dessen Zahlen Sie addieren; aus dem Ergebnis errechnen Sie dann die Quersumme. Vergessen Sie bei der Jahreszahl nicht die 19! Sie addieren also nicht 4. 7. 56, sondern 4. 7. 1956, wie nachstehendes Beispiel veranschaulicht:

$$4+7+1+9+5+6 = 32;\ 3+2 = 5$$

Bei der Berechnung der Namensnummer gehen Sie von dem Namen aus, bei dem sich die betreffende Person selbst zu nennen pflegt. Wenn Ihr Partner von seinen Eltern den Namen »Archibald Ebenezer Smith« erhielt, es aber vorzieht, sich »Ben Smith« zu nennen (und wer sollte ihm das verübeln?), dann benutzen Sie die nachstehende Tabelle, und Sie werden, wie das Beispiel unterhalb der Tabelle zeigt, auf die Zahl 9 kommen.

1	2	3	4	5	6	7	8	9
A	B	C	D	E	F	G	H	I
J	K	L	M	N	O	P	Q	R
S	T	U	V	W	X	Y	Z	

B E N S M I T H
2 +5 +5 + 1 +4 +9 +2 +8 = 36; 3+6 = 9

Haar- und Hauttypen

Die natürliche Haarfarbe seines Partners zu bestimmen ist nicht immer möglich, aber oft liefert uns seine Hautfarbe einen Hinweis. Zum Beispiel würde jemand mit blasser, durchscheinender Haut von den Ölen, die unter der Haarfarbe Blond angeführt sind, profitieren. Einer sommersprossigen Person wäre mit Ölen, die für Rothaarige bestimmt sind, am besten gedient.

Hauttyp	*Haarfarbe*
Hell	Blond
Sensibel	Blond
Durchscheinend	Blond
Sommersprossig	Rothaarig
Gerötet	Rothaarig
Trocken	Blond
Zart	Blond
Fettig	Schwarz
Fleckig	Schwarz
Normal	Braun
Ölig	Braun
Ölig und normal (gemischt)	Braun
Trocken und normal	Blond

Körpertypen

Form und Größe des menschlichen Körpers variieren beträchtlich, das sollte man bei der Auswahl der ätherischen Öle berücksichtigen. Der Anthropologe Dr. William H. Sheldon spricht von drei Grundtypen, die er als »endomorph«, »mesomorph« und »ektomorph« bezeichnet und die sich durch Körperbau und Aussehen voneinander unterscheiden.

Der endomorphe Typus kann zu Übergewicht beziehungsweise rascher Gewichtszunahme neigen. Wenn es sich um eine Frau handelt, sind Bauch und Hüften, Schenkel und Arme füllig und rund, Hände und Füße aber meistens klein und zart. Dieser Typ schlägt sich ständig mit irgendwelchen Diäten herum, scheint aber nie den Kampf zu gewinnen! Was körperliches Training anlangt, neigt er zu Unbeständigkeit und Langsamkeit.

Der mesomorphe Typus weist einen athletischen Körperbau auf. Er verfügt über beachtliche Muskeln und behält meistens seine gute Figur, wenn er sich nicht gehenläßt und sein körperliches Training nicht vernachlässigt.

Der ektomorphe Typus ist hager und knochig. Sein Körper ist lang und dünn, und er kann Berge von Essen verschlingen, ohne ein Gramm zuzunehmen. Kommt es doch zu einer Gewichtszunahme, dann ist meistens sein Unterleib davon betroffen.

Ätherisches Öl Lat. Name	Nr.	*Haarfarbe* (M) männl. – (W) weibl.				*Körpertyp*		
		Blond	Braun	Rot	Schwarz	Meso-morph	Ekto-morp	Endo-morph
Ambrette Hibiscus abelmoschus	1			M		X		
Angelika Angelica archangelica	8			W		X		
Anis (Grüner) Pimpinella anisum	6	M				X		
Basilikum Ocimum basilicum	1				M			X
Benzoe Styrax benzoin	3	M/W					X	
Bergamotte Citrus bergamia	2		M/W					X
Fenchel Foeniculum vulgare	7	W						X
Geranium Pelargonium graveolens	4	M/W						X
Grapefruit Citrus paradisi	5	W					X	
Hyazinthe Hyacinthus orientalis	7			W				X
Ingwer Zingiber officinale	8			M				X
Jasmin Jasminum officinale	9	W	W	W	M/W	X		
Kamille (Römische) Anthemis nobilis	7	W					X	
Kardamom Elettaria cardamomum	4			M			X	
Kiefer Pinus sylvestris	3	M				X		
Koriander Coriandrum sativum	5		W					X

Ätherisches Öl Lat. Name	Nr.	*Haarfarbe* (M) männl. – (W) weibl.				*Körpertyp*		
		Blond	Braun	Rot	Schwarz	Meso-morph	Ekto-morp	Endo-morph
Kümmel Cuminum cyminum	3		M					X
Lavendel Lavandula officinalis	7			W				X
Limette Citrus aurantifolia	1				W			X
Lorbeer Laurus nobilis	1				M		X	
Majoran Origanum marjorana	9			W		X		
Mandarine Citrus reticulata	3			W			X	
Melisse Melissa officinalis	1			M				X
Mimose Acacia decurrens	8		M			X		
Muskatblüte Myristica fragrans	3		M				X	
Muskatellersalbei Salvia sclarea	7		M/W				X	
Muskatnuß Myristica fragrans	4			W			X	
Myrrhe Commiphora myrrha	5				M		X	
Narzisse Narcissus poeticus	6				M		X	
Neroli Citrus aurantium	1	W					X	
Orange Citrus sinensis	1		M					X
Palmarosa Cymbopogon martini	2				M	X		
Patschuli Pogostemon patchouli	1			M	W			X
Petitgrain Citrus aurantium	1				W	X		
Pfeffer (Schwarzer) Piper nigrum	2			M		X		

Ätherisches Öl Lat. Name	Nr.	*Haarfarbe* (M) männl. – (W) weibl.				*Körpertyp*		
		Blond	Braun	Rot	Schwarz	Meso- morph	Ekto- morp	Endo- morph
Piment Pimento officinalis	3			W		X		
Rose (Anatolische) Rosa Damascena-centofolia	7	W	W				X	
Rose (Bulgarische) Rosa Damascena-centofolia	7	W	W	W	W	X		
Rose (Marokkanische) Rosa Damascena	6			W	W	X		
Rosenholz Aniba rosaeodora	3	M				X		
Rosmarin Rosmarinus officinalis	6				W	X		
Sandelholz Santalum album	6	M				X		
Tonkabohne Dipteryx odorata	6	W						X
Vanille Vanilla planifolia	4				M		X	
Veilchen Viola odorata	5		W				X	
Verbene Lippia citriodora	4	W				X		
Vetiver Vetiveria zizanoides	5		M			X		
Weihrauch Buswellia thurifera	3		M				X	
Ylang Ylang Cananga odorata	7		W				X	
Zedernholz Cedrus atlantica	6				M	X		
Zimt Cinnamomum zeylanicum	2		M					X
Zitrone Citrus limonum	7				M	X		
Zypresse Cupressus sempervirens	7	W					X	

Die nachstehende Tabelle führt drei Anwendungsmethoden auf: *Wasser*, *Körper* und *Raum*. Nach dieser Tabelle folgt eine Anleitung für Massageöle, aus der Sie die Mindest- und Höchstmengen an ätherischen Ölen im Verhältnis zum pflanzlichen Basisöl ersehen können.

Die Raummethoden sind sehr subtil, so daß Sie wahrscheinlich den Duft kaum wahrnehmen werden, wenn Sie im Raum geblieben sind, nachdem Sie ihn mit ätherischem Öl präpariert haben, denn Ihre olfaktorischen Nerven passen sich sehr schnell an. (Es ist wie beim Betreten eines von Zigarettenrauch erfüllten Raumes: Zuerst hat man einen Schock, doch dann gewöhnt man sich sehr schnell daran.) Um wirklich beurteilen zu können, wie stark der Duft ist, sollten Sie das Zimmer, nachdem Sie Ihre Vorbereitungen getroffen haben, verlassen, die Tür schließen und nach einigen Minuten wieder hineingehen. Auf diese Weise werden Sie in der Lage sein, den Duft wahrzunehmen, und beurteilen können, ob er kräftig genug ist. Im 7. Kapitel finden Sie eine weitere Auswahl an Raummethoden.

Ätherische Öle sind wie Gedichte. Das erkannte auch Homer, als er schrieb: »Zuerst ins Bad sie steigt, und rund um ihren Körper gießt sie sanft duftende Öle, ein ambrosischer Schauer, die Winde, erfüllt von Wohlgeruch, durchstreifen Himmel und Erde auf ihren luftigen Wegen.« Und »Liebesdüfte« handelt von Liebe – vergessen Sie nicht, wenn Sie Ihre Vorbereitungen mit den von Ihnen ausgewählten Ölen und Methoden treffen, auch diesen Gedanken einfließen zu lassen.

Anwendungsmethoden

Wasser	Dosierung	
Badewanne	Wie im entsprechenden Kapitel angegeben, max. 8 Tropfen	Nach dem Einlaufen des Wassers die Tropfen auf die Wasseroberfläche geben. Nur in wenigen Rezepten wird das ätherische Öl vorher noch mit etwas Basisöl vermischt. Schließen Sie die Tür, wenn Sie das Bad vorbereiten, damit die Dämpfe nicht entweichen. Bleiben Sie mindestens zehn Minuten lang im Wasser, entspannen Sie sich, und atmen Sie tief.
Bidet	Wie angegeben oder 2–3 Tropfen	Benutzen Sie lauwarmes Wasser, und verteilen Sie das ätherische Öl durch kräftiges Umrühren, damit keine größeren Tropfen an der Oberfläche bleiben, was die empfindlichen Schleimhäute irritieren könnte.

Wasser	Dosierung	
Vaginal-spülung	Nur wie angegeben	Benutzen Sie abgekochtes und wieder abgekühltes Leitungswasser oder in Flaschen abgefülltes Quellwasser, erwärmt auf Körpertemperatur. Fügen Sie das ätherische Öl hinzu, und schütteln Sie kräftig den Spülapparat.
Jacuzzi	3 Tropfen pro Person	Siehe 6. Kapitel, wo eine Liste von ätherischen Ölen angegeben ist, die Ihnen etwas Schutz vor den Bakterien und Viren bieten, die möglicherweise in einem von mehreren Personen gemeinsam benutzten Jacuzzi herumschwimmen.
Sauna	2 Tropfen pro ½ Liter Wasser	Verwenden Sie Eukalyptus-, Teestrauch- oder Kiefernöl, die Sie schon vorher in das für den Aufguß bereitgestellte Wasser mischen. Benutzen Sie nur diese ätherischen Öle, weil sie eine ausgezeichnete reinigende und entgiftende Wirkung haben. Sie dringen mit der Atmung in den Körper ein und helfen bei der Ausschwemmung der Toxine über den Schweiß.
Dusche	Max. 4 Tropfen, falls nicht anders angegeben	Nach der üblichen Waschung benetzen Sie den nassen Waschlappen oder Schwamm mit dem ätherischen Öl und reiben damit schnell über den ganzen Körper, bleiben dabei aber weiter unter dem Wasserstrahl der Dusche. Ziehen Sie den aufsteigenden Duft kräftig durch die Nase ein.
Sitzbad	2–3 Tropfen, falls nicht anders angegeben	Benutzen Sie lauwarmes Wasser (füllen Sie Ihre Badewanne nur soviel, daß es Ihnen bis zur Hüfte reicht), und verteilen Sie das ätherische Öl durch kräftiges Umrühren, damit keine größeren Tropfen an der Oberfläche bleiben, was die empfindlichen Schleimhäute irritieren könnte.
Körper	Dosierung	
Inhalation	2–3 Tropfen	Gießen Sie heißes Wasser in eine große Schale, fügen Sie das ätherische Öl hinzu, halten Sie Ihr Gesicht in etwa 30 cm Entfernung über die Schale, und breiten Sie ein großes Handtuch über Ihren Kopf, so daß alles gut bedeckt ist und sowenig Dampf wie möglich entweichen kann. Schließen Sie die Augen, und atmen Sie etwa eine Minute lang tief durch die Nase.

Körper	Dosierung	
Massage-öl	Wie angegeben oder max. 1 Tropfen pro 1 ml	Nehmen Sie eines der folgenden Pflanzenöle, entweder allein oder gemischt: Mandel, Haselnuß, Pfirsichkern, Aprikosenkern, Traubenkern, Soja oder Erdnuß. Füllen Sie es in eine Flasche, und geben Sie das ätherische Öl dazu. Dann drehen Sie die verschlossene Flasche ein paarmal um und rollen sie zwischen Ihren Handflächen, damit sich das ätherische Öl in dem Pflanzenöl auflöst. Sollten Sie eine Allergie gegen Kosmetika, Seifen oder Parfums haben, ist es ratsam, 24 Stunden vor der geplanten Massage an einer kleinen Stelle der Haut einen Test zu machen. Die eigene Hand ist ein guter Meßbecher für die zur Massage benötigte Ölmenge. Ein Teelöffel voll dürfte ausreichen. (Siehe auch die Anleitung am Schluß dieses Kapitels.)
Taschen-tuch	1 Tropfen	Einfach inhalieren, wenn erforderlich.
Raum	Dosierung	
Kerze	1–2 Tropfen	Zünden Sie die Kerze an. Warten Sie eine Weile, bis das Wachs schmilzt, dann geben Sie ein oder zwei Tropfen ätherisches Öl in das geschmolzene Wachs. Passen Sie auf den Docht auf: Ätherische Öle sind leicht entzündlich, also geben Sie nicht zuviel in das Wachs.
Duft-lampe	1–6 Tropfen	Duftlampen werden speziell für ätherische Öle angefertigt. Sie sind entweder aus Glas, Keramik oder Metall. Einige funktionieren mit Kerze, andere mit Strom. Sie erwärmen das ätherische Öl ganz sanft und geben damit den Duftmolekülen die Möglichkeit, sich langsam im Raum zu verbreiten.
Glüh-birne	1–2 Tropfen (max.)	Geben Sie das ätherische Öl auf die Glühbirne einer Tischlampe, wenn diese ausgeschaltet ist. Vorsicht, daß das Öl nicht in die Fassung hineinrinnt! Benützen Sie lieber einen Tropfer, damit sie nicht zuviel Öl erwischen. Das Licht kann dann sofort danach oder bis zu einer Woche später eingeschaltet werden. Geben Sie kein Öl auf die eingeschaltete heiße Glühbirne, da ätherische Öle leicht entzündlich sind.

Raum	Dosierung	
Luftbefeuchter	1–9 Tropfen	Wenn an den Heizkörpern Ihrer Zentralheizung Luftbefeuchter angebracht sind, brauchen Sie das ätherische Öl nur zum Wasser dazugießen. Eine andere Möglichkeit besteht darin, ein trockenes Wattebällchen mit ätherischem Öl zu befeuchten und auf dem Heizkörper zu plazieren. Es wird 5–10 Minuten dauern, bis sich der Duft im ganzen Raum verbreitet hat. Obwohl es hier keine maximale Begrenzung für die Ölmenge gibt, sollten Sie bedenken, daß ein Zuviel aufdringlich sein kann.
Raumspray	4 Tropfen pro ¼ Liter Wasser	Benützen Sie einen Zerstäuber, wie sie zum Besprühen von Zimmerpflanzen im Handel erhältlich sind. Füllen Sie warmes (nicht kochendes) Wasser ein, fügen Sie das ätherische Öl hinzu, und schütteln Sie das Ganze ein bißchen. Damit können Sie nun den Raum, Vorhänge, Polstermöbel und Teppiche besprühen. Polierte Holzoberflächen, die gegen Wasserflecken empfindlich sind, sollte man natürlich nicht ansprühen.
Wasserschale	1–9 Tropfen, nach Bedarf auffüllen	Füllen Sie kochendes Wasser in eine Schale, und geben Sie dann das ätherische Öl in der gewünschten Dosis hinzu; zu hohe Dosierungen sollten Sie jedoch vermeiden. Schließen Sie Fenster und Türen, damit sich der Duft im Raum ausbreiten kann, was etwa 5–10 Minuten dauern wird.
Holzfeuer	1 Tropfen für jedes Scheit	Nehmen Sie Zypresse, Kiefer, Sandelholz oder Zedernholz, und tropfen Sie das ätherische Öl auf das Holz, ehe Sie es ins Feuer geben. Das kann kurz vorher oder schon einige Zeit früher sein, weil ätherische Öle nichts von ihrer Wirksamkeit verlieren.

Mengenangaben für das Mischen von ätherischem Öl mit Pflanzenöl als Basis

Anzahl der Tropfen von ätherischem Öl Minimum – Maximum	*ml*	*Teelöffel*	*Dessert-löffel*	*Eßlöffel*
– 1	1			
2– 5	5	1		
4–10	10	2	1	
6–15	15	3		1
8–20	20	4	2	
10–15	25	5		
12–30	30	6	3	2

Die *Anzahl der Tropfen* gibt die Mindest- und die Höchstmenge an, die pro Maßeinheit zu verwenden sind (falls im Rezept nichts anderes angegeben ist).

Achtung: Schwangere sollten in allen Rezepten und Mischungen immer die Mindestmenge nehmen.

Milliliter: 20 Tropfen ätherisches Öl ergeben etwa 1 ml. (Sie können ätherische Öle in Mengen bis zu einem Liter kaufen.)

3. Kapitel

Die Sehnsucht nach Berührung

Warum uns Berührung so viel bedeutet

Erinnern wir uns doch daran, wie aufregend es war, als wir zum ersten Mal mit unserer großen Liebe Hand in Hand spazierengingen – die Hände schienen wie Magneten aneinanderzuhaften, untrennbar... eine Einheit... »wir«. Und ich hoffe, daß Sie auch jetzt noch diesen Energiestrom zwischen sich fließen spüren, wenn Sie einander bei der Hand halten. Natürlich läßt sich dieser Energiefluß nicht in Atome oder Worte kleiden, aber er ist da. Die Berührung ist eine Art von Sprache, durch die Liebende einander geheime Botschaften und stumme Gedichte übermitteln.

Das Wort »berühren« birgt viele Möglichkeiten in sich, einschließlich des Streichelns und Liebkosens. »Etwas berührt mich« heißt aber auch, es bewegt, es inspiriert, es beeindruckt oder es besänftigt mich. Der beeinflussende Faktor ist dabei nicht zu übersehen.

Die »Berührung« hat ebenfalls viele Aspekte. Nicht jede Berührung ist gleich. Selbst die allgemeinste Form von sozialem Kontakt – das Händeschütteln – ist von Person zu Person ziemlich verschieden, und wir ziehen daraus schnell unsere Schlüsse auf den Charakter des anderen. Wir nehmen die Energie, Stärke und Kraft der Hand wahr und spüren, ob sie kalt oder warm, feucht oder trocken ist. Diese flüchtige Berührung kann entscheidend dafür sein, ob wir mit dieser Person Geschäfte machen oder ins Bett gehen oder ihr so schnell wie möglich den Rücken kehren wollen... und doch war es nicht mehr als eine rasche Berührung. Sie oder er mag uns noch soviel erzählen, unsere Entscheidung ist bereits gefallen, weil der Händedruck uns alles verraten hat.

Die verschiedensten Formen des Heilens gehen von der Berührung aus: Akupressur, Reflexzonentherapie, Shiatsu, Osteopathie oder Chiropraktik, Massage in unzähligen Spielarten und die älteste Form des Heilens überhaupt – das Handauflegen. Die meisten Therapeuten können einen Körper »lesen« wie ein Buch, und somit hat die Berührung nicht nur eine therapeutische, sondern auch eine diagnostische Seite. Klinische Untersuchungen haben bewiesen, daß die Massage mit Händen qualifizierter Fachkräfte nicht nur körperliches Wohlbefinden, sondern Heilung bringen kann, unter anderem auch bei Psoriasis und Ekzemen. Doch die therapeutischen Vorteile der Berührung können genutzt werden, noch ehe jemand zum Patienten geworden ist, denn sämtliche Forschungen haben bewiesen, daß der Entzug von Berührung zu körperlichen Leiden verschiedenster Art führt. Das heißt: Jede Art von Berührung regt den Blutkreislauf an, was wiederum eine Stimulierung der Muskeln und Nerven zur Folge hat. Da aber eine gesunde Muskel- und Nerventätigkeit die Voraussetzung für sexuelle Anregung bilden, versteht sich die Bedeutung der Berührung für die Aromantik ganz von selbst. Aber das ist immer noch nicht alles, was die Berührung betrifft...

Der Hunger nach Berührung

Der Mensch blüht bei Berührung auf. Zahlreiche in den letzten Jahren bei Menschen und Tieren durchgeführte Untersuchungen haben gezeigt, daß Berührungsmangel (»kutane Deprivation«) nicht nur zu psychischen Störungen führen kann, sondern auch zu vermindertem geistigen und körperlichen Wachstum, reduziertem sexuellen Interesse und sogar zu einer Schwächung des Immunsystems. Es scheint ausgeprägte biochemische Unterschiede zwischen Menschen, die Berührung erfahren, und Menschen, denen Berührung fehlt, zu geben.

Aber leider geht eine große Zahl von Menschen ohne taktile Stimulierung durchs Leben (oder fast ohne). Während meiner langjährigen klinischen Erfahrung hat sich gezeigt, daß viele Menschen nur sehr wenig Ahnung von Berührung haben. Die meisten kommen in größte Verlegenheit, wenn sie sich aus rein gesundheitlichen Gründen selbst untersuchen sollen – Frauen müssen ihre Brüste und Männer ihre Hoden auf etwaige Knoten, die Krebs anzeigen könnten, abtasten. Selbst in Zusammenhang mit derlei notwendigen und völlig »unschuldigen« Vorgängen habe ich Patienten immer wieder sagen hören: »Daliegen und selbst an mir herumfummeln? Das kann ich nicht!«

Schon sehr früh werden Sex und Berührung miteinander in Beziehung gebracht, und zwar jede Art von Berührung. Das Problem fängt mit der elterlichen Kontrolle der kindlichen Sexualität an, die sich in Ermahnungen wie »Das ist schmutzig, spiel nicht an dir herum!« ausdrückt. »Ein braves Mädchen läßt sich von Buben nicht anfassen!« hört man genausooft wie »Große Jungen weinen nicht!«, und sie laufen auch nicht zu ihrer Mutter, um sich trösten zu lassen. Auch vor den Zärtlichkeiten Fremder müssen die Kinder gewarnt werden.

Auf die eine oder andere Weise knüpfen sich dann schon sehr früh Schuldgefühle an jede Art von Berührung, so daß diese oft nur als »sichere« oder »legale« sexuelle Betätigung geduldet wird. Das führt aber dazu, daß Berührung als Vorstufe zum Sex angesehen wird: »Ich weiß, wann er mit mir schlafen will, weil er dann seinen Arm um mich legt.« Ironischerweise ist das Ergebnis dieser Situation, daß Frauen oft nur deshalb zu Sex bereit sind, weil sie sich nach Berührung sehnen. Sex ist der einzige Weg, auf dem sie zu der Wärme und Nähe kommen, die sie brauchen, und diesbezügliche Untersuchungen scheinen gleichfalls darauf hinzuweisen, daß weibliche Promiskuität kein unersättlicher Appetit auf Sex, sondern Hunger nach Berührung ist.

Der Hunger nach Berührung ist ein primäres menschliches Bedürfnis. Männer haben oft Schwierigkeiten, sich dies einzugestehen, weil man ihnen von klein auf beigebracht hat, stark zu sein, sich zu beherrschen und nicht wegen jeder Kleinigkeit zu Mama zu laufen, um sich Trost zu holen. Das Bedürfnis nach Zärtlichkeit als Schwäche auszulegen wird dann nur allzuleicht auf die sexuelle Beziehung übertragen, so daß er, wenn sie versucht, ihren Hunger nach Berührung in seinen Armen zu stillen, denkt: »Jetzt kommt sie wieder mit ihrer Gefühlsduselei.« Diese scheinbare emotionale Schwäche kann für einen Mann dann besonders aufreibend sein, wenn er ohnehin das Gefühl hat, die Hauptlast an Verantwortung in der Beziehung zu tragen. Die Frau hingegen findet ihn kalt und fühlt sich unverstanden. Es heißt, Frauen wären in bezug auf Berührung begabter als Männer, vielleicht aber nur deshalb, weil diese in ihrem Alltag eine größere Rolle spielt. Weil aber so viele Leute Berührung mit Sex gleichsetzen, scheuen Frauen oft davor zurück, ihre Partner zu berühren, weil ihnen dies als sexuelle Scharfmacherei ausgelegt werden könnte. Aus vielerlei Gründen wird Berührung daher nie als Selbstzweck gewertet, als legitimes menschliches Bedürfnis, sondern eher als Mittel zum Zweck angesehen.

Der Grad an taktiler Stimulierung im Leben eines Menschen hängt vor allem von zwei Dingen ab: von den kulturbedingten und von den familiären Umständen. Noch bis vor kurzem galt es in Japan als unschicklich, sich auf der Straße zu berühren, während in Italien von den Kindern bis zu den Großmüttern jeder jeden zu berühren scheint. In den meisten südlichen Ländern Europas gehen die Frauen eingehängt spazieren. In den arabischen Ländern und auf dem indischen Subkontinent halten sich auch Männer beim Spazierengehen an den Händen, und die Mütter massieren regelmäßig, meist täglich, ihre Babys und Kinder und werden umgekehrt von ihnen massiert. Erst kürzlich sah ich in London die weiblichen Familienmitglieder einer indischen Familie vor einer Auslage stehenbleiben, damit die Enkelin der Großmutter die offensichtlich rheumatische Hand massieren konnte. Wir im Westen pflegen das

Massieren von Großmutters Hand zumeist einem Physiotherapeuten zu überlassen.

Die von ihren Eltern in einem eng um den Leib geschlungenen Tuch getragenen Babys sind später gegen die Annäherungen von Fremden viel besser gefeit als die in einem Kinderwagen herumgefahrenen Babys. Kinder lechzen nach Berührung und Zärtlichkeit und werden statt dessen von ihren anderweitig beschäftigten Müttern mit einem »Laß mich jetzt zufrieden!« abgespeist. Das Bedürfnis aber bleibt und nimmt von Mal zu Mal zu, bis schließlich die Kinder durch Unartigkeit die Aufmerksamkeit auf sich zu lenken suchen, weil eine Ohrfeige noch immer besser ist als gar keine Berührung!

Glücklicherweise kann jede Person den verlorenen Sinn für Berührung wiederfinden. Weil ich meinen Patienten ätherische Öle für die Behandlung zu Hause mitgebe, stelle ich ihnen oft die Frage: »Haben Sie jemanden, der Sie massieren kann – Ihr Gatte vielleicht?« Dann bekomme ich oft zur Antwort: »O nein, er hat mich noch nie massiert!« – und manche dieser Frauen und Männer sind schon fast dreißig Jahre lang verheiratet. (Und wann haben Sie das letzte Mal jemanden massiert oder sind massiert worden?) Nichtsdestoweniger stellt sich dann meistens heraus, daß der Partner durchaus bereit ist, bei der Behandlung mitzuwirken, und dann höre ich begeisterte Berichte: »Seine Berührung ist sehr angenehm!« Bald bekommen Sie Lust, sich zu revanchieren, und fangen dann ihrerseits an, den Partner zu massieren, und damit beginnt eine neue Phase taktiler Erfahrung für beide.

Die aromantische Berührung

Wenn ein Paar ein starkes Bedürfnis nach Sex hat, ist es nicht immer notwendig, »den ganzen Weg zurückzulegen«, weil das Berühren, als eigenständige Tätigkeit gesehen, eine überaus befriedigende Erfahrung sein kann. Vielleicht hat man keine Lust, miteinander ins Bett zu gehen, besonders nach einem langen arbeitsreichen Tag, aber wenn Sie nach zehn Minuten intensiver Berührung dasselbe entspannte und zufriedene Gefühl überkommt, werden Sie einander in die Arme fallen, und Groll und Streß sind vergessen.

Vor allem müssen Sie einsehen, daß Berührung nicht unbedingt zu Sex führen muß. Berühren Sie einander einfach mit dem Bewußtsein, daß Sie zehn Minuten später eingeschlafen sein werden. Streicheln Sie einander sanft, ohne Gesicht und Kopf zu vergessen, und nach einem Gutenachtkuß schlafen Sie ein. Süße Träume!

Drei zehnminütige »Berührungsübungen« pro Woche würden wahrscheinlich Tausende Ehen retten und Millionen Mark an Psychiater- und

Arzthonoraren ersparen. Erstens wird dadurch die emotionale Spannung verteilt und abgebaut, so daß es nicht zu einem »Aufstauen« der Gefühle kommt. (Es ist nicht ungewöhnlich, daß jemand sich den Tränen nahe fühlt, wenn er nach langer Zeit zum erstenmal berührt wird.) Trotz der Tatsache, daß Berührung entspannt, lassen wir sie selten streßgeplagten Personen zukommen – tröstliche Umarmungen, die unser Mitgefühl bezeugen sollen, sparen wir uns für verletzte Gefühle auf. Wenn Ihr Partner eines Tages wütend nach Hause kommt und ruhelos hin und her läuft, um die während des Tages angesammelten Frustrationen loszuwerden, sollten Sie nicht zögern, mittels sanfter Berührung einzugreifen. Aber Sie müssen behutsam vorgehen. Zuerst ergreifen Sie am besten seine Hand und halten sie einfach, dann streicheln Sie seinen Arm. Vielleicht entringt sich ihm ein tiefer Seufzer, und Sie können ihn veranlassen, es sich im nächsten Sessel bequem zu machen. Hören Sie nicht auf, ihn zu berühren, aber gehen Sie sanft vor – bei starkem Streß kann demonstratives Umschlingen und Umarmen eine explosive Reaktion hervorrufen. Da wir jedoch alle einem gewissen Grad an Streß tagsüber ausgesetzt sind, kann eine zehnminütige »Berührungsübung« vor dem Schlafengehen die Bürde wirklich erleichtern.

Der menschliche Organismus ist elektrisch und bedarf der Erdung. Die Tätigkeit der 10 000 000 000 Gehirnzellen ist eine vorwiegend elektrische, und da diese über das Nervensystem mit dem ganzen Körper in Verbindung stehen, erstreckt sich ihr Einfluß natürlich auch auf die Haut. Die Haut ist in der Tat das größte Organ des Körpers. Wenn Sie sanft über den Körper Ihres Liebsten streichen, dann erden Sie seine überschüssige elektromagnetische Energie, beruhigen das Nervensystem, und das endokrine System kommt ins Lot.

Für das Berühren braucht man einen, der gibt, und einen, der empfängt. Der Empfangende mag vielleicht passiv erscheinen, kann aber dennoch sehr aktiv sein. Es gibt zwei Arten von Passivität – müde Teilnahmslosigkeit und »zweckfreie Anspannung«, wie die Inder es nennen. Es ist die zweite Art von Passivität, die wir hier meinen – eine lebendige Bewußtheit, loslassend, mit normaler Atmung (ohne Anhalten) und mit wachen Sinnen, den Energiestrom durch den Körper bejahend.

Wenn Sie mit der passiven Rolle Schwierigkeiten haben, können Sie sich mit der Aussicht auf den aktiven Part trösten, sobald die Rollen vertauscht werden. Sollte es Ihnen schwerfallen, sich von Ihrem Partner berühren zu lassen, sind Sie vielleicht in der falschen Beziehung! Liebende sollten zumindest in der Lage sein, einander freudig zu akzeptieren und auch die Liebe des Partners anzunehmen.

Der wichtigste Aspekt bei jeder Form von Berührung ist die damit verbundene Absicht. Nicht jede Berührung ist »unschuldig« oder wohlmeinend. Es gibt Menschen, die andere berühren, um eine Art Widerstand zu finden, gegen den sie sich selbst besser fühlen können. Ihr Anliegen ist weniger, ihre Liebe zu verschenken, als den anderen zu benutzen, um die eigene Empfindungsfähigkeit zu steigern, damit sie sich selbst lieben können. Das ist eine »falsche« Berührung, die Sie rasch erkennen werden. Dann gibt es die zudringliche Berührung – wenn jemand eine körperliche Berührung dazu benutzt, um zu sehen, wie weit er gehen kann. Dies erfordert eine klare Absage: »Wie kannst du es wagen, mich anzufassen!«, um dem Betreffenden Grenzen zu setzen. Sich über Berührungen zwischen Vorgesetzten und Untergebenen zu unterhalten ist müßig, sie würden in jedem Fall als sexuelles »Anmachen« interpretiert werden.

Aber genauso, wie es möglich ist, negative Gedanken hinter einer Berührung zu identifizieren, kann man auch positive Gedanken erkennen und Nutzen daraus ziehen. Man kann buchstäblich von einer Potenzierung der Berührung mit Hilfe der Kraft der Gedanken sprechen. Wenn Sie Ihren Partner berühren, können Sie eventuell die Augen zumachen, auf jeden Fall sollten Sie aber über Ihre Hände Ihre Liebe ausdrücken, um über die äußere Haut bis ins Herz Ihres Liebsten vorzudringen. Löschen Sie alle negativen Gefühle aus, die Sie vielleicht tagsüber gegen Ihren Partner hatten, vergessen Sie alle Unstimmigkeiten, schieben Sie sie zur Seite, und konzentrieren Sie sich auf das Positive – viel Liebe zu schenken. Wenn Sie sich wirklich darauf einstimmen und Ihren Energien und Sinnen erlauben, Sie zu führen, dann wird Ihre liebende Berührung zu einem wunderbaren und überraschenden Element der Liebesbegegnung werden. Berührung sollte nicht nur eine Form des Vorspiels sein, sondern auch dazu dienen, die Flammen der Leidenschaft anzufachen und die Energie zum Fließen zu bringen. Es ist offensichtlich, daß sich beim Lieben die beste Gelegenheit bietet, von der Macht der Berührung Gebrauch zu machen, und sei es auch nur aus dem Grund, weil wir ganz nackt sind, bereit und gewillt, uns berühren zu lassen. Warum sollten wir uns diese Gelegenheit entgehen lassen?

Von sanften, streichenden Bewegungen mit der ganzen Handfläche kann bereits eine große Wirkung ausgehen. Berücksichtigen Sie dabei die wohlbekannten erogenen Zonen des Körpers – ohne zu vergessen, daß jeder von uns in dieser Hinsicht einzigartig ist – einschließlich Hals, Ohren, Schultern, Rücken, Brustwarzen, Schenkel, Gesäßbacken, Hüften und nicht zuletzt die Füße! Nicht ohne Grund haben wir 72000 Nervenenden in jedem Fuß. Versuchen Sie es mit einem sanften Reiben, Massieren oder Saugen an Zehen und Füßen. Nein, wir wollen den Partner nicht kitzeln – viele Menschen empfinden ein wunderbares Gefühl der Entspannung nach solch liebevoller »Fußpflege«.

Wenn wir den hohen Stellenwert der Berührung in unserem Leben, unabhängig von der Sexualität, erkannt haben, können wir anfangen, ihr wahres Potential zu erforschen. Unsere Gesellschaft muß mit der gleichen

Bereitschaft, mit der sie Schlaf- und Beruhigungsmittel akzeptiert, auch die wohltuende Wirkung der Berührung auf unser Nervensystem anerkennen. Die Berührung ist ein lebenswichtiger Faktor, eine für sich gültige menschliche Tätigkeit, die für unser Wohlbefinden unerläßlich ist, und eine echte Bereicherung. Fangen wir also damit an!

Biogmagnetische Energie

Wenn Sie berühren, ist die Kraft mit Ihnen. Sie können Ihr eigenes Kraftfeld sehr leicht spüren, indem Sie einen geschlossenen Kreislauf bilden. Halten Sie Ihre Hände in Brusthöhe mit zueinander gerichteten Handflächen in einem Abstand von etwa dreißig Zentimetern. Wichtig ist, daß Ihre Hände entspannt sind, also werden Ihre Finger wahrscheinlich nicht ganz geschlossen und leicht gekrümmt sein. Wenn ich meine Schüler bitte, diese Übung zu machen, dann spannen sie jedesmal ihre Finger an, so daß ich wiederholen muß: »Schütteln Sie die Handgelenke, und beginnen Sie von vorne. Wenn Ihre Hände nicht völlig entspannt sind, funktioniert es nicht!« Obschon die ganzen Handflächen einander zugewendet sind, befinden sich die Energiepole im Zentrum der Handflächen. Konzentrieren Sie sich, und schieben Sie die Handflächen langsam aufeinander zu, bis sich der Abstand zwischen ihnen auf etwa zehn Zentimeter verringert hat, dann bringen Sie die Handflächen wieder ganz langsam in die Ausgangsposition zurück. Führen Sie diese Bewegung etwa zehn Minuten lang durch, und Sie werden spüren, wie sich zwischen Ihren Händen eine Art Energieball bildet. Wenn Sie es richtig machen, werden Sie außerdem ein prickelndes Gefühl in den Handrücken haben, das sich über die Arme, die Wirbelsäule, den Rumpf, die Beine und Füße bis in die Erde ausbreitet.

Obwohl man diese Kraft spüren kann, wird es die Aufgabe zukünftiger Nobelpreisträger sein, genau zu erklären, womit wir es zu tun haben. Von Forschern an der Duke-Universität in Amerika, von Dr. C. Guja am Institut V. Babe in Bukarest, Rumänien, und von Schülern Dr. Kirlians wurden Fotos von den menschlichen Energiefeldern angefertigt, aber es gibt keine Gewißheit, daß es sich bei den aufgenommenen Energiefeldern immer um dieselben handelt. Es besteht in der Tat Grund zur Annahme, daß es mehrere unsichtbare Energiefelder und -muster gibt, die noch erklärt werden müssen.

Unsichtbarkeit sollte kein Hindernis für das Akzeptieren einer Realität bilden; schließlich schalten wir alle unsere tragbaren Radio- oder Fernsehgeräte ein und empfangen eine Vielzahl von Programmen auf verschiedensten Wellenlängen. Es entbehrt nicht der Lächerlichkeit, »wissenschaftliche Beweise« als Voraussetzung für Glaubwürdigkeit zu verlangen, solange sich die Wissenschaft selber in einem fortwährenden Prozeß der Umwandlung oder Verwerfung der eigenen Regeln befindet, während sie gleichzeitig die ihr zur Verfügung stehenden »Fakten« erweitert, indem sie das bereits Bestehende identifiziert und erklärt. Die »Entdekkung« der DNS erfolgte, Millionen Jahre nachdem die DNS bereits ganze Arbeit geleistet hatte.

Sobald Sie bei der eben genannten Übung unvoreingenommen die biomagnetische Energie identifiziert haben, gehen Sie zu den »unsichtbaren Berührungsübungen« mit Ihrem Partner über. Bitten Sie Ihren Partner, sich nackt auf das Bett oder den Fußboden zu legen und die Augen zu schließen. Lassen Sie Ihre Hand mit nach unten gerichteter Handfläche in etwa zehn Zentimeter Entfernung über den ganzen Körper gleiten, und stellen Sie fest, welche Energien Sie aufnehmen können. Achten Sie darauf, daß Sie nicht die Haut berühren, weil der Partner erraten soll, wo Ihre Hand ist. Wenn Sie fühlen, daß Sie eine energetische Verbindung aufgenommen haben, halten Sie Ihre Hand an und fragen: »Rate, wo die Hand ist?«

Die geschlossenen Augen gewährleisten nicht nur, daß Ihr Partner nicht schwindelt, sondern machen diesen auch in gewissem Sinne verletzlich, was jedoch die Energie und die Aufmerksamkeit zu erhöhen scheint – vielleicht weil Vertrauen dazu nötig ist! Es ist schwer, der Versuchung, die Augen zu öffnen, zu widerstehen. Probieren Sie es! Sie sollten Ihre Hand so gut wie möglich entspannen, ohne die Finger zu stark zu krümmen, damit Sie nicht versehentlich mit den Fingerspitzen die Haut streifen. Geübte Paare können einen offensichtlichen und eindrucksvollen Beweis für die »unsichtbare Berührung« erbringen, wenn die Partnerin ihre Hand über den Penis des Mannes hält.

Bei der zweiten Übung, »Stimulierung ohne Berührung«, sitzen oder stehen Sie einander mit ausgestreckten Armen gegenüber. Jeder von Ihnen dreht eine Handfläche nach oben und die andere nach unten. Fügen Sie die Handflächen aneinander, dann bilden Sie einen Abstand von etwa zehn Zentimetern dazwischen und bringen ein Paar in etwa dreißig Zentimeter Höhe über das andere. Überlassen Sie sich eine Weile lang ganz entspannt der Empfindung, die zwischen dem Zentrum Ihrer Handflächen entsteht. Das ist der Kreislauf des Fühlens, der durch Ihre beiden magnetischen Pole geschaffen wird. Bauen Sie die Energie auf, indem Sie jedes Händepaar in entgegengesetzter Richtung auf und ab bewegen.

Es besteht kein Grund zur Eile, entspannen Sie sich mehr und mehr, und genießen Sie das Gefühl der Energie, die zwischen Ihnen fließt. Es mag vielleicht seltsam scheinen, aber diese Übung ist ein guter Weg, um neue erogene Zonen zu entdecken, wenn Sie die Energie frei durch Ihren Körper strömen lassen und beobachten, wo sie hingeht. Achten Sie auf die Stellen, wo sich Energie aufbaut, um später darauf zurückzukommen.

Ihre Katze wird jetzt wahrscheinlich bereits neugierig herumwandern. Es bleibt natürlich ganz Ihnen überlassen, aber es dürfte besser sein, die Katze hinauszusperren – wir wollen jede unnötige Ablenkung vermeiden. Zum Schluß hängen Sie noch das Telefon aus. Diese Vorbereitungsarbeiten stellen bereits eine Art von Einstimmung dar und helfen Ihnen, sich zu sammeln und Ihre Energien auf ein einziges Ziel auszurichten – auf die liebevolle aromantische Berührung Ihres Partners.

Wenn Sie die Massage durchführen, sollten Sie darauf achten, daß Ihre Kleidung (falls Sie welche tragen) vor allem an den Armen lose genug ist, weil Ihre Arme sonst sehr schnell ermüden, was Ihnen dann die Freude an der Massage nehmen kann. Das wäre um so bedauerlicher, weil hier wie überall Geben und Nehmen gleiche Freude bereiten sollten.

Massageablauf

Setzen Sie bei der Massage das Gewicht Ihres Körpers ein, lassen Sie es in Ihre Bewegungen einfließen. Massieren Sie immer in Richtung Herz: von der Hand zur Schulter, wenn Sie die Arme massieren, vom Knöchel zur Hüfte, wenn Sie die Beine massieren, vom Gesäß zu den Schultern, wenn Sie den Rücken massieren. Bei der Brust massieren Sie in Richtung Hals oder nach außen zu den Schultern hin. Beim Massieren des Magens können Sie kreisende Bewegungen im Uhrzeigersinn machen.

Es handelt sich hier nicht um eine therapeutische Massage, daher vergessen Sie am besten irgendwelche Bilder von harten Massagetechniken, die Sie vielleicht in einem Film gesehen haben, und halten sich statt dessen an die Abfolge der im folgenden beschriebenen sanften Bewegungen. Das Gleichgewicht ist bei jeder Massage wichtig, daher dürfen Sie nie einen Arm oder ein Bein allein massieren, sondern immer beide. Lassen Sie Ihre Intuition und die Ihres Partners in die Bewegungen Ihrer Hände einfließen, und schenken Sie nach Gutdünken den im nächsten Abschnitt beschriebenen sexuellen Stimulierungspunkten besondere Aufmerksamkeit.

Die *Effleurage* oder das Streichen: Das sind lange oder kurze, feste oder sanfte Streichbewegungen, die mehr oder weniger die Grundbewegungen jeder sinnlichen Massage bilden. Arbeiten Sie mit der ganzen Hand, die fest, aber entspannt sein soll. Die Effleurage entspannt verkrampfte, zusammengezogene oder überbeanspruchte Muskeln. Je nach dem Druck, den man anwendet, kann die Wirkung auf die Nervenenden an der Hautoberfläche beruhigend oder stimulierend sein. Das wirkt besonders angenehm und entspannend.

Bei der *Petrissage* wird gleichfalls die ganze Hand benutzt, obwohl sie mehr Ähnlichkeit mit dem Kneten von Teig hat. Die Bewegungen sind fest, aber nie schmerzhaft – langsam und sorgfältig ist das Gebot der Tages- oder Nachtstunde! Die Gesäßbacken sprechen sehr gut auf diese Art von Massage an. Die Petrissage entspannt das Muskelgewebe und regt den Blutkreislauf und den Lymphstrom an. Da eine Erektion in unmittelbarem Zusammenhang mit der Blutzufuhr steht, sind die Vorteile dieser Massagetechnik offensichtlich. Die Petrissage beseitigt Müdigkeit, weil durch das Kneten die harten und verkrampften Muskeln entspannt und somit die Milchsäureablagerungen rascher abgebaut werden können. Bei richtiger Anwendung kann sie auch das Muskelgewebe stärken.

Die *Vibrationsmassage* geht von einer vibrierenden Bewegung aus, die entweder mit dem Mittelfinger, dem Zeigefinger oder dem Daumen ausgeführt werden kann. Die Bewegung ist ein leichtes schnelles Vibrieren, und sie wird Ihnen besser gelingen, wenn sie von Ihrem Handgelenk oder Ellbogen ausgeht statt vom Finger oder Daumen. Die Vibrationen können an einem Punkt oder an einer imaginären Linie den Körper entlang vorgenommen werden. Sie eignen sich besonders gut für die sexuellen Stimulierungspunkte. Traditionsgemäß werden vibrierende Bewegungen zur Anregung der Nerven eingesetzt, was wiederum zum Abbau von Spannungen und damit zur Entspannung der massierten Person führt.

Es gibt noch zahlreiche andere Handbewegungen auf dem Gebiet der Massage, wie »Reiben«, »Klopfen«, »Hacken« und »Trommeln«, doch dürften diese für ein zartes Präludium zu unserem Liebesspiel nicht ganz passen.

Die sexuellen Stimulierungspunkte

Wäre dieser Abschnitt auf die Ergebnisse unserer westlichen Wissenschaft allein angewiesen, dann würden sich die sexuellen Stimulierungspunkte auf Klitoris und Brustwarzen bei der Frau und auf den Penis beim Mann beschränken, und das Kapitel wäre im Nu zu Ende!

Aber es gibt noch den Osten! Vielleicht haben Sie einmal einen jener sogenannten Kung-Fu-Filme gesehen, wo trickreiche Leute östlicher Herkunft ihre Gegner entwaffnen oder kampfunfähig machen, indem sie auf bestimmte, oft versteckte Punkte des Körpers einen kräftigen Druck ausüben. Das Geheimnis des Erfolges liegt in dem Wissen, *wo* gedrückt werden muß. Dasselbe gilt auch für den Sex, aber wir sind uns dieses Aspekts des östlichen Wissens weniger bewußt, weil Gewalt in unserer Gesellschaft offensichtlich an erster, Sex aber erst an zweiter Stelle kommt. Was aber unser Kung-Fu-Held hinter geschlossenen (Reispapier-) Türen macht, könnte sogar noch eindrucksvoller sein als seine Darbietungen auf der Straße!

Die Wege des Ostens sind verschieden von den Wegen des Westens –

und das nicht nur rein geographisch. Die östliche Medizin erkennt ein ganzes System von Energielinien an, das im Westen als wissenschaftlich nicht erwiesen gilt. Die Akupunktur bezeichnet diese Energielinien als Meridiane. Da sich die Wirksamkeit der Akupunktur nicht leugnen läßt, weisen westliche Skeptiker darauf hin, daß einige (aber nur einige) Akupunkturpunkte den Nervenbahnen entsprechen. Das ist so, als würde man zwar das Schienennetz der Eisenbahn anerkennen, die Flugbahnen im Luftverkehr aber leugnen, und der Beweis, daß die beiden Transportsysteme ein und dasselbe sind, wäre allein schon dadurch erbracht, daß manche Flughäfen und manche Eisenbahnstationen zufällig denselben Standort haben – also *sind* sie auch ein und dasselbe. Ein östlicher Mediziner könnte darauf entgegnen: »Würden Sie denn nicht *erwarten*, daß sich zwei Transportsysteme irgendwo kreuzen?« Wie dem auch sei, die genauen Ursachen für die unbestreitbaren, durch Stimulierung des »unsichtbaren Stromnetzes« hervorgerufenen Wirkungen sollen uns hier nicht weiter beschäftigen. Was zählt, ist, daß es funktioniert. Aber der Vergleich mit dem Flugnetz ist nützlich, weil wir oft Körperstellen stimulieren werden, die vom »Bestimmungsort«, den wir zu erreichen wünschen, weit entfernt sind, so, wie wir auf einer Seite des Globus in ein Flugzeug steigen und auf der anderen Seite wieder aussteigen.

Unter den sexuellen Stimulierungspunkten gibt es einige, die sich auf dem Kopf und auf den Fußsohlen befinden, die anderen liegen dazwischen. Da dies jedoch *Ihre* Reise ist, können Sie so oft anhalten, wie Sie wollen. Stellen Sie sich diese Punkte einfach als Zwischenstopps auf der Reise über den Körper Ihres Partners vor... revitalisierende Zwischenspiele!

Die aromantische Massage ist eine erogene Massage; das sollten Sie berücksichtigen und die Punkte daher sanft drücken. Versuchen Sie nicht, dem Partner Ihren Willen aufzuzwingen oder die Punkte auf klinisch-professionelle Art zu drücken. Lassen Sie die Stimulierung dieser Sexpunkte ganz natürlich in Ihre Massage einfließen, indem Sie diesen Stellen einfach etwas mehr Aufmerksamkeit schenken, sobald Sie im Verlauf Ihrer Massage dort angelangt sind. Drücken Sie die Punkte ganz sanft nur ein paar Sekunden lang, und reiben Sie dann zart über die ganze Stelle. In einigen Fällen habe ich für bestimmte Stellen spezielle Massageanweisungen gegeben. Versuchen Sie während der ganzen Massage, immer einen Hand-Körper-Kontakt zu wahren.

Diese sexuellen Stimulierungspunkte regen die sexuellen Organe untereinander, die Blutzirkulation und die Hormondrüsen an. Wenn Sie die aromantische Massage verinnerlichen, werden Sie damit eine Steigerung der sexuellen Vitalität, Sensitivität und Reaktionsfähigkeit bewirken.

Wir beginnen mit den Punkten für den Mann, dann für die Frau und dann für beide Geschlechter gemeinsam. Gute Reise!

Für den aromantischen Mann

Da sich zwischen Nabel und Schambein soviel »abspielt«, ist es vielleicht am besten, die Punkte 1–3 als eine Einheit zu behandeln. Bewegen Sie Ihren Daumen in kleinen spiralförmigen Bewegungen aufwärts, etwa ein oder zwei Minuten lang, immer wieder unten beginnend und mit sexueller Energie hinter der Bewegung.

1 Bei Impotenz: auf halbem Weg zwischen Schambein und Nabel
2 Bei Impotenz und vorzeitiger Ejakulation: der Punkt »Kuan-yuan« – etwa 8 cm unter dem Nabel
3 Bei vorzeitiger Ejakulation: der Punkt »Chung-chi« – etwa 10 cm unter dem Nabel, am oberen Ende des Schambeins
4 Prostata- und Testosteronstimulator: auf der Vorderseite am unteren Ende des Schambeins, zu beiden Seiten der Peniswurzel; auf der Rückseite 5 cm über dem Steißbein, zu beiden Seiten der Gesäßfalte
5 Testosteronstimulator: an der Spitze des Kreuzbeins, auf jeder Seite
6 Der Zauberpunkt: in der Höhe des Nabels auf der Rückseite
7 Es gibt noch einen Punkt, der sich in der Mitte zwischen Hodensack und Anus befindet. Da die Schleimhäute hier sehr empfindlich sind, darf nur das im 5. Kapitel im Abschnitt »Der Meistergriff« angegebene Massageöl verwendet werden, oder Sie stimulieren den Punkt, wenn kein Massageöl an Ihren Händen ist.

Sämtliche hier genannten Punkte können mit einer kreisförmigen, im Uhrzeigersinn verlaufenden Bewegung mit Finger oder Daumen sanft massiert werden.

Für die aromantische Frau

1 Steigert das Sexualempfinden: etwa 5 cm oberhalb der Gesäßfalte
2 Fördert die Sexualenergie und stimuliert die Vagina: etwa 5 cm oberhalb des Schambeins
3 Stimuliert Eierstöcke und Uterus: auf beiden Seiten des Beinansatzes (hier an der oberen Schamhaargrenze dargestellt, was natürlich von Frau zu Frau verschieden sein kann)
4 Sexualempfinden und -stimulierung: wo der gebeugte Ringfinger die Handfläche berührt, auf der sogenannten »Kopflinie« in beiden Händen (das eröffnet eine ganz neue Perspektive, was das Händehalten betrifft)
5 Hypophysenpunkt – Hormonstimulator: auf der Innenseite beider Beine, ohne Abbildung (finden Sie das obere Ende des Schienbeins, das in Knienähe ist, spüren Sie die Krümmung im Schienbein, und dann lassen Sie Ihre Finger etwa 8 cm tiefer gleiten)

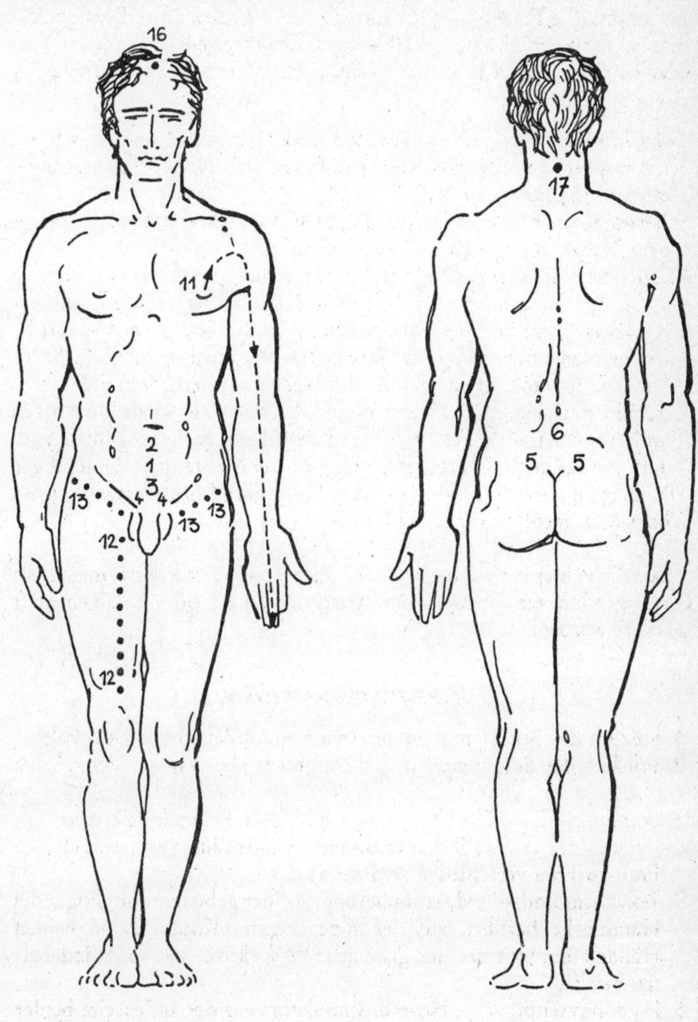
16
11
1
2
1
3
4
4
13
13
13
12
12
17
6
5
5

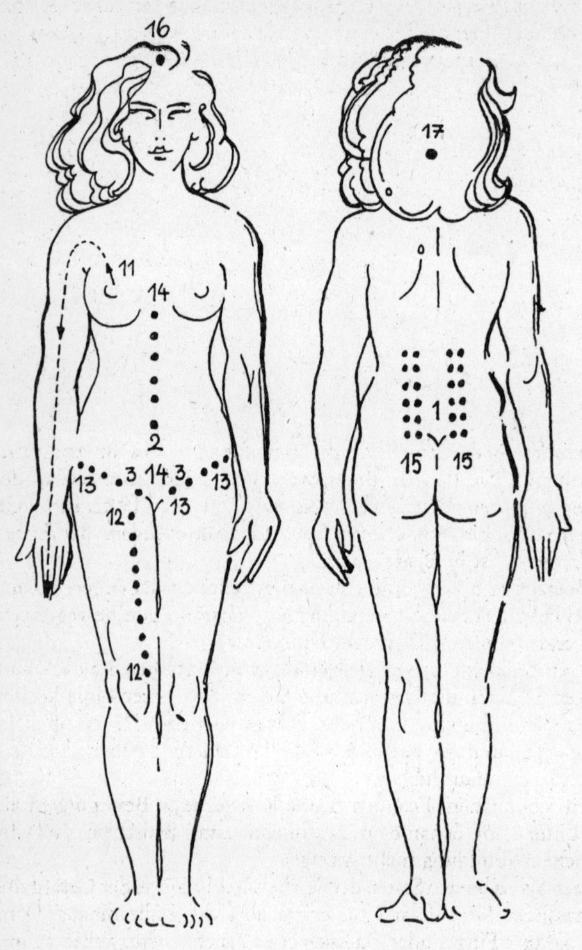
16
17
11
14
2
13
3
14
3
13
13
12
12
1
15
15

8 Die großen Zehen: Massieren Sie mit Daumen und Fingern.

9 Der Knochen, der vom Ende der Ferse hinauf zur Wade verläuft: Massieren Sie 7,5 cm auf jeder Seite des Knochens.

10 Drei Punkte liegen auf einer Linie, die in der Mitte der Fußsohle vom Ende der Ferse über die Fußwölbung zur mittleren Zehe verläuft. Sie können mit einer spiralförmigen Bewegung diese Linie entlang massiert werden. Der vierte Punkt liegt an der Innenkante des Fußgewölbes.

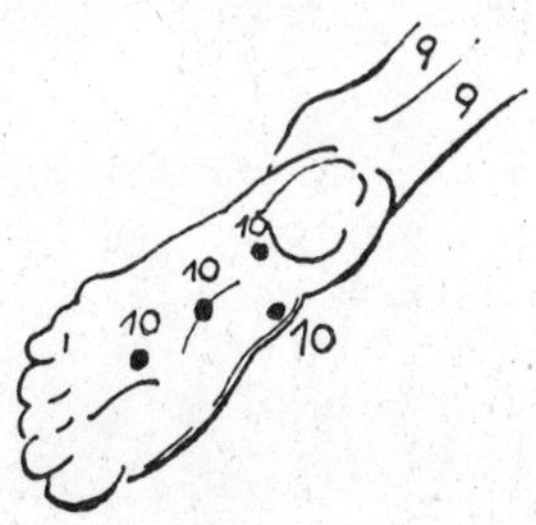

11 Zur Aktivierung des Sexualsystems: Benutzen Sie die Vibrationstechnik. Beginnen Sie bei der Brustwarze sehr sanft, üben Sie an der Schulter größeren Druck aus, massieren Sie den Unterarm, und beenden Sie die Bewegung an der Spitze des Mittelfingers. Bei Frauen nicht in die Brust hineindrücken!

12 Vom Beinansatz bis zur Spitze der Kniescheibe an der Innenseite der Oberschenkel: Massieren Sie in kleinen kreisförmigen Bewegungen, oder wenden Sie die Effleuragetechnik an.

13 Massieren Sie beide Seiten gleichzeitig von innen nach außen, und benutzen Sie dazu die Daumen, die Sie entlang dieser Linie kreisen lassen bis über die Hüften hinaus. Bringen Sie Ihre Hände über die Gesäßbacken, und wiederholen Sie die Bewegung. Drücken Sie nicht zu stark in die Haut hinein.

14 Machen Sie mit dem Daumen kleine kreisförmige Bewegungen auf einer Linie vom Schambein bis hinauf zum Brustbein (auf der männlichen Abbildung nicht gezeigt).

15 Beginnen Sie zu beiden Seiten der Wirbelsäule in Höhe der Gesäßfalte, und massieren Sie aufwärts bis etwas über die Taille hinaus. Dann setzen Sie Ihre Finger oder Daumen etwa 2,5 cm weiter außen an und arbeiten wieder von unten nach oben. Wiederholen Sie das mehrere Male, und machen Sie dabei sanfte kreisende oder vibrierende Bewegungen (auf der männlichen Abbildung nicht gezeigt).

16 Genau in der Mitte des Schädeldachs und

17 im Nacken, in der Mitte der Schädelbasis: Damit Sie diese beiden Punkte erreichen können, sollte sich Ihr Partner auf den Bauch legen. Da Sie einen gleichmäßigen Druck ausüben müssen, ist es am besten, wenn Sie sich rittlings über den Partner knien. Drücken Sie sanft jeden Punkt mehrere Sekunden lang, und benutzen Sie dazu die Zeige- und Mittelfinger beider Hände. Nach einer kurzen Pause drücken Sie noch einmal beide Punkte.

4. Kapitel

Die aromantische Frau

Wie man eine aromantische Frau wird

Heute erwartet man von einer Frau, daß sie nicht nur aussieht wie ein Pin-up-Girl und den Haushalt führt, sondern daß sie außerdem Karriere macht, finanziell unabhängig ist und die Kinder zu Allroundgenies erzieht. Wir mögen zwar das Recht auf Freiheit und Unabhängigkeit gewonnen haben, aber der Preis dafür heißt zusätzliche Arbeit!

Da sich moderne Frauen so vielen Anforderungen an ihre Zeit, Energie und persönliche Widerstandskraft gegenübersehen, ist es kein Wunder, daß so viele von ihnen die Warteräume der Ärzte übervölkern, um sich das nächste Rezept für ihre Beruhigungsmittel zu holen. Es sei denn, sie sind hier, um mit Hilfe des Arztes eines ihrer unzähligen gynäkologischen Probleme zu lösen. »Ich wünschte mir, mein Freund würde nur ein einziges Mal an meiner Stelle die Periode durchmachen müssen«, hörte ich ein junges Mädchen sagen, »nur einen einzigen Tag lang.« Nun, bei uns Frauen handelt es sich nicht um einen einzigen Tag, sondern um ungefähr zweieinhalbtausend Tage innerhalb von über vierzig Jahren, und dazu kommen noch die Tage prämenstrueller Spannungen, die Beschwerden während der Menopause usw. Die in diesem Kapitel genannten Rezepte stellen nicht nur eine Hilfe zur Bewältigung der verschiedenen »Frauenprobleme« dar, sondern werden außerdem eine aromantische Frau aus Ihnen machen.

Die aromantische Frau strahlt Wohlbefinden und Selbstvertrauen aus. Es umgibt sie die Aura einer Frau, die liebt und geliebt wird. Sie sieht fabelhaft aus und fühlt sich stark und unternehmungslustig – am liebsten würde sie singend und pfeifend ihrer Wege gehen. Nichts Unangenehmes scheint sie zu berühren, alles ist wunderbar. Auch die Männer scheinen plötzlich von ihr Notiz zu nehmen; die Beschwingtheit, die von ihr ausgeht, ist unmißverständlich und unwiderstehlich.

Seit fünfzehn Jahren behandle ich meine Patienten mit ätherischen

Ölen, und während dieser Zeit sind mir einige wirklich bemerkenswerte Veränderungen untergekommen. Josie, zum Beispiel, war siebenundzwanzig Jahre alt und Sekretärin in einer Rechtsanwaltskanzlei, als sie mich wegen eines Rückenleidens aufsuchte. Geschieden und kinderlos, war sie viel zu dünn und gereizt und hatte Depressionen. Ich beseitigte die Verkrampfung in der Gegend ihres Kreuzbeins, aber sie kam immer wieder – das Problem steckte tiefer und kam schließlich heraus: Josie hatte noch nie Freude am Sex gehabt, sie empfand absolut nichts dabei. »Ich habe alles versucht«, sagte sie, »da esse ich doch lieber eine ganze Packung Kartoffelchips.« Auf meine Frage, warum sie sich dann überhaupt damit abgebe, antwortete sie: »Weil ich nicht allein sein will.«

Wir beschlossen, ein neues Rezept aus Bergamotte, Narzisse und Jasmin zu probieren. Langsam begann Josie aufzublühen. Nicht nur die Rückenschmerzen verschwanden völlig, sie begann auch zuzunehmen und bekam wieder Farbe, und wenn sie lächelte, sah sie jetzt ganz anders aus. »Jetzt kann ich endlich mitreden«, strahlte sie, »Sex ist wunderbar!«

Wunderbar sind auch die ätherischen Öle. Jedes von ihnen hat seinen eigenen Charakter; genau wie beim Menschen ist er vielschichtig, subtil und manchmal paradox. Sie werden bald herausfinden, daß es Öle gibt, die auf derselben Wellenlänge wie Sie zu liegen scheinen, gleich guten Freunden, und so, wie Sie an einem Tag mit diesem und an einem anderen Tag lieber mit einem anderen Freund zusammensein wollen, werden Sie an einem Tag nach dem einen und an einem anderen nach einem anderen Öl greifen. Das Zubereiten von Mischungen ist so ähnlich wie das Aufstellen einer Gästeliste – manche Kombinationen funktionieren besser als die anderen. Während einige gut für das Geschäft oder das Wohlergehen sind, dienen andere ausschließlich dem Vergnügen.

Jasmin ist für mich der Kaiser unter den Ölen. Er ist verführerisch und macht auch Sie zur Verführerin! Er scheint im Menschen das Element der Weiblichkeit zu vertreten, egal ob er männlich oder weiblich ist, während er gleichzeitig auf die Person eingeht – es ist, als hätte man ein tiefes, seelenverwandtes Gespräch mit einem guten und hilfreichen Freund geführt. Er rückt uns wieder zurecht, erfrischt und macht guten Mutes. Ylang Ylang hingegen gleicht einem exotischen Freund aus dem Fernen Osten, er ist einerseits sehr intensiv, andererseits aber entspannend und gut geeignet für Mischungen.

Muskatellersalbei und Fenchel scheinen in ihren Eigenschaften den weiblichen Hormonen verwandt zu sein und sind daher eine große Hilfe bei sexuellen Problemen. Sie werden sie häufig in Rezepten antreffen, die bei Problemen vor und während der Menstruation helfen, aber auch bei schwach ausgeprägter Libido.

Aber man muß nicht unbedingt ein Problem haben, um sich die Vorteile der ätherischen Öle zunutze zu machen – eine aromantische Frau zu sein ist immer von Vorteil. Beginnen Sie den Tag mit einem aromantischen Bad oder einer aromantischen Dusche, wobei Sie vielleicht einen Duft zur Stärkung Ihres Selbstvertrauens wählen oder einen unter dem Motto »Kam, sah und siegte«. Vielleicht brauchen Sie einen Duft, der Ihre Stimmung hebt, oder einen, der Sie wach und aufmerksam auf alles achten läßt, was in Ihrer Umgebung vorgeht. Sie finden hier exklusive Rezepte, die Ihnen helfen, Angst, Streß, Spannungen, Traurigkeit, Müdigkeit, Depression und Unsicherheit zu überwinden. Es gibt Rezepte, die Ihnen helfen, wenn Sie überarbeitet sind, die das Nervensystem stärken und die Sie dadurch gegen den nächsten Sturm wappnen. Das Leben ist hart, doch selbst wenn Ihr einziges Problem Zellulitis ist, können die ätherischen Öle Abhilfe schaffen!

Wenn Sie eine aromantische Frau werden, machen Sie sich jahrhundertealtes Wissen zunutze und treten in den Kreis der größten und berühmtesten Verführerinnen, von denen Geschichte und Legende zu berichten wissen. Circe, Prototyp aller griechischen Zauberinnen, benutzte die ätherischen Öle, um Odysseus von seinen Reisen abzuhalten. Der Sage nach erwarb die schöne Helena ihr fatal gutes Aussehen durch ein Rezept, das ihr Venus, die Göttin der Liebe, vermacht hatte. Kleopatra war nicht die große Schönheit, wie Hollywood uns gerne glauben machen will, sondern allenfalls guter Durchschnitt, doch gelang es ihr mit Hilfe der ätherischen Öle, die Herzen der beiden römischen Eroberer – zuerst Cäsar und dann Mark Anton – zu erobern. Die Purpursegel ihrer königlichen Barke wurden in Rosenwasser getränkt, so daß die Ankunft Kleopatras schon vorher durch die duftende Brise, die den Nil hinaufwehte, angekündigt wurde, lange ehe ihre Liebhaber die Barke erspähen konnten. Sie verstand es ausgezeichnet, bei Männern einen bleibenden Eindruck zu hinterlassen, und konnte sich überdies glücklich schätzen, über die Mittel einer höchst fortgeschrittenen Kultur zu verfügen – es heißt, daß sie einen Teppich aus Rosenblättern zur Begrüßung Mark Antons anordnete. Was würde Sie oder mich eine solch großzügige romantische Geste wohl heute kosten?

Aber die Romantik ist noch nicht tot, daran erinnert mich ein amüsantes Erlebnis, das mir meine Freundin Susan erzählte. Eines Nachts bedeckte ihr Freund das Bett mit Rosenblättern, doch die zerquetschten Blütenblätter blieben an ihnen kleben. Bemüht, sie wieder abzuwaschen, verbrachten sie die halbe Nacht im Badezimmer! Als ich endlich zu lachen aufhörte, schlug ich ihr vor, einige ätherische Öle in Bettnähe aufzubewahren, um je nach Bedarf die Bettlaken mit einigen Tropfen zu betupfen – Marokkanische Rose ist schwer und leidenschaftlich, Bulgarische Rose romantisch und sinnlich, und Anatolische Rose ist sanft erotisch.

Sich auf Rosen zu betten ist mit ätherischen Ölen nicht schwer! Natürlich möchten Aromantiker auch auf Rosenblätter nicht verzichten,

Sie können daher einfach einige seidene Rosenblätter dem obigen Szenarium beifügen oder aromantische Rosenblätter anfertigen – geben Sie die seidenen Rosenblätter in ein Kästchen, fügen Sie einen mit einigen Tropfen Rosenöl getränkten Wattebausch hinzu, schließen Sie den Dekkel, und lassen Sie das Ganze eine Zeitlang ruhen, wie es so schön heißt.

Seide absorbiert den Duft von ätherischen Ölen vorzüglich, und solche aromantischen Blütenblätter bieten, auf Kissen und Laken verstreut, eine wirklich angenehme Alternative. Außerdem riechen, wie auch Susan traurig feststellen mußte, die beim Blumenhändler erworbenen Rosen oft kaum mehr – kein Wunder, wenn man bedenkt, daß sie wahrscheinlich aus einem riesigen Glashaus stammen und mit Unmengen von Kunstdünger behandelt wurden.

Natur und Natur sind nicht mehr dasselbe. Unsere Vorfahren pflegten im Frühsommer durch die blühenden Bohnenfelder zu spazieren, um den Duft einzuatmen, dem eine tiefe, angenehme Wirkung auf die Gefühle nachgesagt wird – wir hingegen stapfen zwischen den Regalen im Supermarkt hindurch, um einige in Dosen abgefüllte Bohnen zu erstehen. Der Werbeslogan »You've come a long way, baby« stimmt schon, wir haben einen langen Weg hinter uns, aber leider weg von der Natur!

Bei der Vielfalt an Ölen und Rezepten zusammen mit den vielen verschiedenen Anwendungsmöglichkeiten ist es nur eine Frage des Experimentierens, bis Sie die richtigen Öle und Methoden gefunden haben, die sich für Sie am besten eignen. Die aromantische Frau ist sich ihrer Stimmungen und Gefühle bewußt, weil sie Richtlinie für die Wahl des passenden Öles zur gegebenen Zeit sind. Doch die positive Einstellung überwiegt bei der aromantischen Frau, weil die ätherischen Öle ihr Potential verstärken und ihr Leben bereichern.

Die besonders weiblichen Öle

Angelika – Benzoe – Bergamotte – Fenchel – Geranium – Grapefruit – Hyazinthe – Jasmin – Jonquille – Kamille (Römische) – Koriander – Lavendel – Limette – Majoran – Mandarine – Muskatnuß – Muskatellersalbei – Neroli – Patschuli – Petitgrain – Piment – Rose (Bulgarische) – Rose (Marokkanische) – Rosmarin – Tonkabohne – Veilchen – Verbene – Ylang Ylang – Zypresse

Neroli ist zutiefst weiblich. Es beruhigt hochexplosive Gefühlszustände und leitet die Energien um. Entspannend und doch stimulierend, kräftigend und das Selbstvertrauen stärkend, hilft Ihnen Neroli, daß Sie sich Ihren Angstgefühlen stellen.

Patschuli hat männlichen Charakter und ist erdig und tief. Es stimuliert das Nervensystem. Zum Wachbleiben, nicht zum Schlafen! Scharf und kräftig.

Ylang Ylang ist von intensiver Süße. Es beseitigt die Frustrationen des Lebens. Aufregend exotisch. Stimuliert die Sinne. Vertreibt Eifersucht.

Muskatellersalbei gleicht einem verführerischen Mann. Er macht Sie unbesonnen und euphorisch. Er hat Tiefenwirkung, vertreibt Melancholie, Streß und Paranoia. Er weckt die sexuelle Frau in Ihnen.

Grapefruit ist ein flüssiges Mittel gegen Kummerfalten. Sie macht fröhlich, sei es Tag oder Nacht, gleich einem Sonnenstrahl, der Gesicht und Rücken wärmt. Ein Öl, das Ihnen Auftrieb gibt, Zuversicht und Optimismus.

Rose (Marokkanische) ist verschwenderisch, erdhaft, leidenschaftlich, warm, dunkel und geheimnisvoll. Benutzen Sie sie nur, wenn Sie es wirklich ehrlich meinen. Sie weckt Ihre tiefsten Gefühle und fördert das Vertrauen.

Angelika hilft, wenn nichts mehr geht. Zwar kann sie nicht Ihre Probleme lösen, aber sie hilft Ihnen, diese in einem neuen Licht zu sehen, und verwandelt Schwerfälligkeit in neue Vitalität.

Jasmin ist machtvoll. Er weckt in jedem Mann die Vorstellung seiner Traumfrau. Sanft beseitigt dieser Verführer auch Ihre schwärzeste Laune. Er spült Ihre Ängste fort; er beruhigt und entspannt Sie.

Piment ist scharf und feurig, suggestiv, leidenschaftlich, lebhaft und wild. Es eignet sich besonders für die Karnevalszeit.

Benzoe ist warm und spendet Energie. Es ist, als würde man sich gegen den Sturm wappnen oder eine Tafel Schokolade essen. Sie durchdringt emotionale Abschirmung und kann erotische Gedanken provozieren.

Bergamotte ist ursprünglich und überzeugt. Sie lockt Sie aus jeder Depression heraus und belebt Ihr Sexleben. Sie beseitigt Krisen und ermöglicht Ihnen, das zu bekommen, was Sie sich wünschen.

Muskatnuß ist flüchtig und warm. Sie ist Wunsch und Erfüllung zugleich, aufreizend und verführerisch, gleichzeitig aber besänftigend und beruhigend. Sie zerstreut Ängste.

Geranium ist von freundlicher, süßer und liebenswürdiger Art. Es gleicht aggressive und passive Wirkungen im Leben aus. Es schafft Harmonie und gute Laune zwischen den Geschlechtern und beseitigt Unvernunft und Unzufriedenheit.

Rose (Bulgarische) ist Balsam für die Gefühle und läßt erst gar keinen Sturm aufkommen. Sie ist voller sinnlicher Weiblichkeit, wie Seide auf bloßer Haut. Sie stärkt das Selbstvertrauen, als hätte man einen heimlichen Verehrer. Sie macht Ihr Herz munter.

Tonkabohne ist von exquisiter Intimität. Sie festigt die tieferen Gefühle in einer Beziehung und schafft ein euphorisches Ambiente für jede Begebenheit.

Jonquille bringt Ihre geheimsten Wünsche zum Vorschein. Sie verwandelt das Bewußtsein, sie ist hypnotisch. Sie löst Frustrationen und Minderwertigkeitsgefühle.

Petitgrain ist fein, aber stark. Es schafft Vertrauen und hilft, wenn Sie betrogen worden sind. Es besänftigt Ihren Zorn und stellt Ihren Glauben an sich selbst wieder her. Es ist tatsächlich in der Lage, Ihnen neue Kraft zu geben.

Hyazinthe ist süß und sanft – wie ein Wald voller Glockenblumen im Frühling. Sie öffnet Herz und Gemüt und macht Mut. Sie berauscht. Sie hilft Ihnen, bis in Ihr Innerstes vorzudringen, so daß Sie zu wachsen und aufzublühen beginnen.

Lavendel hat eine stabilisierende Wirkung auf die Psyche. Er gleicht einem weisen Mann, beruhigend und wissend. Unentschlossenheit und emotionale Konflikte werden beseitigt.

Koriander ermutigt und baut auf. Sanft treibt er Sie an. Er ist würzig, warm und stimulierend.

Limette ist von bittersüßer Intensität. Sie läßt Sie zur Tat schreiten, doch ohne Diskretion! Sie ist laut und egoistisch – Feingefühl kennt Limette nicht.

Veilchen ist geheimnisvoll und melancholisch. Es wandelt auf Pfaden, die kein Sterblicher zu betreten wagt. Es ist schweigsam, verführerisch und überzeugt. Es hilft Ihnen, Ihr Potential zu verwirklichen.

Zypresse ist stolz und voller Rätsel. Sie lindert die Traurigkeit. Andererseits ist sie geradeheraus und ohne Umschweife. Sie hilft Ihnen, sich zu behaupten.

Mandarine ist jung, frisch und sehr mitfühlend. Sie inspiriert und stärkt Sie, ohne daß Sie es merken.

Fenchel hilft jeder Frau wie eine Stunde im Fitneßcenter oder ein Kuraufenthalt. Er unterstützt und belebt die Persönlichkeit.

Verbene zaubert das Glück herbei. Sie ist sanft und zart. Sie sprudelt wie Sekt – bei geistiger Erschöpfung und Lethargie wirkt sie wahre Wunder.

Kamille (Römische) ist flüssiges Gold. Sie vertreibt Nervosität und Ärger. Sie schafft emotionale Stabilität – nichts kann Sie mehr aus der Ruhe bringen. Sie vertreibt die Gespenster der Vergangenheit.

Majoran richtet die sexuelle Energie neu aus und nimmt die Furcht vor der Liebe. Er tröstet die gebrochenen Herzen – wenn Sie sich nach einer zärtlichen Umarmung und nicht nach Sex sehnen. Er vertreibt die Gefühlskälte.

Rosmarin ist von königlicher Statur. Er stimuliert Ihre Sensitivität wie Ambrosia, das Göttergetränk. Er macht wieder munter, steigert Ihre Kreativität und weckt Ihr Herz.

Die aromantische Frau »après l'amour«

»Après l'amour« ist eine besondere Zeit. Wann sind wir entspannter als nach der Liebe, wenn wir eng beisammenliegen, versunken in glückseligen Empfindungen, einander sanft berührend und in Frieden mit der ganzen Welt. »Après l'amour« ist eine Zeit der Dankbarkeit und Anerkennung.

Nach der alten taoistischen Tradition der Chinesen ist es eine alchimistische Zeit, wenn der Penis nach der Liebe in oder nahe bei der Vagina ruht. Es heißt, es finde dann ein wunderbarer Austausch von männlichen und weiblichen Energien statt, wenn die Chemikalien in den sexuellen Flüssigkeiten über die Schleimhäute absorbiert werden. Nach der geschlechtlichen Vereinigung gleich aus dem Bett zu springen, um sich zum Beispiel zu waschen, wäre von den chinesischen Weisen als sehr schlechtes Benehmen eingestuft worden, weil Sie dann sich und Ihren

Partner um die medizinischen Vorteile dieses intimen chemischen Austausches bringen.

Aber wie immer Ihre Gepflogenheiten auch sein mögen, »après l'amour« ist nicht die Zeit für irgendwelche hektischen Verrichtungen, die noch dazu völlig unnötig sind, wenn es doch genügt, unter der Bettdecke hervorzulangen, die aromantische Lampe einzuschalten und abzuwarten. Mit der Erwärmung der Glühbirne erhitzen sich auch die wenigen Tropfen ätherischen Öls, die Sie schon vorher dort hingeträufelt haben, und werden die ganze Atmosphäre im Raum mit ihrem Duft schwängern. Nur zwei oder drei Tropfen genügen, um Ihre Nacht zu verwandeln.

»Après l'amour« ist wie ein lauter Sommerabend, daher sollten Sie dafür sorgen, daß die Glühbirne eine niedrige Wattzahl hat, oder vielleicht finden Sie eine, die rosa getönt ist. Sicher wollen Sie das zarte Band, das zwischen Ihnen und Ihrem Partner entstanden ist, nicht zerreißen, indem Sie Ihren Liebsten mit einer 100-Watt-Lampe blenden! Natürlich können Sie auch zwei oder drei Tropfen des Öles (oder der synergistischen Mischung) Ihrer Wahl auf einen Wattebausch tropfen und diesen zur gegebenen Zeit auf einen Heizkörper legen.

Die musikalische Bezeichnung für eine Massage »après l'amour« wäre »piano«. Mit sanften Bewegungen streichen Sie die Stirne Ihres Partners glatt, von den Augenbrauen zum Haaransatz hin, und wischen seine Sorgen weg. Sollte Ihnen nach mehr Liebe zumute sein, dann massieren Sie sanft die untere Rückenpartie Ihres Partners – den etwa 10 cm langen Streifen entlang der Wirbelsäule, der etwas unterhalb der Taille beginnt und die Erektion begünstigt. Eine Massage an dieser Stelle mit einem der für die Stimulierung des Mannes bestimmten Öle weckt in jedem Mann schnell erneute Liebeslust.

»Après l'amour« ist für viele Menschen eine sehr empfindungsreiche Zeit. Die Franzosen haben ein Sprichwort: »Après l'amour, les animaux sont toujours triste.« (Nach der Liebe sind die Tiere immer traurig.) Diese Beobachtung entbehrt nicht der Richtigkeit, denn oft schwingt das Pendel von der Übererregung dann zu stark in Richtung Melancholie, so daß es notwendig ist, diese Bewegung zu stoppen und die Gefühle auszugleichen. Manche Menschen suchen den Ausgleich im Gespräch mit dem Partner, während andere das stille Nachhallen des Ungesagten genießen. Um ein Gespräch in Gang zu bringen, können Sie Jonquille ausprobieren – aber seien Sie gewarnt, sie verrät alles. Muskatellersalbei andererseits ist ein Öl, das weckt und öffnet.

Ätherische Öle für:

Emotionsausgleich	*Kommunikation*	*Betonung des Romantischen*	*Betonung des Erotischen*
Geranium	Jonquille	Palmarosa	Jasmin
Bergamotte	Muskateller-salbei	Hyazinthe	Ylang Ylang

Oder vielleicht möchten Sie etwas, das aus »après l'amour« wieder mehr Amour macht? Da der Duft der Öle, die Ihren Mann zu mehr Amour stimulieren, nicht jeden gleich stark anspricht, können Sie diese genauso wirksam mit einem Öl mischen, das die Erotik betont – nach seinem und Ihrem Geschmack. Geben Sie insgesamt drei Tropfen auf eine Wärmequelle im Raum, oder stellen Sie ein Massageöl im Verhältnis 2:1 her – geben Sie zwanzig Tropfen von einem stimulierenden Öl plus zehn Tropfen von einem der »Mischöle« in ein mit reinem Pflanzenöl gefülltes Fläschchen, das 30 ml faßt.

Stimulierende Öle für Männer		*Öle zum Mischen*
Kümmel	◀ Allein verwenden	Ylang Ylang
Costus	oder 2 Teile mit	Palmarosa
Kardamom	1 Teil »Mischöl«	Jasmin
Ambrette	vermischen ▶	Nelke
Anis		Anatolische Rose

Sollten Sie einmal den Wunsch verspüren, neuen Schwung in Ihr »après l'amour« zu bringen, dann probieren Sie doch Grapefruit zur körperlichen und geistigen Stimulierung oder Zitrone, die auf der physischen Ebene eine stimulierende und auf der geistigen Ebene eine beruhigende Wirkung hat. Jene, die l'amour am Morgen bevorzugen, können mit ein paar Tropfen Grapefruit im Badewasser oder auf dem Waschlappen unter der Dusche den Schwung für den ganzen Tag mitnehmen.

»Après l'amour« sollte vor allem eine harmonische Zeit sein. Sie sind einzigartig, Ihre Beziehung ist einzigartig, finden Sie also eine Mischung, die einzig und allein für Sie richtig ist... »après l'amour«.

Sinnlichkeit und Selbstvertrauen

Sinnlichkeit und Selbstvertrauen sind ein Paar, das Hand in Hand durchs Leben geht und sich dabei gegenseitig stärkt. Ohne Selbstvertrauen ist die Sinnlichkeit verloren. Doch in dieser Welt voller Herausforderungen kann sich unser Selbstvertrauen nur allzu leicht und schnell abnutzen, daher müssen wir uns selbst aufbauen.

In diesem Abschnitt finden Sie alle meine Rezepte für Situationen, in denen das Selbstvertrauen einer Frau beeinträchtigt ist, sei es, daß Sie ein Rezept brauchen, um sich im Beruf besser durchsetzen zu können, oder sei es, daß Sie Hilfe benötigen, um nach einer gescheiterten Beziehung wieder auf die Beine zu kommen. Sie finden hier für alles ein Mittel, ob es sich um Depression, Traurigkeit, Angst, Streß oder überreizte Nerven handelt oder ob Ihnen zumute ist, als hätte man Sie durch den Fleischwolf gedreht. Seien Sie unverzagt, gleich eilen Ihnen die ätherischen Öle zu Hilfe! Finden Sie Ihr Selbstvertrauen wieder, und Ihre Sinnlichkeit wird erblühen. Fangen wir daher am besten mit jenen Ölen an, die allgemein eine Stärkung des Selbstvertrauens bewirken.

Zur Stärkung des Selbstvertrauens

Nelke	Tonkabohne	Rosmarin
Bulgarische Rose	Vanille	Grapefruit
Marokkanische Rose	Bergamotte	Muskatblüte
Basilikum	Verbene	Muskatnuß
Majoran	Melisse	Neroli

Viele der genannten Öle weisen eine stark sinnliche Note auf. Vanille und Tonkabohne zum Beispiel haben einen intensiven und durchdringenden Geruch, der die Gefühle stark beeinflußt und aufgestaute Frustrationen freisetzt, wobei Sie aber dennoch ruhig und gelassen bleiben. Bergamotte dagegen ist ein Öl, das sich eine Bresche schlägt und depressive Stimmungen vertreibt. In Zeiten wie diesen ein ziemlich nützliches Öl! Grapefruit hat wieder eine andere Wirkung – es stimuliert und macht Ihr Herz leicht und froh.

Hier sind zwei ausgesuchte Rezepte, die Ihnen helfen, sich durchzusetzen und das zu erreichen, was Sie wollen. Mischen Sie Ihr synergistisches Konzentrat so, wie unten angegeben, und geben Sie dann entweder drei Tropfen ins Badewasser oder auf ein Taschentuch für einen etwaigen Gebrauch während des Tages.

Zur Stärkung des Durchsetzungsvermögens

Synergistische Mischung Nr. 1		*Synergistische Mischung Nr. 2*	
Tonkabohne	4 Tropfen	Marokkanische Rose	3 Tropfen
Neroli	3 Tropfen	Muskatnuß	3 Tropfen
Muskatblüte	3 Tropfen	Bergamotte	2 Tropfen
Grapefruit	2 Tropfen	Vanille	4 Tropfen

Für diejenigen unter Ihnen, die ständig auf der Hut sein und darauf achten müssen, was um sie vorgeht, für einen Verkehrspolizist zum Beispiel, wäre Basilikum oder Rosmarin ein einfacher, aber sehr wirksamer Zusatz zur Tagesmischung.

Nun kommen die ätherischen Öle, die allgemein zur Stimmungsbesserung dienen. In dieser Gruppe sind Öle, die eine stimulierende Wirkung auf die Nebennierenrinde haben und Ihnen bei der Linderung von Streß helfen. Es ist klar, daß eine ängstliche und gestreßte Person weder selbst Vertrauen hat noch ausstrahlt. Sie können diese Öle zur Hebung Ihrer Laune ohne Zusatz verwenden, doch wird Ihnen ihr Geruch vielleicht nicht zusagen; daher ist es empfehlenswert, sie im Verhältnis 2:1 mit einem der antidepressiven Öle zu mischen.

Öle zur Besserung Ihrer Laune		*Öle zum Mischen (Antidepressiva)*
Rosmarin	◀ Allein verwenden	Bergamotte
Basilikum	oder 1 Teil mit	Zitrone
Kiefer	2 Teilen eines	Orange
Thymian	der »Mischöle«	Grapefruit
Bohnenkraut	vermischen ▶	Limette

Besonders das letzte »Mischöl«, Limette, ist ein ausgezeichneter Muntermacher. Nichts verleiht mehr Schwung für den Tag als ein oder zwei Tropfen Limette in der Früh unter der Dusche auf dem nassen Waschlappen. Sind Sie völlig am Boden zerstört, weil Sie gerade einen Schlußstrich unter Ihre letzte Beziehung gezogen haben, dann kann Limette helfen. Limette und eine durchtanzte Nacht sind ein ausgezeichnetes Mittel, Sie können aber auch mein Rezept gegen Liebeskummer ausprobieren.

Rezept gegen Liebeskummer

Limette	3 Tropfen
Tonkabohne	1 Tropfen
Marokkanische Rose	1 Tropfen

Traurigkeit kann viele Ursachen haben, oft wissen wir selbst nicht, warum wir traurig sind. Manchmal ist es auch einfach nur Niedergeschlagenheit. Meistens spüren wir, wenn jemand niedergeschlagen ist. Ihn mit Hilfe der ätherischen Öle wieder aufzumuntern ist nicht immer möglich; aber selbst wenn es uns nicht gelingt, die Traurigkeit zu vertreiben, können wir sie doch lindern, denn die Öle sind wie Stoßdämpfer, die die Auswirkungen der vielen Enttäuschungen, die das Leben nun einmal mit sich bringt, abfangen.

Bulgarische Rose ist ein solches Öl. Sein Einfluß auf das weibliche Gefühlsleben ist einzigartig, wie Hunderte meiner Patientinnen bezeugen können. Es schenkt in Krisenmomenten ein Gefühl der Zufriedenheit und der Erfüllung, das vielen unerklärlich ist. Sein sanfter Duft lullt unsere innersten Ängste ein und dämpft sie. Obwohl sein erlesener Wohlgeruch allein noch keine Erklärung dafür liefert, warum Bulgarische Rose in erster Linie auf Frauen wirkt und zu den teuersten ätherischen Ölen der Welt gehört, wird Sie ein Tropfen davon noch immer billiger kommen als ein Drink, mit dem Sie Ihre Sorgen hinunterspülen, ganz abgesehen davon, daß es Ihrem Wohlbefinden, sei es körperlich oder seelisch, sicher besser bekommt.

Das folgende Rezept wird Ihnen auch in den schwersten Zeiten helfen. Nehmen Sie drei Tropfen von dem Konzentrat für Ihr Bad, oder geben Sie einen Tropfen auf ein Taschentuch, dessen Duft Sie dann bei Bedarf einatmen. Ich persönlich finde, daß zwei Tropfen im Luftbefeuchter bei mir wahre Wunder wirken.

»Stoßdämpfer« gegen seelische Erschütterungen
(synergistisches Konzentrat)

Bulgarische Rose	4 Tropfen
Römische Kamille	1 Tropfen
Neroli	2 Tropfen

Spannungszustände, wie Angst und Streß, sind ein Teil des modernen Lebens, so daß wir uns kaum noch darüber wundern, wenn Leute ernstlich erkranken und der Arzt als Ursache Streß angibt. Die Krankheit ist das Ergebnis »einer Kraft, die sich an oder innerhalb eines Dinges auswirkt und die Tendenz hat, es zu verzerren« – eine Definition von Streß. Streß verzerrt uns!

Die Sexualität leidet meistens als erstes darunter – es ist schwierig, lebensfroh und sexuell aufgeschlossen zu sein, wenn uns die Schicksalsschläge des Lebens zu Boden drücken. Zum Glück hat uns die Natur tüchtige Helfer zur Seite gestellt.

Für die strapazierten Nerven der Frau

Stärkend	*Stärkend und beruhigend*	*Beruhigend*
Zypresse	Geranium	Neroli
Majoran	Majoran	Zitrone
Rosmarin	Lavendel	Majoran
Tangerine	Neroli	Jasmin
Angelika	Tangerine	Marokkanische Rose
Verbene	Ysop	Rosenholz
Borretsch	Lorbeer	Römische Kamille
Ysop		Muskatnuß
Orange		Jonquille

Streß	*Angst*	*Depression*	*Nervöse Spannung*
Marokkanische Rose	Bulgarische Rose	Benzoe	Marokkanische Rose
Zitrone	Bergamotte	Römische Kamille	Römische Kamille
Jasmin	Ingwer	Lavendel	Muskatnuß
Fenchel	Lavendel	Bergamotte	Lavendel
Ysop	Orange	Thymian	Basilikum
Neroli	Verbene	Grapefruit	Jonquille
Geranium	Mandarine	Ylang Ylang	Koriander
Sandelholz	Majoran	Jasmin	Rosmarin
			Bulgarische Rose

Alle diese »Nervenöle« können Sie ohne Zusatz oder als synergistisches Konzentrat anwenden, und zwar am besten als Zusatz zum Badewasser, Massageöl oder Luftbefeuchter, oder Sie tragen es einfach als Parfum.

Die Hektik mancher Tage läßt sich nicht immer umgehen. Wenn ich überarbeitet und übermüdet bin und meine Beine und Muskeln schmerzen, gibt es nichts Besseres für mich als ein langes, geruhsames Bad, wobei ich dem Wasser einige Tropfen meiner »Rettungsmischung« zusetze.

Die »Rettungsmischung«

Grapefruit	3 Tropfen
Ingwer	2 Tropfen
Ylang Ylang	1 Tropfen

Wir sind alle dem Streß und Spannungen ausgesetzt – die nachstehenden Bademischungen dienen daher Ihrer Reaktivierung. Manche Leute ziehen es vor zu duschen und finden die Idee des Badens – sich sozusagen im eigenen Schmutz zu waschen – widerwärtig. In diesem Fall genügt es, einfach vor dem Baden zu duschen, um den Schmutz loszuwerden, und dann gönnen Sie sich ein streßlinderndes Bad.

Drei Bäder zur Linderung von Streß und Spannungen

Verbene	3 Tropfen	Geranium	3 Tropfen	Lavendel	3 Tropfen
Koriander	2 Tropfen	Mandarine	2 Tropfen	Basilikum	1 Tropfen
Muskatnuß	1 Tropfen	Rosmarin	1 Tropfen	Zitrone	2 Tropfen

Es gibt Frauen, die unter Streß leiden, weil sie Kummer haben, der sie nicht zur Ruhe kommen läßt. Sollten Sie dazugehören, dann probieren Sie doch meine Bademischung gegen Kummer und Sorgen aus.

Die Antikummer-Bademischung

Sandelholz	3 Tropfen
Jonquille	1 Tropfen
Bergamotte	2 Tropfen

Falls Sie einen liebevollen Partner haben, dann können Sie Streß und Spannungen am wirkungsvollsten dadurch bekämpfen, daß Sie sich den Luxus einer aromantischen Massage gönnen. Massage ist bei Streß und Spannungen immer wunderbar. Wählen Sie unter den drei Rezepten eines aus, und geben Sie diese Mischung in ein mit Pflanzenöl gefülltes 30-ml-Fläschchen. Dieses Massageöl wird Ihren abgespannten Körper beleben und Sie wieder in eine aromantische Frau verwandeln.

Drei Massageöle für Streß und Spannung

Neroli	8 Tropfen	Tangerine	8 Tropfen	Lavendel	10 Tropfen
Geranium	7 Tropfen	Rosmarin	5 Tropfen	Römische Kamille	2 Tropfen
Koriander	4 Tropfen	Jonquille	2 Tropfen	Verbene	3 Tropfen

Hier ist eines meiner Lieblingsrezepte für jede Tages- und Nachtzeit. Alle drei Öle stammen von einer Pflanze, dem Orangenbaum – Petitgrain aus den Zweigen, Neroli aus den Blüten und Orange aus den Früchten –, und dieses wiedervereinte Ganz gibt uns auch ihre Fülle zurück. Diese Mischung durchdringt uns ganz und gar, während ihr Duft uns auf Wolken schweben läßt.

Die Ganzheitsformel

für das Bad		*für die Massage*	
Petitgrain	2 Tropfen	Petitgrain	4 Tropfen
Neroli	3 Tropfen	Neroli	8 Tropfen
Orange	1 Tropfen	Orange	3 Tropfen
▲		▲	
Fügen Sie diese Mischung dem Badewasser bei; oder machen Sie ein Konzentrat, und benutzen Sie 1 oder 2 Tropfen davon, um den Raum zu parfümieren		In 30 ml Pflanzenöl auflösen	

Das beste Mittel zur Stärkung unseres Selbstvertrauens ist natürlich die Liebe. Die ätherischen Öle aus der Natur schenken Ihnen – so seltsam das in Ihren Ohren auch klingen mag – ihre Liebe. Ihre Liebe kritisiert nicht, sondern steht auf Ihrer Seite. Mit ihrer Hilfe können Sie Ihr Potential als lebensbejahender Mensch in vielfacher Weise ausschöpfen. Wenn Sie sich selbst genug lieben, um den Ölen zu erlauben, Ihnen ihre besondere Liebe zu schenken, dann werden Sie – als aromantische Frau – immer mehr Liebe auf sich ziehen.

Niedrige sexuelle Resonanz

Niedrig ist ein relativer Begriff: Niedrig ist einfach niedriger als hoch. Es könnte sein, daß Sie bloß Ihr Verlangen und Ihre Libido ein bißchen steigern wollen. Vielleicht sind Sie aber auch völlig unfähig, überhaupt an Geschlechtsverkehr zu denken. Wie dem auch sein mag, unter den aromantischen Mitteln gibt es für jeden etwas.

Diese Öle sind »sexy«

Anis (Grüner)	Jasmin	Ingwer
Gewürznelke	Zimt	Ysop
Salbei	Bockshornklee	Wacholder
Muskatblüte	Fenchel	Pfefferminze
Kiefer	Neroli	Rosmarin
Thymian	Marokkanische Rose	Sandelholz
Minze	Bohnenkraut	Angelika
Ylang Ylang	Kümmel	Ambrette
	Muskatellersalbei	

Beginnen wir mit Rezepten, die das sexuelle Verlangen steigern. Eines ist so gut wie das andere, also wählen Sie eines aus, das Ihnen geruchlich am besten zusagt.

Mischungen zur Steigerung des sexuellen Verlangens

Blumiges Massageöl			*Würziges Massageöl*	
Jasmin	6 Tropfen	◀ Jeweils	Zimt	3 Tropfen
Marokkan. Rose	6 Tropfen	in 30 ml	Muskatblüte	4 Tropfen
Sandelholz	10 Tropfen	Pflanzenöl	Muskatnuß	4 Tropfen
Kümmel	8 Tropfen	auflösen ▶	Koriander	3 Tropfen
			Tonkabohne	5 Tropfen
			Ylang Ylang	10 Tropfen

Blumige Bademischung			*Würzige Bademischung*	
Jasmin	1 Tropfen	◀ Ins	Muskatnuß	2 Tropfen
Marokkan. Rose	2 Tropfen	Badewasser	Koriander	1 Tropfen
Sandelholz	2 Tropfen	geben ▶	Ylang Ylang	1 Tropfen
Kümmel	1 Tropfen			

Die nächsten Mischungen beeinflussen das sexuelle Erleben unmittelbar. Versuchen Sie eine, die Ihren Gefühlen und augenblicklichen Stimmung am besten entspricht. Wie bei jedem Menüvorschlag stehen Ihnen mehrere Gänge zur Auswahl, damit Sie nach Lust und Laune entscheiden können. Probieren Sie alle aus! Ich bin sicher, daß ein Rezept darunter ist, das Ihrem Sexleben neuen Auftrieb gibt – doch geben Sie dem Rezept genügend Zeit, damit es wirken kann. Nach zwei oder drei Anwendungen sollten Sie sexuell besser darauf ansprechen.

Synergistische Sexmischungen

Überspannt

Marokkanische Rose	5 Tropfen
Fenchel	2 Tropfen
Sandelholz	2 Tropfen

Überängstlich und verspannt

Muskatblüte	2 Tropfen
Anis	1 Tropfen
Zimt	1 Tropfen
Neroli	5 Tropfen

Unsicher

Marokkanische Rose	6 Tropfen
Muskatellersalbei	2 Tropfen
Gewürznelken	1 Tropfen

Übermüdet

Rosmarin	3 Tropfen
Neroli	3 Tropfen
Kümmel	3 Tropfen

Überarbeitet

Anis	2 Tropfen
Sandelholz	5 Tropfen
Ingwer	2 Tropfen

Keine sexuelle Reaktion

Angelika	3 Tropfen
Muskatellersalbei	4 Tropfen
Sandelholz	2 Tropfen

Sexuelle Reaktion zu langsam und zu lange

Marokkanische Rose	5 Tropfen
Ylang Ylang	2 Tropfen
Ingwer	2 Tropfen

Traurig

Angelika	3 Tropfen
Marokkanische Rose	3 Tropfen
Ylang Ylang	2 Tropfen
Kümmel	2 Tropfen

Depressiv

Marokkanische Rose	3 Tropfen
Neroli	4 Tropfen
Rosmarin	2 Tropfen

Schwach und verhalten

Bohnenkraut	1 Tropfen
Ingwer	2 Tropfen
Ylang Ylang	4 Tropfen
Muskatellersalbei	9 Tropfen

Die sexuelle Resonanzfähigkeit kann von vielen Faktoren beeinträchtigt werden; oft wirken zwei oder drei Faktoren sich gleichzeitig aus und verhindern jedes sexuelle Empfinden. Die weibliche Geschlechtskälte wird häufig irgendeiner hypothetischen physischen Unfähigkeit zugeschrieben, seltener aber zum Beispiel dem gefühlskalten Ehemann. Wir dürfen beim Sex nie das Ganze aus den Augen verlieren, denn Sex mag

gen – es besteht absolut keine Notwendigkeit, die empfohlenen Mengen an ätherischen Ölen zu überschreiten, im Gegenteil, es kann gefährlich sein, dies zu tun. Sagen Sie sich nicht: »Ich brauche es nötiger, daher werde ich mehr nehmen«, sondern: »... daher werde ich die Öle über einen längeren Zeitraum hinweg benutzen als vielleicht jemand anderer.«

Das zweite ist, daß – weil eben die Schleimhäute der Vagina ihrer Natur nach besonders zart und absorbierend sind – die Moleküle der ätherischen Öle sehr schnell und wirksam in den Körper eindringen können. In manchen Fällen gehören Spülungen zu den wirksamsten Behandlungsmethoden. Aber bitte beachten Sie, daß schwangere Frauen keine Vaginalspülungen mit ätherischen Ölen oder anderen Substanzen durchführen sollten, es sei denn, der Arzt hat es verordnet.

Vaginalspülungen sind in Amerika sehr verbreitet, in England hingegen kaum. Wahrscheinlich hat das mit der Tatsache zu tun, daß die Amerikaner es vorziehen, zu duschen, während die Engländer eine Vorliebe für die Badewanne haben. Es ist offensichtlich, daß beim Baden das Wasser überall hinkommt und auch in den Körper eindringt, so daß die badenden Engländerinnen weniger Bedürfnis nach Vaginalspülungen zu haben scheinen als Amerikanerinnen. Manche von ihnen wissen wahrscheinlich gar nicht, wie das für eine Vaginalspülung erforderliche Gerät aussieht. (Zu Ihrer Erklärung: Es ähnelt einem kleinen Gummiball, der mit Wasser gefüllt wird und an dem ein halsähnlicher Fortsatz befestigt ist, der in die Vagina eingeführt wird.) Auf dem europäischen Kontinent dürfte das Verhältnis zwischen Duschenden und Badenden ziemlich ausgewogen sein, und die meisten Frauen scheinen ein solches Gerät zu besitzen, denn eine meiner englischen Freundinnen wurde von einem französischen Arzt heftig gerügt, als sie die von ihm vorgeschriebene Behandlungsform in Ermangelung eines solchen Gerätes nicht ausführen konnte. In Japan, wo das Baden, sogar in Gemeinschaft, zur Landessitte gehört, wurden die Spülgeräte von den Amerikanern eingeführt und ursprünglich auf eigens dafür veranstalteten Partys verkauft. Um den Verkauf anzukurbeln, soll unter anderem die Information verbreitet worden sein, Spülungen würden die Dauer der Periode verkürzen – eine sehr zweifelhafte Behauptung, die sich jedoch sehr günstig auf den Verkaufserfolg auswirkte.

Die Verwendung von Irrigatoren zur Behandlung von Infektionen im Scheidenbereich ist weit verbreitet und, falls vom Doktor vorgeschrieben, ziemlich sicher. Es soll jedoch nicht unerwähnt bleiben, daß das amerikanische National Institute of Health aufgrund von Forschungsergebnissen den Frauen empfiehlt, Essig und Wasser in ihren Spülgeräten zu verwenden anstelle der im Handel erhältlichen chemischen Produkte, die von den Amerikanerinnen in den letzten Jahren benutzt wurden. Der Verkauf dieser Produkte hat sich in den vergangenen zwölf Jahre verdreifacht, gleichzeitig haben die ektopischen Schwangerschaften unter den amerikanischen Frauen innerhalb der letzten zehn Jahre zugenommen, worin die Wissenschaftler einen gewissen Zusammenhang sehen.

Die Gefahr bei der Verwendung von chemischen Produkten besteht darin, daß sie die für natürlichen Schutz sorgenden Organismen zerstören, die in der Vagina leben. Die Wissenschaftler am National Institute of Health sind der Ansicht, daß tägliche Spülungen langsam zu einer Abnutzung des Schleimpfropfens im Gebärmutterhals führen könnten. Eine gewisse Vorsicht und ein Maßhalten bei den Spülungen scheinen daher geboten.

Wenn Sie ätherische Öle für Scheidenspülungen benutzen wollen, ist es absolut *lebenswichtig*, sich beim Kauf von der Reinheit der Produkte zu vergewissern. Und es ist der geeignetste Zeitpunkt, um sich auf die Suche nach einer zuverlässigen Bezugsquelle zu machen. Verlassen Sie sich nicht allein auf die Zusicherungen des Verkaufspersonals, daß ihre Öle rein sind – vielleicht kennen sie bloß nicht den Unterschied.

Nach diesen Vorbemerkungen brauchen Sie nur noch die vier goldenen Regeln für aromantische Spülungen zu befolgen, und Sie werden vollkommen sicher sein.

1. Sie können nicht jedes beliebige Öl für eine Scheidenspülung benutzen. Kommen Sie nicht auf die Idee, daß Sie andere in diesem Buch angeführte Rezepte für diesen Zweck verwenden könnten. Manche ätherischen Öle würden die Schleimhaut der Vagina verätzen. Gehen Sie kein Risiko ein, benutzen Sie nur die in diesem Abschnitt angegebenen oder die an anderen Stellen eigens für diesen Zweck vorgeschlagenen ätherischen Öle.
2. Nehmen Sie nie mehr als acht Tropfen ätherisches Öl auf einen halben Liter Wasser; das entspricht etwa einem Tropfen auf 60 ml. Wenn sich auf Ihrem Irrigator keine Angabe über das Fassungsvermögen findet, dann füllen Sie ihn voll und leeren das Wasser in einen Meßkrug, damit Sie ein für allemal Bescheid wissen, wieviel Wasser er faßt.
3. Verwenden Sie nur abgekochtes Quellwasser, das Sie auf Körpertemperatur abkühlen haben lassen und womit Sie die ätherischen Öle verdünnen. Benutzen Sie weder zu heißes noch zu kaltes Wasser, da dies den Schleimhäuten schaden kann.
4. Machen Sie maximal zwei Spülungen pro Woche, halten Sie dabei aber genau die angegebene Zeitdauer ein.

Dieser Abschnitt ist den ätherischen Ölen gewidmet, die der Reinigung und Desinfizierung dienen, und auch jenen zur Steigerung der sexuellen Resonanzfähigkeit. Zunächst schütten Sie einen halben Liter Wasser in einen Meßkrug, abgekocht und abgekühlt wie oben beschrieben, und dann fügen Sie das von Ihnen ausgewählte ätherische Öl hinzu. Die ätherischen Öle lassen sich in Wasser nicht auflösen – manche, wie zum Beispiel Lavendel, bleiben auf der Wasseroberfläche, während andere, wie zum Beispiel Benzoe, auf den Boden des Kruges absinken. Rühren Sie gut um, oder schütteln Sie den Krug, falls er einen verschließbaren Deckel hat, um das Öl mit dem Wasser so gut wie möglich zu vermischen. (Sie können die Mischung auch durchschütteln, wenn sie im Spülapparat ist.) Gießen Sie die Mischung in den Spülapparat, und benutzen Sie ihn je nach der Art des Gerätes, das Sie haben.

Spülungen mit einem Gemisch aus Wasser und Essig waren lange Zeit ziemlich verbreitet, doch es wäre weit gefehlt, anzunehmen, eine Mischung im Verhältnis 50:50 sei angebracht. Wann immer irgendwo Wasser und Essig empfohlen werden, vergessen Sie nicht, daß Sie nie mehr als 20 Prozent Essig zu 80 Prozent Wasser hinzufügen sollten. Essig ist zwar ein guter Zusatz für Spülungen, aber nur in kleinen Mengen, weil er zur Aufrechterhaltung des natürlichen Säuregehaltes der Vagina beiträgt. Hier ist meine bevorzugte Methode: Mischen Sie 5 ml (ein Teelöffel) Apfelessig und 5 ml (ein Teelöffel) ätherisches Öl oder eine synergistische Mischung Ihrer Wahl zusammen. Von dieser Mischung nehmen Sie einen Tropfen auf 30 ml Wasser, wenn Sie eine Spülung machen wollen. Das wären insgesamt sechzehn Tropfen, wenn Ihr Spülgerät einen halben Liter Wasser faßt. Sie können natürlich mehrere Lösungen für verschiedene Zwecke vorbereiten, um diese bei Bedarf zur Hand zu haben.

Wenn Sie kein spezielles Gerät für Scheidenspülungen besitzen, können Sie diese auch auf andere Weise durchführen, allerdings weniger wirkungsvoll. Die europäischen Frauen auf dem Kontinent nutzen Bidets für vaginale Bäder. Steht Ihnen kein Bidet zur Verfügung, können Sie sich auch in eine ausreichend große, mit lauwarmem Wasser gefüllte Plastikschüssel setzen, in die Sie zwei oder drei Tropfen von dem ätherischen Öl Ihrer Wahl gegeben haben. In beiden Fällen leiten Sie das Wasser in Ihre Vagina, indem Sie mit der einen Hand die Scheide öffnen und mit der anderen Hand das Wasser hineinspülen. Sie sollten das so lange machen, bis das Wasser mehrere Male hinein- und wieder herausgeflossen ist.

Eine andere auf dem europäischen Kontinent sehr verbreitete Methode wird »Sitzbad« genannt; dabei setzen Sie sich in eine bis in Hüfthöhe mit Wasser gefüllte Badewanne. Fügen Sie bis zu fünf Tropfen ätherisches Öl hinzu, und verfahren Sie ansonsten in der zuvor beschriebenen Weise. Auch diese Methoden eignen sich zur Behandlung von sexueller Reaktionsschwäche recht gut.

Viel zu lange schon hat man den Frauen einzureden versucht, ihre Vagina würde schlecht riechen. In meiner Praxis sehe ich das Resultat – Frauen, die in ständiger Angst leben, jedermann würde ihren Intimgeruch wahrnehmen. Auf dem europäischen Kontinent scheint eine weniger gestörte, dafür mehr praktische Haltung vorzuherrschen. Scheidenspülungen dienen weniger der Beseitigung des eigenen Intimgeruches als vielmehr der Entfernung des Samens, des männlichen Intimgeruches also. Männer riechen nämlich auch!

Tatsache ist, daß jeder, egal, ob Mann oder Frau, im genitalen Bereich schlecht riechen wird, wenn er sie sich nicht genügend wäscht, um die toten Bakterien, die sich entweder rund um die Vulva oder unter der Vorhaut ansammeln, zu entfernen. Und doch sind die im Handel erhältlichen Deodorants ausschließlich für den Intimbereich der Frauen bestimmt und nie für den Penis oder Hodensack des Mannes, woraus sich die Schlußfolgerung ergibt, daß Männer keinen, Frauen aber sehr wohl einen »Geruch« hätten. Zu unterscheiden ist zwischen gesundem natürlichen Geruch und solchem, der anzeigt, daß etwas »nicht in Ordnung« ist. Einfach unsere Nase rümpfen und alle möglichen chemischen Produkte in uns hineinsprühen heißt, die lebensrettende Aufgabe unserer Nase zu ignorieren.

Wenn man sich die Werbesprüche durchliest, könnte man glauben, der Geruch von Erdbeeren sei dem eigenen natürlichen Geruch vorzuziehen. Aber die Natur hat uns im Genitalbereich mit den apokrinen Drüsen versehen, damit diese die Pheromone produzieren, die das andere Geschlecht anziehen sollen. Wem sollen wir also mehr trauen – der Natur oder den Werbeleuten, die die genitale Verunsicherung kräftig unterstützen, weil sie daran verdienen? Was ich sagen will: Möchten Sie mit einer Erdbeere ins Bett gehen oder mit einem echten Mann, der wirklich sexy ist?

Die ätherischen Öle aus der Natur arbeiten auf einer ganz anderen Basis als die chemisch hergestellten Deodorants. Wenn Sie ätherische Öle benutzen, dann fügen Sie angenehm duftende pflanzliche Pheromone zu den eigenen hinzu, und die Männer werden Sie doppelt attraktiv finden.

Die ätherischen Öle haben viele Vorteile – sie reinigen gründlich und sanft, und sie haben antibiotische, desinfizierende und in manchen Fällen sogar fungizide und antivirale Eigenschaften. Diese Öle sind hochwirksam, und nebenbei riechen sie noch großartig – kann man eigentlich mehr verlangen?

Reinigende und desinfizierende Öle für Vaginalspülungen

Bulgarische Rose	Muskatellersalbei	Mandarine
Marokkanische Rose	Geranium	Ringelblume
Anatolische Rose	Teestrauch	Zeder
Lavendel	Ylang Ylang	Zypresse
Rosmarin	Bergamotte	Zitrone
Fenchel	Neroli	Limette
Thymian	Majoran	Jasmin
	Orange	

Nehmen Sie von einem oder zwei Ölen Ihrer Wahl maximal 2 Tropfen auf ½ l Wasser

Bei der Wahl des einen oder der zwei ätherischen Öle zum Reinigen und Desinfizieren könnten Sie auch davon ausgehen, dieses im Duft auf Ihr Badeöl oder Ihr Parfum abzustimmen. Eine andere Möglichkeit wäre, ein Öl zu wählen, das gleichzeitig einem weiteren Zweck dient, zum Beispiel der Stärkung Ihres Selbstvertrauens; dazu würde sich Neroli am besten eignen.

Alle drei Rosenöle sind hervorragend geeignet für die Reinigung und Desinfizierung der weiblichen Fortpflanzungsorgane. Rosenöl ist in der Tat bekannt als das »Frauenproblemöl« par excellence, da es sich bei der Behandlung von Frauenleiden als überaus nützlich erwiesen hat. Darüber hinaus ist Rosenöl ein wunderbares Entspannungsmittel und eine große Hilfe bei sämtlichen Hautproblemen (einschließlich Falten), und es riecht einfach fabelhaft. Kein Kosmetik- oder Parfumhersteller kommt ohne Rosenöl aus, und keine Frau sollte auf dieses herrliche Mittel verzichten. Eine einzige Rosenspülung einmal pro Woche schenkt Ihnen ein Gefühl von Frische, Lebendigkeit und Selbstvertrauen! Erinnern wir uns daran, daß die ätherischen Öle auf vielen Ebenen wirken, körperlich wie seelisch.

Von den Blütenölen riecht jedes gut. Lavendel ist besonders frisch und belebend, während Jasmin einer der verführerischsten Düfte ist und auf der ganzen Welt als Aphrodisiakum gilt.

Es hängt von Ihrem aromantischen Geschmack ab, ob Sie eine fruchtige Spülung mit Orange, Zitrone oder Mandarine wählen oder ob Sie eines der Kräuteröle – Rosmarin, Fenchel, Thymian oder Majoran – vorziehen, das Sie allein verwenden oder mit einem der anderen ätherischen Öle mischen können.

Durch Mischung zweier beliebiger Öle aus der Liste der reinigenden und desinfizierenden Öle oder Verwendung eines Öles allein ergeben sich an die zweihundert Kombinationsmöglichkeiten. Wählen Sie das Öl oder die Mischung, die Ihnen zusagt, und Sie können sicher sein – vorausgesetzt, Ihre Öle sind absolut rein –, daß Ihre aromantische Spülung Ihnen viel besser bekommen wird als irgendein Fertigprodukt. Im Gegensatz zu manchen chemischen Mixturen behindern aromantische Spülungen weder die natürliche Sekretion der Vagina noch hinterlassen sie ein Gefühl der Trockenheit. Statt dessen werden Sie sich rein und sauber fühlen – einfach köstlich!

Geringe sexuelle Erlebnisfähigkeit

Viele Frauen, die noch nie zuvor einen Orgasmus erlebt hatten, erreichten den Höhepunkt, nachdem sie einige Wochen lang aromantische Spülungen durchgeführt hatten – es braucht aber gar kein Problem vorzuliegen... wir können alle noch höhere Gipfel erklimmen!

Das Wunderbare am Sex ist, daß er immer ein Abenteuer und voller Überraschungen bleibt. Mit Hilfe subtiler Variationsmöglichkeiten sollte es bei keinem liebenden Paar je Grund zur Langeweile geben. Das Leben außerhalb des Schlafzimmers liefert Material genug, um ein dynamisches Element in unsere intimen Beziehungen zu bringen. Solange wir nicht in einer wirklich langweiligen Beziehung stecken und ein fades abgestumpftes Sexleben führen, sollten sich immer wieder neue Seiten des Erlebens für uns auftun, an deren subtilen Veränderungen wir uns unser ganzes Leben lang erfreuen können.

Ätherische Öle für Vaginalspülungen zur Steigerung der sexuellen Erlebnisfähigkeit

Anis	Marokkanische Rose	Sandelholz
Fenchel	Ylang Ylang	Narzisse
Rosmarin	Patschuli	Kardamom
Muskatellersalbei	Ingwer (aber nie mehr als 1 Tropfen pro ½ l)	Jasmin

Nehmen Sie maximal 2 Tropfen von einem oder von zwei ätherischen Ölen auf ½ l Wasser

Wenn aller Wahrscheinlichkeit nach mit einer Liebesnacht zu rechnen ist, können Sie schon am Morgen oder am frühen Abend ätherische Öle benutzen, um Ihre sexuelle Erlebnisfähigkeit zu erhöhen. Das vielleicht beste von allen Ölen zu diesem Zweck ist Jasmin, ein großartiges Entspannungs- und Reinigungsmittel mit aphrodisiakischen Eigenschaften – vor allem gut für Frauen, die zur Nervosität neigen. Wenn Sie kein Jasminöl auftreiben können, hat Ylang Ylang eine ziemlich ähnliche Wirkung. Wenn Sie unter dem, was ich »sexuelle Schwäche« nenne, leiden – Sie fühlen sich für Sex zu schwach, weil Sie verspannt und geistig erschöpft sind –, sollten Sie eine Spülung mit Muskatellersalbei oder Geranium versuchen.

Hier noch ein Rezept für jedermann oder besser jede Frau, ob sie nun unter eingeschränktem sexuellen Empfinden leidet oder nicht. Viele meiner Klientinnen, die schon ziemlich zufrieden mit ihrer Sexualität waren, haben dieses Rezept ausprobiert, um ihre sexuellen Empfindungen zu verbessern – mit umwerfenden Ergebnissen. Das ist das Rezept, das beweist, daß der aromantische Weg ein Weg nach oben ist!

Synergistische Spülungsmischung (supersexy)

Jasmin	1 Tropfen
Marokkanische Rose	2 Tropfen
Sandelholz	2 Tropfen
Ylang Ylang	2 Tropfen

Stellen Sie eine synergistische Mischung in diesem Verhältnis her, und geben Sie dann 3 Tropfen davon in ½ l Wasser (oder Wasser-Essig-Mischung)

Jetzt kommen wir zu den ganz speziellen Rezepten für Vaginalspülungen. Sie dienen alle der Steigerung Ihrer sexuellen Erlebnisfähigkeit, also wählen Sie dasjenige aus, die Ihnen für den besonderen Anlaß am besten geeignet erscheint. Auch hier handelt es sich um synergistische Mischungen, obwohl die Dosierung von der oben angeführten »Supersexy«-Spülung verschieden ist. Für die folgenden Spülungen nehmen Sie einen Tropfen von der Mischung auf je 60 ml abgekochtes, abgekühltes Wasser.

Die speziellen Rezepte für synergistische Spülungsmischungen

Sie sind ein nervöser Typ, der zur Panik neigt

Jasmin	4 Tropfen
Ylang Ylang	3 Tropfen
Muskatellersalbei	2 Tropfen
Bulgarische Rose	7 Tropfen

Sie müssen sich entspannen

Rosmarin	4 Tropfen
Marokkanische Rose	5 Tropfen
Kardamom	2 Tropfen
Patschuli	3 Tropfen

Ihre Reaktion ist zu langsam

Kardamom	5 Tropfen
Sandelholz	2 Tropfen
Rosmarin	7 Tropfen
Marokkanische Rose	9 Tropfen
Fenchel	5 Tropfen

Sie sind überängstlich und verkrampft

Narzisse	3 Tropfen
Muskatellersalbei	5 Tropfen
Jasmin	7 Tropfen
Ingwer	1 Tropfen

Sie haben kein Interesse an Sex

Jasmin	7 Tropfen
Ylang Ylang	4 Tropfen
Muskatellersalbei	3 Tropfen

Ihre Reaktion ist zu schnell

Narzisse	4 Tropfen
Jasmin	7 Tropfen
Ylang Ylang	3 Tropfen

Seien Sie experimentierfreudig, aber verwenden Sie nur die Öle, die ich in diesem Abschnitt empfohlen habe, und vergewissern Sie sich, daß Sie nur reine ätherische Öle benutzen; dann werden Sie erleben, daß eine wöchentliche Spülung zu neuen Höhepunkten führen kann!

Ob wir nun tatsächlich Kinder haben oder nicht, der weibliche Körper ist auf das Gebären von Kindern ausgerichtet und daher hochkompliziert und empfindlich. Aller Wahrscheinlichkeit nach werden wir zu irgendeiner Zeit in unserem Leben mit der einen oder anderen Infektion oder Schwierigkeit zu kämpfen haben, die das Los der Frauen zu sein scheinen. Natürlich ist es schwer, eine aromantische Frau zu sein, wenn man Schmerzen hat oder sich nicht wohl fühlt. Dann kann es uns unsere ganze Energie kosten, um tagsüber über die Runden zu kommen, und die Nacht brauchen wir zum Schlafen, Vergessen und um neue Kräfte zu sammeln, damit wir den nächsten Tag überstehen.

Die sexuelle Energie ist in den sexuellen Bereich gelenkte Lebensenergie, und wenn Ihre Energie auf die Bewältigung eines gynäkologischen Problems ausgerichtet ist, bleibt für Sex nicht viel Energie übrig. Die Tatsache läßt sich nicht umgehen, daß körperliches Wohlbefinden Voraussetzung für sexuelles Wohlergehen sowie für unsere sexuellen und familiären Beziehungen und unser Berufsleben ist. Versuchen wir daher unser »Fahrzeug durchs Leben«, unseren Körper, funktionstüchtig zu machen, damit wir unsere Reise als aromantische Frau ruhig und gelassen fortsetzen können.

Das prämenstruelle Syndrom (PMS)

Viele Frauen haben mir selbst eingestanden, daß sie sich in der Woche vor dem Eintritt ihrer Periode in »Ungeheuer« verwandeln. Die Symptome reichen von einer völligen Veränderung der Persönlichkeit und des Charakters über Freßlust, Verstopfung, Übelkeit, Akne, Herpesattacken, Kreuzschmerzen, Gewichtszunahme und Wasseransammlung zu Kopfschmerzen, Migräne, geschwollenem Bauch, druckempfindlichen Brüsten, Kopflosigkeit, Verlust des Selbstvertrauens, mangelnder Libido, Aggression, Zorn und so weiter. Ein jedes dieser Symptome kann eine Romanze im Keim ersticken.

Einige dieser prämenstruellen Erscheinungen entbehren nicht einer gewissen Komik, doch leider wird diese von den beängstigenden Aspekten überschattet. Frauen, die ansonsten mit sich und der Welt im Gleichgewicht sind, schreien oder schlagen die Kinder, den Hund, die Katze oder das Auto, sie werfen mit Töpfen oder anderen wurfgerechten Gegenständen nach dem armen verwirrten Partner und brechen tränenüberströmt zusammen, wenn sie im Spiegel ihren geschwollenen, riesigen Bauch erblicken.

Ein ausgewogener Hormonhaushalt ist das A und O weiblichen Wohlbefindens, und prämenstruelle Spannungen treten immer dann auf, wenn eine Frau auf die eigenen Sexualhormone überempfindlich reagiert. Was wir brauchen, sind die ätherischen Öle, die ein natürliches Gegengewicht darstellen.

Die Behandlung muß am letzten Tag der Menstruation einsetzen und während der Dauer eines ganzen Zyklus, einschließlich der nächsten Menstruation, fortgeführt werden. Es kann zwei oder drei Monate dauern, ehe sich der Zyklus vollkommen normalisiert hat, aber ich kann allen Leidenden versichern, daß sich das Warten auszahlt.

Wichtig bei der Behandlung von menstruationsbedingten Problemen ist das Basisöl, mit dem die ätherischen Öle vermischt werden. Leider sind die besten Öle auch die teuersten, aber Sie werden sich diese ohne weiteres leisten können, weil Sie ja anderswo sparen – zum Beispiel beim Kauf von Ersatzgeschirr. Denken Sie daran, daß sich die therapeutische Wirkung dieser Basisöle durchaus mit jener der ätherischen Öle vergleichen läßt, und lassen Sie es daher auf einen Versuch ankommen!

Die besten Basisöle sind Haselnuß-, Traubenkern- und Aprikosenkernöl; ihnen sollte ein Anteil eines Öles beigemengt werden, das die Produktion von Prostaglandinen anregt, der aktiven Substanz, die bei prämenstruellen Beschwerden hilft. Wissenschaftliche Untersuchungen haben gezeigt, daß bei Borretschöl der Gehalt an essentiellen Fettsäuren und Gammalinolsäure (GLS) zweimal so hoch ist wie bei der Nachtkerze, und GLS unterstützt die Produktion von Prostaglandinen. Verwenden Sie also nach Möglichkeit Borretschöl.

Wenn Sie sich selbst massieren, reiben Sie Ihren Unterleib mit dem Öl ein, über die Hüften und den unteren Teil des Rückens hinab bis zum Steißbein – dem unteren Ende des Rückgrats zwischen der Gesäßfalte –, aber nicht bis zum Anus. Aber zuerst müssen wir unser Massageöl zubereiten.

30 ml Basisöl:		*30 Tropfen Öl mit hohem GLS-Anteil:*		*30 Tropfen ätherisches Öl:*
Nehmen Sie eines der drei Öle: Haselnußöl, Traubenkernöl, Aprikosenkernöl	plus ▶	entweder Borretsch oder Nachtkerze	plus ▶	aus der nachstehenden Liste, allein oder gemischt

PMS-Massageöle

Bergamotte	Jasmin	Galbanum
Bulgarische Rose	Jonquille	Anis
Lavendel	Mandarine	Salbei
Geranium	Zypresse	Rosmarin
Muskatellersalbei	Bohnenkraut	Kardamom

Ich habe festgestellt, daß die folgenden Kombinationen gute Wirkungen erzielen, und vielleicht haben Sie Lust, eine davon zu probieren.

Drei PMS-Körperformeln

Marokkanische		Muskateller-		Rosmarin	10 Tropfen
Rose	10 Tropfen	salbei	10 Tropfen	Lavendel	10 Tropfen
Geranium	10 Tropfen	Mandarine	10 Tropfen	Geranium	10 Tropfen
Bergamotte	10 Tropfen	Zypresse	10 Tropfen		

Beginnend mit dem letzten Tag der Menstruation, massieren Sie sich täglich so lange, bis der Zyklus sich eingespielt hat, was – wie bereits erwähnt – zwei bis drei Monate dauern kann. Zusätzlich zu dieser Massage sollten Sie eine Woche vor Beginn der nächsten Menstruation täglich ein Bad mit ätherischen Ölen nehmen. Geben Sie sieben Tropfen von einem der folgenden ätherischen Öle oder einer Mischung davon ins Badewasser.

PMS-Badeöle

Geranium	Benzoe
Bulgarische Rose	Tonkabohne
Hyazinthe	Bergamotte
Narzisse	Römische Kamille
Jonquille	Grapefruit

Oder probieren Sie eine der folgenden Kombinationen aus:

Fünf PMS-Bademischungen

Bergamotte	3 Tropfen	Hyazinthe	3 Tropfen	Tonkabohne	3 Tropfen
Geranium	3 Tropfen	Römische		Grapefruit	3 Tropfen
		Kamille	3 Tropfen		

Bulgarische		Narzisse	3 Tropfen
Rose	4 Tropfen	Bergamotte	3 Tropfen
Bergamotte	2 Tropfen		

Menstruationsprobleme

Das häufigste Menstruationsproblem ist Dysmenorrhoe – die schmerzhafte Monatsblutung. Vorausgesetzt, daß es keine Komplikationen körperlicher Natur gibt, kann dieses Problem mit Hilfe von Aromatherapie behandelt, also sozusagen zu Hause gelöst werden.

Öle, die bei schmerzhafter Monatsblutung helfen

Anis (Grüner)	Zypresse	Rosmarin
Cajeput	Estragon	Salbei
Römische Kamille	Wacholder	Muskatnuß
	Pfefferminze	

Altweiberratschläge, die vom Baden während der Periode abraten, können Sie ruhig in den Wind schlagen; das beste Heilmittel ist ein tägliches Bad mit ätherischen Ölen in Verbindung mit einer täglichen Massage, welche die Verkrampfung beseitigen hilft, und zwar eine Woche lang, beginnend vom ersten Tag der Periode. Wählen Sie für Ihr Bad von den obengenannten Ölen eines oder mehrere aus – überschreiten Sie aber nicht eine Gesamtzahl von fünf Tropfen.

Benutzen Sie ab dem ersten Tag der Menstruation Ihr Massageöl, und massieren Sie damit Ihren ganzen Unterleib, besonders Gesäß und Hüften. Die Massage sollte mindestens eine Minute lang dauern – das ist in der Praxis länger, als es sich anhört. Ihr Massageöl für schmerzhafte Monatsblutungen stellen Sie wie folgt her:

27 ml Basisöl (90 %):	plus ▶	*3 ml Öl mit hohem GLS-Anteil:*	plus ▶	*30 Tropfen ätherisches Öl:*
Nehmen Sie eines der drei Öle: Haselnußöl, Traubenkernöl, Aprikosenkernöl		entweder Borretsch oder Nachtkerze		aus der zuvor angeführten Liste, allein oder gemischt

Das Abmessen der Flüssigkeitsmengen wird erleichtert, wenn Sie rechnen, daß Sie etwas weniger als 5½ Teelöffel (5,4) Basisöl brauchen und etwas mehr als ½ Teelöffel (0,6) Borretsch- oder Nachtkerzenöl (GLS-Öl). Dazu kommen dreißig Tropfen ätherisches Öl. Wenn Sie die Angabe in Milliliter genau befolgen, werden Sie etwa einen Eierbecher Massageöl erhalten, eine Menge, die für eine Woche reicht.

Drei Massageölrezepte gegen schmerzhafte Monatsblutungen

Muskatnuß	10 Tropfen	Salbei	10 Tropfen	Zypresse	10 Tropfen
Rosmarin	10 Tropfen	Pfefferminze	10 Tropfen	Estragon	10 Tropfen
Röm. Kamille	10 Tropfen	Cajeput	10 Tropfen	Rosmarin	10 Tropfen

Obwohl Monatsblutungen schmerzhaft und lästig sein können, verursacht ihr Ausbleiben oftmals noch größere Probleme! Das Ausbleiben der Monatsblutung wird Amenorrhoe genannt und sollte, falls es nicht auf den frühen Eintritt der Menopause zurückzuführen ist, auf jeden Fall vom Arzt untersucht werden. Es könnte auf einen organischen Defekt oder auf eine Hormonstörung hinweisen. Rein körperlich gesehen, tritt Amenorrhoe dann auf, wenn es zu keiner Ovulation kommt und demzufolge auch zu keiner Blutung.

Hatten Sie regelmäßige Monatsblutungen und diese hören plötzlich auf, so spricht man von »sekundärer« Amenorrhoe. Dasselbe gilt auch für schwangere oder stillende Frauen, doch bei diesen ist das ganz normal. Sekundäre Amenorrhoe beruht meistens auf emotionalen Faktoren, wie zum Beispiel einem Wohnungswechsel und dem dadurch verursachten Streß, kann aber auch bei einer Fastenkur oder infolge von Angst auftreten. Maria Stuart litt achtzehn Monate lang an Amenorrhoe und war überzeugt, schwanger zu sein. Vielleicht ahnte sie bereits etwas von ihrem Schicksal – so etwas würde wahrscheinlich genügen, um bei jeder Frau Amenorrhoe hervorzurufen.

Diejenigen unter Ihnen, die unter fehlenden oder unregelmäßigen Monatsblutungen leiden, sollten die nachstehend angeführten Öle zwei Monate lang täglich benutzen, da sie oft für einen regelmäßigen Eintritt sorgen.

Öle bei unregelmäßiger oder fehlender Monatsblutung

Bulgarische Rose	Römische Kamille	Lavendel
Marokkanische Rose	Zypresse	Muskatnuß
Geranium	Pfefferminze	Thymian
Salbei	Fenchel	

Verwenden Sie diese Öle bei der täglichen Massage, bei der Sie vom Unterbauch über die Hüften bis zur Gesäßfalte massieren.

Wenn Sie unter völligem Ausbleiben der Menstruation leiden, können Sie eine meiner folgenden Rezeptmischungen probieren, die Sie mit 30 ml Pflanzenöl oder Nußöl vermengen.

Drei Massageölmischungen bei fehlender Menstruation

Marokkanische Rose	8 Tropfen	Salbei	8 Tropfen	Thymian	8 Tropfen
Zypresse	8 Tropfen	Geranium	8 Tropfen	Römische Kamille	8 Tropfen
Fenchel	8 Tropfen	Lavendel	8 Tropfen	Pfefferminze	8 Tropfen

Frauen und Blutungen sind schwerlich voneinander zu trennen, aber es gibt Zeiten, in denen das Auftreten von Blutungen Gefahr signalisiert. Außer kurz nach dem Verlust der Jungfräulichkeit sollten Blutungen nach dem Geschlechtsverkehr nie ignoriert werden. Dasselbe gilt für Blutungen, die nach dem Eintritt der Menopause wieder einsetzen – gehen Sie sofort zum Arzt!

Fehlende Scheidensekretion

Die Scheidensekretion vor und während des Geschlechtsverkehrs kann unterschiedlich stark sein, was größtenteils von dem Grad der sexuellen Erregung abhängt. Ihr völliges Fehlen ist, abgesehen davon, daß es die Penetration schwierig, manchmal sogar unmöglich macht, für den Mann sehr bestürzend, da er sich zurückgewiesen fühlt.

Die Menopause kann zu reduzierter Scheidensekretion führen, und einer der besten Wege zur Überwindung dieses Problems ist, weiter zu lieben und Orgasmen zu haben. Andere Gründe für das Fehlen der Scheidensekretion sind Furcht, Angst, Streß und Anspannung; dabei ist zu bedenken, daß der Grund oft unterbewußt sein kann und wir einfach nicht wissen, warum wir »austrocknen«. Genauso falsch wäre es, automatisch anzunehmen, daß wir vielleicht unseren Partner nicht attraktiv genug finden und dies der Grund für unsere fehlende Scheidensekretion ist, obschon wir uns natürlich ernsthaft die Frage stellen müssen, ob dies nicht tatsächlich die Ursache unseres Problems ist.

Zwischen Scheidensekretion und Menstruationszyklus besteht ein zeitlicher Zusammenhang, der sich ebenso auf Stärke und Konsistenz der Absonderungen auswirkt. Bei sexueller Erregung sondern die Bartholin-Drüsen, die gleich hinter dem Scheideneingang liegen, eine Flüssigkeit ab, die das Eindringen des Penis ermöglicht. Zwar gibt es noch immer Kontroversen über den genauen Mechanismus dieser inneren Scheidensekretion, doch es ist unbestritten, daß sowohl ein hormoneller wie auch ein sexueller Zusammenhang besteht.

Gleichgültig, für welchen Zweck man die ätherischen Öle einsetzt, sie scheinen die Scheidensekretion zu fördern. Viele Generationen von Patientinnen und Therapeuten haben gleichermaßen diese Veränderung bemerkt. Es könnte daher auch bei Ihnen eine Änderung eintreten, obwohl Sie die Öle vielleicht aus einem ganz anderen Grund verwenden. Einige ätherische Öle scheinen die Scheidensekretion stärker anzuregen als andere, in der Hauptsache jene, die das Hormon Östrogen »imitieren«. Eine spezielle Behandlung ist zu diesem Zweck gar nicht nötig – ein Massageöl oder ein einfaches Bad genügt, um diesen »Zaubertrick« zu vollbringen. Schöpfen Sie frischen Mut aus der Tatsache, daß andere Leidensgenossinnen dieses Problem überwunden und auch den nächsten Schritt zur Wiedergewinnung ihrer Sinnlichkeit getan haben.

Öle zur Behandlung fehlender Scheidensekretion

Geranium	Sandelholz	Hyazinthe	Zimt
Bulgarische Rose	Ylang Ylang	Lavendel	Muskatnuß
Muskatellersalbei	Neroli	Bohnenkraut	Benzoe
Verbene	Zypresse	Anis	Fenchel

Sie können unter Verwendung obiger Öle Ihr eigenes Massageöl zusammenstellen. Nehmen Sie 90 Prozent von einem gewöhnlichen Pflanzenöl, und geben Sie 10 Prozent von einem Öl, das gut für die Haut ist, hinzu (Borretsch, Jojoba, Nachtkerze oder Karotte). Zu dieser Basismischung fügen Sie dreißig Tropfen ätherischen Öls hinzu – sanft schütteln und wie jedes andere Körperöl anwenden, Brüste und Unterleib besonders berücksichtigen.

Drei Massageölrezepte zur Anregung der Scheidensekretion

Geranium	10 Tropfen	Sandelholz	15 Tropfen	Zypresse	5 Tropfen
Lavendel	10 Tropfen	Neroli	5 Tropfen	Hyazinthe	10 Tropfen
Fenchel	10 Tropfen	Verbene	4 Tropfen	Muskatellersalbei	15 Tropfen

Für Bäder können die ätherischen Öle einzeln verwendet werden – Bulgarische Rose ist der reinste Luxus und außerdem noch gut für Sie! – oder in einer Mischung. Hier ein wirklich belebendes Rezept für eine synergistische Mischung:

Synergistische Mischung für fehlende Scheidensekretion

Bulgarische oder Marokkanische Rose	10 Tropfen
Muskatellersalbei	10 Tropfen
Fenchel	2 Tropfen
Hyazinthe	2 Tropfen

Alles gut vermischen und jedem Bad 6 Tropfen von diesem Konzentrat hinzufügen

Sie können auch eine der folgenden Bademischungen benutzen:

Drei Bademischungen zur Anregungen der Scheidensekretion

Bulgarische Rose	4 Tropfen	Geranium	2 Tropfen	Zypresse	1 Tropfen
Geranium	1 Tropfen	Lavendel	2 Tropfen	Hyazinthe	2 Tropfen
Verbene	1 Tropfen	Fenchel	2 Tropfen	Muskatellersalbei	3 Tropfen

Es gibt endlos Variationsmöglichkeiten, die Sie für sich selbst ausprobieren können. Eine Frist von einer Woche, in der Sie täglich ein Bad nehmen und sich massieren, sollten Sie schon einräumen, ehe Sie mit einer vermehrten Scheidensekretion rechnen, obwohl die meisten Frauen finden, daß ihre Vagina bereits nach dem dritten Tag ausreichend Scheidensekretion abzusondern beginnt, die Penetration leichter geworden und auch sonst jedes zuvor durch die trockene Vagina verursachte Unbehagen verschwunden ist. Abschließend möchte ich noch eines sagen: In meiner Praxis sehe ich viele Frauen, die unter diesem Problem leiden, einschließlich jener Frauen, die Endometritis haben, und doch ertragen sie und viele andere – vielleicht gehören auch Sie dazu – die Schmerzen, weil sie glauben, die »ehelichen Pflichten« ihrem Partner gegenüber erfüllen zu müssen. Wenn Sie noch nicht bei Ihrem Gynäkologen waren, dann holen Sie das bitte jetzt gleich nach, denn Schmerzen während des Geschlechtsverkehrs können auch sehr ernsthafte Gründe haben. Ein offenes Gespräch mit Ihrem Mann mag ebenfalls dazu beitragen, die psychologischen Probleme zu lösen, unter denen Sie vielleicht beide aufgrund der Situation leiden.

Fruchtbarkeit

Die tragischen durch Kinderlosigkeit verursachten Schicksale nehmen zu. Sowohl in Großbritannien als auch in den USA bleibt eines von sechs Paaren trotz intensivster Bemühungen kinderlos. Eine vom amerikanischen National Center for Health Statistics durchgeführte Untersuchung bei verheirateten Frauen im Alter von 20–24 Jahren – der normalerweise fruchtbarsten Altersgruppe – ergab, daß sich das Auftreten von Unfruchtbarkeit zwischen 1965 und 1982 sprunghaft um 177 Prozent erhöht hat. Paare, die sich mit dem Problem konfrontiert sehen, keine Kinder bekommen zu können, stehen unter großem psychologischen Druck, sie fühlen sich als Versager, worunter ihr Selbstverständnis und ihre Sexualität leiden.

Versprechungen kann ich natürlich keine machen, aber ich kenne ein paar Geschichten über die erfolgreiche Wirkung von ätherischen Ölen auf die Fruchtbarkeit und möchte damit einigen kinderlosen Paaren wieder Hoffnung machen. Bei manchen Paaren liegt leider ein ernsthafter körperlicher Defekt vor – bei Frauen handelt es sich zumeist um eine Blockade der Eileiter –, und in diesen Fällen können natürlich auch die ätherischen Öle nicht helfen.

Sollte jedoch eine medizinische Untersuchung bei Ihnen und Ihrem Partner ergeben haben, daß keine körperliche Ursache hinter Ihrer Unfruchtbarkeit steckt, dann könnten die ätherischen Öle auf zweierlei Weise von Nutzen sein. Estens bei der Überwindung des Teufelskreises: Je verzweifelter unsere Anstrengungen werden, desto geringer wird unsere Aussicht auf Erfolg, denn durch die Anspannung verkrampfen wir uns noch mehr. Wir müssen uns entspannen, und dafür sind die ätherischen Öle wie geschaffen. Zweitens aber weisen manche ätherischen Öle phytohormonale Eigenschaften auf – Pflanzenhormone –, die unsere eigenen Hormone imitieren.

Dr. Jean Valnet, der in Frankreich als Autorität auf dem Gebiet der Phytotherapie gilt – einem auf dem europäischen Kontinent weitverbreiteten Zweig der Medizin –, behauptet, daß die mit hormonalen Eigenschaften ausgestatteten ätherischen Öle auf die endokrinen Drüsen eine ausgleichende Wirkung haben; das geschieht eher in Form eines neuen Impulses, den sie den Drüsen erteilen, anstatt dadurch, daß sie die Funktion mangelhaft arbeitender Drüsen selbst übernehmen. Die Anwendung von ätherischen Ölen wird daher auch als eine Art physiologischer Reiztherapie betrachtet.

Oft beruht weibliche Sterilität mit größerer Wahrscheinlichkeit auf einer Unterfunktion der Hypophyse, als daß sie auf eine Funktionsuntüchtigkeit der Eierstöcke selbst zurückzuführen wäre – wir brauchen nur den Hormonhaushalt ins Gleichgewicht zu bringen. Östrogene bestimmen den weiblichen Zyklus, und Untersuchungen haben gezeigt, daß eine Frau, bei der dieser Zyklus regelmäßig ist, größere Aussichten auf eine Schwangerschaft hat, als wenn dies nicht der Fall ist.

Am Monell Chemical Senses Center und an der University of Pennsylvania in den USA durchgeführte Forschungen haben gezeigt, daß der männliche Achselschweiß auf die Regelmäßigkeit der weiblichen Menstruation Einfluß haben kann, und so seltsam das auch klingen mag: Als erstes sollte Ihr Partner sein Deodorant wegwerfen! In der Zwischenzeit haben Untersuchungen am Sonoma State Hospital in Eldrige, Kalifornien, bewiesen, was Generationen von Frauen schon lange beobachtet haben, daß nämlich bei der Menstruation von Frauen, die zusammen leben oder arbeiten, langsam eine Synchronisation eintritt. Vielleicht sollten Sie Ihre Schwester auffordern, einige Monate lang bei Ihnen zu wohnen, falls sie eine regelmäßige Monatsblutung hat. Umgekehrt könnte es aber auch so sein, daß Ihr Zyklus unregelmäßig ist, weil Sie mit einer Frau zusammen arbeiten, deren Periode nicht regelmäßig ist, so daß Sie vielleicht das Büro wechseln sollten.

Sie sollten es sich zum Ziel setzen, sich an dem Tag, an dem der Eisprung stattfindet, zu lieben – also zwei Wochen ehe die nächste Periode fällig ist. Ist der Spermenstand bei Ihrem Partner eher niedrig oder sind die Spermen nicht sehr mobil, dann sollte er einige Tage vor Ihrem Eisprung keine Ejakulation mehr haben.

Gewisse Pflanzen sollte man meiden, weil sie auf die Empfängnisbereitschaft eine ungünstige Wirkung haben. Die Yamswurzel, die Sojabohne, Sisal und Bockshornklee zum Beispiel sind alle natürliche Lieferanten für Hormone, die bei der Herstellung von Antibabypillen eine Rolle spielen.

Auch bei der Produktion von Steroiden, wie beispielsweise dem Cortison, finden sie Anwendung. Daraus ist klar ersichtlich, daß Sie, falls Sie sich ein Kind wünschen, Sojaprodukte und Yamswurzeln meiden sollten. Es dürfte wohl keine Überraschung sein, daß die Natur sowohl Wege zur Verhütung als auch Wege zur Förderung der Empfängnis hat.

Frau L. suchte mich nicht auf, weil sie kinderlos war, sondern aufgrund des daraus resultierenden Stresses. Sie war schon mehrere Jahre lang verheiratet, und sowohl sie als auch ihr Mann wünschten sich verzweifelt ein Kind. Dieser Streß äußerte sich in Form einer übermäßigen Perspiration, so daß ich bei ihrer Behandlung auch Salbei einsetzte, da dieser das klassische Mittel gegen übermäßiges Schwitzen ist; zufälligerweise gehört er aber auch zu den ätherischen Ölen, die eine große Menge an Östrogenähnlichen Phytohormonen enthalten. Die Behandlung dauerte einige Monate lang, und während dieser Zeit verschwand das Perspirationsproblem, und Frau L. gewann ihr Selbstvertrauen zurück. Ich wartete ab, um zu sehen, ob die Behandlung irgendwelche positive »Nebenwirkungen« habe, und wirklich rief mich Frau L. drei Monate später an, um mir mitzuteilen, daß sie schwanger sei. Die Zeit der verzweifelten Bemühungen um ein Baby war endlich vorbei. Ich bin mir nicht sicher, daß es meine Behandlung war, die Frau L. zur Empfängnis verhalf, aber meine Aufzeichnungen veranlassen mich doch anzunehmen, daß die ätherischen Öle hier im Spiele waren.

Mehrere Patientinnen haben ähnliche Erfahrungen gemacht, und es gibt zwei physiologische Gründe, warum die ätherischen Öle hier begünstigend wirken: ihre entspannende Wirkung und ihre Nachahmung menschlicher Sexualhormone. Ich wiederhole, Versprechungen kann ich keine machen, alles, was ich tun kann, ist, meine Erfahrung mit Ihnen zu teilen und Ihnen Erfolg zu wünschen.

Öle, die das Hormon Östrogen nachahmen

Zypresse	Muskatnuß	Oregano
Muskatellersalbei	Anis (Grüner)	Basilikum
Salbei	Angelika	Ringelblume
Bohnenkraut	Cajeput	Sternanis
Petersilie	Koriander	Hopfen
Thymian	Geranium	Römische Kamille
Borneol	Fenchel	

Einen Versuch wert sind außerdem jene ätherischen Öle, die allgemein als Mittel zur Unterstützung und Anregung der weiblichen Fortpflanzungsorgane Eileiter und Gebärmutter gelten:

Bulgarische Rose	Melisse	Geranium

Mein Vorschlag für eine Behandlung wäre eine tägliche Massage. Frauen können dafür alle in den obigen Listen angeführten Öle benutzen (die ätherischen Öle für Männer kommen später) oder meine synergistische Fruchtbarkeitsmischung ausprobieren.

Synergistische Fruchtbarkeitsmischung für Frauen

Melisse	4 Tropfen
Bulgarische Rose	7 Tropfen
Muskatellersalbei	5 Tropfen

Im angegebenen Verhältnis mischen und von diesem Konzentrat 1 Tropfen für 1 ml pflanzliches Massageöl nehmen

Bei der Herstellung eines Massageöls können Sie die vorher genannte synergistische Mischung benutzen oder eine Kombination der in diesem Abschnitt aufgelisteten Öle nach eigener Wahl, Sie können aber auch nur ein einziges der genannten Öle verwenden. Eine weitere Möglichkeit wäre, eines der entspannenden Öle aus dem Abschnitt »Sinnlichkeit und Selbstvertrauen« (siehe Seite 89ff.) in Ihr Rezept aufzunehmen.

Sie können sich entweder selbst massieren oder Ihren Partner darum bitten, Ihren Bauch, Hüften und Gesäß – bis in die Gesäßfalte, aber nicht bis zum Anus – mit dem Öl einzureiben und dabei leicht zu massieren. Eine volle Körpermassage kann als Einleitung zum Liebesspiel herrlich entspannend sein – und Entspannung ist die beste Voraussetzung für die Empfängnisbereitschaft.

Drei Massageölmischungen für Frauen zur Verstärkung der Empfängnisbereitschaft

Salbei	10 Tropfen	Bulgarische Rose	8 Tropfen	Anis (Grüner)	5 Tropfen
Angelika	10 Tropfen	Geranium	16 Tropfen	Zypresse	10 Tropfen
Geranium	10 Tropfen	Muskateller-salbei	6 Tropfen	Fenchel	15 Tropfen

Je eine der genannten Mischungen mit 30 ml Pflanzenöl vermengen

Zur Zeugung gehören immer zwei – daher folgen einige Vorschläge für Männer:

Ätherische Öle für die männliche Fruchtbarkeit

Kümmel	Muskatellersalbei	Salbei
Angelika	Basilikum	

Zwei synergistische Fruchtbarkeitsmischungen für Männer

Kümmel	10 Tropfen	Angelika	9 Tropfen
Muskatellersalbei	8 Tropfen	Salbei	8 Tropfen
Basilikum	5 Tropfen	Basilikum	6 Tropfen

Im angegebenen Verhältnis mischen und von diesem Konzentrat 1 Tropfen für 1 ml pflanzliches Massageöl nehmen oder 2–4 Tropfen ins Badewasser geben

Ein Teelöffel Pflanzenöl sollte für eine Massage ausreichen, und dazu geben Sie fünf Tropfen von dem Konzentrat. Massieren oder reiben Sie die unteren und oberen Bauchmuskeln, das Becken und die untere Rückenpartie, wo von der Wirbelsäule die Nerven zu den Gonaden ausgehen (für den Therapeuten: 3. und 4. Lendenwirbel) – bis in die Gesäßfalte, aber nicht bis zum Anus. Das Massieren dieser Körperteile wird die Spermenproduktion anregen.

Die synergistischen Rezepte wirken stimulierend auf den ganzen Körper, da zwar die Spermen in den Gonaden hergestellt werden, aber doch die ganze Körperverfassung ausschlaggebend ist. Natürlich können Sie auch Ihre eigene Mischung aus den genannten Ölen für Männer zusammenstellen oder nur eines dieser Öle benutzen. Leider gibt es bis jetzt nur empirische, aber keine wissenschaftlichen Beweise für die Wirksamkeit dieser Methoden.

Öle für eine gute Figur

Es ist schwierig, im Bett eine sinnliche und unbeschwerte Frau zu sein, wenn wir über unseren nackten Körper so unglücklich sind, daß wir uns fürchten, vor unserem Partner die Kleider abzulegen. Wir wissen alle nur zu gut, wie die »perfekte« Frau auszusehen hat – wir sehen sie jeden Tag in der Werbung. Selbst die sogenannten emanzipierten Frauenzeitungen illustrieren Artikel wie »Machen Sie das Beste aus Ihrem Typ« mit Fotos von Frauen, deren Figur leider nicht die geringste Ähnlichkeit mit der unseren hat. Es kann schon demoralisierend genug sein, aus dem Bett zu steigen, aber was ist das erst gegen das Ins-Bett-Gehen!

Die ätherischen Öle können Ihnen auf mancherlei Weise helfen, Ihre Figur wieder in Form zu bekommen, doch nicht allein – Sie müssen schon durch Übungen und Diät mithelfen. Was die Öle jedoch tun können – und mit großem Erfolg –, ist, den Ausscheidungsprozeß beschleunigen, den Körper entgiften und straffen. Ich habe Patienten, die auf meine Rezepte schwören und sie nicht mehr entbehren wollen.

Als Joan mich aufsuchte, war sie in einem deprimierten Zustand. Sie war Krankenschwester in einem Pflegeheim, gewöhnt, den ganzen Tag schwere Menschen zu heben, und ihre untere Hälfte war keineswegs in

Idealform. Joan hatte einen Mann getroffen, den sie absolut vergötterte, doch wegen ihrer Figur genierte sie sich, mit ihm ins Bett zu gehen. Sie war fest entschlossen, den Umfang ihrer Schenkel und ihres Pos zu verringern. Sie hatte schon eine Unzahl verschiedenster Diäten durchprobiert und alle erdenklichen Übungen von Aerobics bis zum Gewichtstraining gemacht, und obwohl sie überschüssige Pfunde im Gesicht, am Oberkörper und an den Armen abgespeckt hatte, wollte ihr das am Gesäß und an den Schenkeln nicht gelingen. Ihr Problem war weniger das Fett als harte Klumpen von Zellulitis, die ihre Gesäßbacken und Schenkel verunzierten. Wie wir alle wissen, ist Zellulitis kein sehr schöner Anblick – häßliche Verunstaltungen des Gewebes, die einer Art Grabenlandschaft gleichen.

Zellulitis bildet sich immer dann in Form von Ablagerungen, wenn sich in einem überarbeiteten »System« der Ausscheidungsprozeß verlangsamt. Der Körper ist stellenweise nicht mehr in der Lage, Wasser und toxische Abfälle zu entfernen, so daß sich das Gewebe verdickt und verhärtet und die sogenannte Orangenhaut entsteht. Es gibt viele Ursachen für Zellulitis, darunter fallen zum Beispiel Erschöpfung, Bewegungsmangel, Verstopfung, schlechter Kreislauf, aber auch die Vorliebe für toxische Nahrungsmittel und Probleme mit der Verdauung.

Obwohl Zellulitis oft als ein ausschließlich bei Frauen auftretendes Übel gilt, was mit dem Östrogen zusammenhängt, befällt sie auch Männer und entsteht, abgesehen von dem Hormonfaktor, größtenteils durch Giftansammlungen in der die Körperzellen umgebenden Flüssigkeit. Wir müssen der Zellulitis auf mehrfache Weise beikommen, beginnend mit der Veränderung unserer Ernährungsgewohnheiten.

Als erstes sollten wir uns auf Vollwertnahrung umstellen, viel frisches Obst und Gemüse essen und viel Quellwasser trinken – mindestens einen Liter pro Tag. Lassen wir Getränke, wie zum Beispiel Alkohol, Kaffee und Tee (Kräutertees sind natürlich zu empfehlen, besonders Fenchel und Brennessel), weg, und sagen wir nein zu Molkereiprodukten wie Milch, Sahne, Butter und Käse. Essen Sie viel rohes Gemüse und Salate, und vermeiden Sie rohes Fleisch.

Machen Sie Atemübungen, da diese zur Erhöhung des Sauerstoffgehalts im Blut beitragen, was die angesammelten toxischen Stoffe besser ausscheiden hilft. Regelmäßiges tiefes Atmen bekämpft nicht nur die Zellulitis, es ist auch für Ihr Sexualleben gut. Körperliches Training, selbst in bescheidenem Umfang, ist von vitaler Bedeutung, da es das ganze System aktiviert und die Beseitigung von Giftstoffen unterstützt. Auch der Darm muß frei von Giftstoffen sein; sorgen Sie daher für eine einwandfreie Verdauung. Alle diese Maßnahmen werden dazu beitragen, daß Sie sich gesünder fühlen, und nicht nur, daß Sie einige Kilos verlieren.

Als nächstes sollten Sie sich mit Selbstmassage behelfen. Nehmen Sie eines der nachstehenden Antizellulitisöle oder eine der drei Mischungen, und geben Sie dreißig Tropfen davon in 30 ml Pflanzenöl. Ich empfehle Haselnuß- oder Traubenkernöl, die sehr gut in die Haut eindringen; Sie können aber auch ein anderes leichtes Pflanzenöl oder Nußöl wählen. Reiben Sie die betroffenen Stellen fest damit ein, so daß der Kreislauf wieder besser in Gang kommt.

Die Antizellulitisöle

Oregano	Wacholder
Thymian	Fenchel
Zitrone	Zypresse
Grapefruit	Sellerie

Die Selbstmassage der von Zellulitis betroffenen Stellen unter Verwendung der natürlichen ätherischen Öle ist eine ausgezeichnete Methode, doch sollten Sie die Massageöle, wie jedes andere Körperöl auch, besser nach dem Baden oder Duschen verwenden oder nach einer Gymnastikstunde. Zweimal täglich Massage für eine Dauer von drei Wochen wäre auf jeden Fall das Minimum. Zusätzlich sollten Sie noch täglich ein Bad unter Beifügung von sechs Tropfen ätherischen Öls nehmen.

Drei Antizellulitis-Massageölmischungen

Oregano	6 Tropfen	Thymian	8 Tropfen	Fenchel	8 Tropfen
Zitrone	10 Tropfen	Sellerie	10 Tropfen	Zypresse	10 Tropfen
Wacholder	14 Tropfen	Grapefruit	12 Tropfen	Zitrone	12 Tropfen

Joan befolgte meine Anweisungen buchstabengetreu – sie strich Kaffee und Tee und hielt sich strikt an die entgiftenden Diätvorschriften, sie machte Gymnastik und verwendete die Massagemischungen, die ich ihr zur häuslichen Anwendung mitgab. Langsam, aber sicher wurden die Toxine ausgeschwemmt, und mit ihnen schwand auch die Zellulitis. Mit Entzücken stellte sie fest, daß ihre einst so verunstalteten Beine wieder eine hübsche Form bekamen. Obwohl Joan kein Modell hätte werden können, hatten ihre Figur und damit auch ihr Selbstvertrauen sehr gewonnen, so daß sie zu einer sinnlichen, aromantischen Frau aufblühte und reif für die Liebe war.

Selbst wenn Ihre Knochenstruktur etwas grob geraten ist, können Sie dennoch gut aussehen. Die Natur verleiht nicht allen die gleiche Form und Größe – das wäre schließlich auch sehr langweilig, aber sie erwartet von uns, daß wir den Körper, den sie uns gab, pflegen und gesund erhalten. Wenn Sie keine Zellulitis haben, doch Ihre Körperform verbessern wollen, gilt das gleiche – körperliches Training in Verbindung mit ätherischen Ölen kann Ihnen helfen, Ihre Figur zu straffen. Obwohl der Gebrauch dieser Öle Sie nicht auf wunderbare Weise in ein Covergirl verwandeln kann (außer Sie bringen schon einige Voraussetzungen dafür mit), glaube ich doch, daß Sie mit dem Resultat zufrieden sein werden.

Öle für eine gute Figur

Lemongras	Zedernholz
Lavendel	Limette
Rosmarin	Petitgrain

Drei Massageölmischungen für eine gute Figur

Lemongras	15 Tropfen	Rosmarin	15 Tropfen	Zedernholz	15 Tropfen
Petitgrain	15 Tropfen	Lavendel	15 Tropfen	Limette	15 Tropfen

Mit einem Basisöl verdünnen

Massieren Sie das Öl fest an die Stellen ein, die Sie straffen wollen, und zwar täglich nach dem Baden oder Duschen. Führen Sie diese Behandlung mindestens eine Woche lang durch – und Sie werden die ersten Ergebnisse sehen. Die Innenseite der Schenkel spricht besonders gut auf Rosmarin und Lavendel an. Wenn Sie statt fünfzehn Tropfen von jedem Öl nur drei Tropfen nehmen, können Sie die jeweilige Mischung Ihrem Bad zusetzen.

Der weibliche Körper ist dem Diktat der Mode unterworfen, am stärksten vielleicht, was die Form der Brüste betrifft. Jede von uns, deren Busen zur richtigen Zeit die rechte Form und Größe hat, kann sich daher glücklich schätzen!

Ehe Sie glauben, daß diese Art von Besessenheit, »vollkommene« Brüste zu haben, etwas Neues und ein Produkt unseres kommerziellen Zeitalters sei, wird es Sie vielleicht interessieren zu hören, daß vor viertausend Jahren die Frauen im alten Ägypten die Samen einer kleinen blauen Blume (Nigella damascena) ins Brot einbuken, weil sie dachten, das würde ihre Brüste vergrößern. Auch pflegten sie sich die Samen in einem kleinen Stoffbeutel zwischen die Brüste zu hängen, so daß ihre Körperwärme deren Duft freisetzte.

Allem Anschein nach dürften die Frauen zu keiner Zeit mit ihrem Brustumfang zufrieden gewesen sein! Nicht zuletzt deswegen, weil die Brüste als das Zeichen der Weiblichkeit schlechthin gelten. Es ist zwar unmöglich, die Größe und Form der Brüste durch den Gebrauch ätherischer Öle allein zu verändern, doch können diese sicherlich ein geeignetes Übungsprogramm unterstützen.

Meine ersten Rezepte zur Brustvergrößerung entwickelte ich auf eine Bitte von June, die nicht nur sozusagen keine Brüste, sondern auch noch eingestülpte Brustwarzen hatte. Sie war sich der Tatsache sehr bewußt, daß sie nicht wie die Mädchen auf den Titelblättern aussah, und obwohl es ihre Beziehungen zu Männern nicht beeinträchtigte, fühlte sie sich doch in der Gesellschaft von Frauen unbehaglich, ja sogar bedroht.

June kaufte sich ein Gerät zum Aufbau der Brustmuskeln, was dann die Brüste größer aussehen ließ. Ich stellte für sie ein Rezept zusammen, das einige ätherische Öle enthielt, die das weibliche Hormon Östrogen nachahmen, und das sie zur gleichen Zeit anwenden sollte. Zu unserer beider Erstaunen begann sich auch das Fettgewebe der Brüste zu vermehren! Seither habe ich das Rezept mit großem Erfolg viele Male eingesetzt. Es stimuliert das Brustgewebe, festigt es und – mittels entsprechender Übungen – vergrößert die Brüste auch. Erwarten Sie nicht, eine zweite Dolly Parton zu werden, aber Ihre natürlichen Formen können sich runden und vergrößern.

Die nachstehend angeführten Öle und Rezepte sollten jedoch nicht von schwangeren oder stillenden Frauen verwendet werden. Diese Frauen sind nicht allein, sondern zu zweit, und die zweite Person, das Baby, muß als eigenständige Persönlichkeit mit unterschiedlichen Bedürfnissen behandelt werden. Denken Sie stets daran, daß jedes Öl, das Sie benutzen, auch das Baby bekommt. Stillende Mütter sind oft gerade zu dieser Zeit am meisten um das Aussehen ihrer Brüste besorgt, doch solange sie stillen, ist die Verwendung jeglichen Öls untersagt. Sie müssen einfach Geduld haben und dürfen erst dann die hier genannten Rezepte anwenden, wenn die Stillzeit vorüber ist. Ihnen möchte ich sagen, daß es mir leid tut, wenn dieser Rat vielleicht enttäuschend für Sie ist, aber die wichtigste Funktion der Brüste besteht nun einmal darin, dem Baby Nahrung zu spenden, und ich bin sicher, ihre Männer werden mir zustimmen und sowohl Funktion und Form dieser Brüste schätzen. Genießen Sie jetzt das Stillen, und genießen Sie später die Anwendung der ätherischen Öle!

Hier sind die ätherischen Öle und die Rezepte zur Festigung und Vergrößerung Ihrer Brüste:

Öle zur Brustvergrößerung

Fenchel	Angelika	Lemongras
Muskatellersalbei	Geranium	Hopfen
Salbei	Zypresse	Petersilie

Drei Rezeptformeln zur Brustvergrößerung

Bockshornklee	14 Tropfen	Fenchel	10 Tropfen	Angelika	10 Tropfen
Muskateller-salbei	10 Tropfen	Muskateller-salbei	10 Tropfen	Muskateller-salbei	10 Tropfen
Geranium	6 Tropfen	Geranium	10 Tropfen	Hopfen	10 Tropfen

Sie können eines der drei Rezepte benutzen oder Ihr eigenes Rezept zusammenstellen oder nur eines der genannten Öle verwenden und jeweils dreißig Tropfen davon mit 30 ml Pflanzenöl vermischen. Massieren Sie die Brüste mit einer Bewegung, die ich die »Charlestonmassage« nenne – geben Sie auf beide Hände ein wenig Öl, und machen Sie mit beiden Händen gleichzeitig eine kreisende, nach außen hin zu den Unterarmen gerichtete Bewegung rund um die Brüste, wobei Sie jedoch die Brustwarzen und den Brustwarzenhof auslassen. Ihre linke Hand sollte sich im Uhrzeigersinn bewegen und die rechte gegen den Uhrzeigersinn. Machen Sie das jeden Tag.

Lemongras allein sorgt für die Straffung des Gewebes. Geranium ist bekannt für seinen Reichtum an Phytohormonen, pflanzlichen Hormonen, die den menschlichen Hormonen ähneln und unter anderem für die Entwicklung der Brüste verantwortlich sind. Bochshornklee, der zwar nicht so reich an Phytohormonen ist, wurde dennoch schon von alters her zur Stimulierung der Milchproduktion und Rundung der Brüste benutzt. Aber, wie bereits erwähnt, benutzen Sie keines dieser Öle oder Rezepte, während Sie stillen oder wenn Sie schwanger sind. Bockshornklee sollte zudem nicht verwendet werden, wenn Sie ein Kind bekommen wollen (siehe Abschnitt »Fruchtbarkeit« Seite 113ff.).

Obwohl die ätherischen Öle wahre Wunder vollbringen, wenn es darum geht, die Figur zu straffen und wieder in Form zu bringen, kann dies nicht ohne Ihre Mithilfe mittels Körpertraining und Diät geschehen. Was wir uns einverleiben, bestimmt unser Aussehen, also unser Äußeres, in entscheidendem Maße. Die Zwiebel zum Beispiel ist bekannt dafür, daß sie normalisierend auf die Drüsentätigkeit wirkt und dem Fastenden hilft – solange dieser sie in einer klaren Zwiebelsuppe zu sich nimmt und nicht als gebratene Zwiebelringe!

5. Kapitel

Der aromantische Mann

Wie man ein aromantischer Mann wird

Das Leben eines Mannes ist voller Druck. Die Gesellschaft spornt ihn an, weiterzukommen und Erfolg zu haben – und Geld zu verdienen. Die Werbung tut ein übriges, indem sie ihm vorschreibt, daß ein »echter« Mann Kaviar ißt und einen Porsche fährt! Das ist eine Welt, in der Männer nur Anerkennung finden, wenn sie zu den Gewinnern zählen und nicht zu den Verlierern.

Und als ob das alles noch nicht genug wäre, sieht sich ein Mann im Bett weiterem Druck ausgesetzt – dem Druck, nicht zu versagen. Dabei spielt es gar keine Rolle, daß seine Gefährtin ihn keineswegs offen unter Druck setzt: Das ist kaum nötig in einer Welt, die den Liebesakt als etwas ansieht, das ein Mann entweder gut oder schlecht macht, während die Frau bloß auf ihn »reagiert«. Ein Mann könnte die einfühlsamste und verständnisvollste Frau der Welt haben, aber auch das kann jahrelange, subtile Programmierungen verschiedenster Art nicht löschen.

Nur allzuoft ist es daher gar kein richtiger »Mann«, der ins Bett geht, sondern ein Roboter, der mit Bildern und Erwartungen überladen ist, die nichts mehr mit ihm selbst zu tun haben, dafür aber mit allen anderen – von den Eltern über die Gefährten und Partner bis zu den Predigern des Machismo. Vielleicht sähe er es sogar sehr gerne, daß sich sein Penis wie eine Fortsetzung des mechanischen Roboters, zu dem er geworden ist, benehmen würde – aber er tut es nicht. Die Sensitivität des Penis, so ärgerlich sie auch manchmal sein mag, bedeutet in Wirklichkeit die Rettung für den Mann – denn sie ruft uns allen in Erinnerung, daß ein Mann ein menschliches Wesen voller Gefühle und Empfindungen ist.

Der aromantische Mann ist weder ein Superroboter, noch ist er übersensibel und gestreßt. Er ist der Mann, der zu sich selbst gefunden und damit sein natürliches, gottgegebenes Selbstvertrauen und seine Stärke wiedergewonnen hat. Der Mann wurde für die Liebe geschaffen!

Sie brauchen sich daher um Ihre Potenz nicht zu kümmern, sondern bloß darum, wie Sie Ihr wahres Potential verwirklichen und genießen.

Die Pharaonen im alten Ägypten verschenkten an Männer, die irgendwelche außerordentlichen Taten vollbracht hatten, lieber kostbare Öle als Medaillen, wie es heute zu geschehen pflegt. Später waren diese Öle leichter erhältlich, und im Jahr 2450 v. Chr. gab Phahotep seinen Untertanen Anweisungen für eine gute Ehe: »Als ein Mann von Stand solltest du ihren Bauch füllen, ihren Rücken kleiden und ihren Leib salben.« Sie brauchen also nicht zu fürchten, ein aromantischer Mann zu werden sei eher mit Nachsicht zu beurteilen – die ätherischen Öle werden von höchster Stelle empfohlen! In der Bibel im Buch der Sprüche 27,9 heißt es: »Wie Öl und Räucherwerk die Herzensfreude erhöhen, so tröstet zarte Freundschaft die Liebe«, und in der Offenbarung 5,8 steht: »... und goldene Schalen voll Weihrauch, das sind die Gebete der Heiligen.«

Und Sie brauchen auch nicht zu glauben, ätherische Öle nehmen sei »weibisch«. Die römischen Soldaten hielten sehr viel von ihren Salbölen. Laut Juvenal zog kein römischer Offizier ohne sie in den Krieg. (Julius Cäsar hatte es lieber, wenn seine Soldaten nach Knoblauch rochen – aber wir wissen ja, was ihm passiert ist.) In späterer römischer Zeit wurden die Fahnen und Standarten der Legionen mit Parfum besprengt. Und die siegreichen Soldaten wurden bei ihrer Heimkehr mit Blumen überschüttet, und danach zogen sie sich ohne Zweifel in die Bäder zurück, um sich vor der kommenden Orgie zu erfrischen. Natürlich bestanden sie darauf, daß ihre Lieblingsdüfte dem Badewasser und Massageöl zugesetzt wurden.

Alexander der Große wäre sicherlich auch unter die Machotypen einzureihen, und doch berichtet Strabo, daß Alexanders Heer auf dem Marsch nach Indien im Jahre 329 v. Chr. Myrrhezweige und zahlreiche andere duftende Gräser sammelte, um daraus die Dächer der Zelte zu bauen und unter Wohlgerüchen zu schlafen.

Volkswirtschaftler wird vielleicht die Tatsache interessieren, daß die chinesische Regierung, als es im Jahre 970 n. Chr. zu einer Wirtschaftskrise kam, eine Währung aus Seide und Papier einführte, die sie mit Parfum imprägnierte, um dem Geld eine größere Anziehungskraft zu verleihen. Sie sehen, es gibt nicht viel Neues auf der Welt – wir schlagen nur verschiedene Wege ein, um mit denselben Problemen fertig zu werden.

Es gab Zeiten im zwanzigsten Jahrhundert, in denen das männliche Bedürfnis nach Wohlgerüchen auf stirnrunzelnde Ablehnung stieß – heute ist das nicht mehr der Fall. Die NASA stellte sehr schnell fest, daß die Astronauten bald ein verzweifeltes Verlangen nach Wohlgeruch in ihren supertechnischen metallischen Raumschiffen entwickelten. Die amerikanischen Astronauten pflegten daher nach Zitrone duftende Erfrischungstüchlein untereinander zu verteilen und daran zu riechen, ehe sie das Innere ihrer Helme damit auswischten, um sich auf diese Weise während des langen Raumfluges an dem Duft zu erfreuen. Die Russen, die ein ausgeklügeltes Forschungsprogramm über die emotionellen Auswirkungen von ätherischen Ölen durchführen, senden ihre Kosmonauten schon seit Jahren mit kleinen Duftphiolen ins All – Gerüche, die den emotionellen Entzugserscheinungen entgegenwirken. Die moderne Welt hat sich endlich auf die emotionellen Wirkungen der Gerüche besonnen.

Vetiver ist sexuell stimulierend und stärkend, erdig und wirkt auf eine maßvolle Weise. Vetiver setzt tiefempfundene Spannungen und Ängste frei – damit Sie das vom Leben erhalten, was Sie sich wünschen. Auch Basilikum erfüllt diesen Zweck, aber auf eine andere Weise – es stimuliert, schärft die Sinne, klärt den Geist, hilft bei der Konzentration und stärkt die Nerven.

Wenn Sie zum aromantischen Mann werden, werden Sie verstehen, warum in der ganzen Menschheitsgeschichte den ätherischen Ölen eine so hohe Wertschätzung zuteil wurde. Auch Sie werden dann ihre Vorzüge genießen, wie es einst die Kaiser, Könige und Helden der Geschichte taten, doch sind Sie diesen gegenüber im Vorteil, da Ihnen dank unseres modernen Wirtschafts- und Transportwesens eine viel größere Anzahl von kostbaren Ölen zur Verfügung steht.

In diesem Kapitel biete ich Ihnen meine exklusiven Rezepte an, die Ihnen helfen werden, ein aromantischer Mann zu werden. Sie werden die Freuden des Frühlings genießen und Erektion und Ejakulation unter Kontrolle haben – ohne Angst, Streß oder Erschöpfung. Einige Rezepte für den älteren Mann sind auch darunter.

Die besonders männlichen Öle

Ambrette – Anis (Grüner) – Basilikum – Benzoe – Bergamotte – Geranium – Ingwer – Jasmin – Kardamom – Kiefer – Kümmel – Lorbeer – Melisse – Mimose – Muskatblüte – Muskatellersalbei – Myrrhe – Narzisse – Orange – Palmarosa – Patschuli – Pfeffer (Schwarzer) – Rosenholz – Sandelholz – Vanille – Vetiver – Weihrauch – Zedernholz – Zimt – Zitrone

Geranium stellt die positive Einstellung zum Leben wieder her und zerstreut Ängste und Befürchtungen. Es fördert die sexuellen Beziehungen.

Muskatblüte ist weich, warm und schwül. Sie weckt Hoffnungen, kann jedoch auch täuschen. Sie schürt mehr als bloß unsere Vorstellung.

Patschuli ist wie die warme Erde. Es betont das Maskuline und dringt tief in unsere Gefühle ein. Es wirkt stimulierend und intensivierend und ist von suggestiver Sinnlichkeit.

Anis (Grüner) belebt und schafft Klarheit. Er stimuliert das Körperliche und fördert eine positive Einstellung.

Basilikum stimuliert und macht draufgängerisch. Es schärft die Sinne und die Konzentration, klärt den Geist und stärkt die Nerven.

Kardamom ist würzig. Es regt Verstand und Gemüt an, klärt, ist aber zutiefst sexueller Natur und weckt das Erotische im Mann. Für den sinnlichen, klaren Denker.

Ambrette ist animalisch. Wie ein warmer hingebungsvoller Körper stimuliert es den leidenschaftlichen Mann, doch sanft und zart nimmt es den Ereignissen die Schärfe.

Sandelholz ist ein zutiefst maskulines Öl, beruhigend und verführerisch zugleich. Es hilft Ihnen, mit der Welt und mit Ihrer Frau Frieden zu schließen. Es ist süß, gehaltvoll und warm.

Lorbeer wurde schon im Altertum den Helden und den Siegern im Kampf gereicht. Er ist unverwechselbar und protzt mit sexueller Arroganz. Er fördert einfallsreiche Entscheidungen. Nichts für den Unterwürfigen!

Schwarzer Pfeffer hat Kraft und Ausdauer wie die Helden der Sagenwelt. Er ist scharf und trocken und bringt Körper, Seele und Geist in Fahrt. Er bringt verborgenen Ärger und Frustrationen zum Vorschein und Kaltherzige zum Auftauen.

Jasmin ist von nächtlicher Schönheit. Er verleiht den Wünschen und Vorstellungen eines Mannes Ausdruck, indem er das Weibliche betont und zum Verführen ermutigt.

Rosenholz hilft, wenn Sie sich vernachlässigt oder verlassen fühlen. Es ist süß und leidenschaftslos, es schenkt Gelassenheit und stimmt heiter.

Narzisse ist erdig und hypnotisch. Sie wirkt beruhigend und entspannend auf einen depressiven Gemütszustand, beruhigt und weckt Verlangen und Sinnlichkeit.

Mimose gleicht den Knospen des Frühlings, kraftvoll und durchdringend. Sie erneuert den Sinn für unser Wohlbefinden und ist voller Verlockungen. Sie öffnet Wege der Kommunikation in einer Beziehung.

Orange ist strahlend und lebhaft, mit einem warmen Kupferschein. Sie zerstreut die Furcht vor dem Unbekannten und befreit von dem, was uns umtreibt. Sie verhilft zu einer positiven Einstellung, besonders im Hinblick auf emotionelle Verwicklungen.

Vetiver löst tiefsitzende Ängste und Spannungen. Es ist sexuell stimulierend und stärkend, erdig und fördert eine vernünftige Lebenseinstellung. Es hilft Ihnen, im Leben das zu bekommen, was Sie sich wünschen.

Myrrhe ist rauchig und moschusartig. Sie ermutigt und stärkt, geheimnisvoll und verführerisch, erfüllt von antiken Leidenschaften.

Kümmel ist erotisch, bizarr und beschwörend. Er kann den Fluß der Körpersäfte kräftig anregen, während er die Sinne von Mann und Frau warm durchdringt.

Zedernholz verleiht Ihnen harmonische Kräfte und Stärke. Es setzt Spannung und Aggression frei und entspannt den analytischen Verstand.

Melisse ist lebhaft und aufreizend wie eine verliebte Frau. Sie blickt Gefahren gelassen entgegen und revitalisiert das Innere des Mannes.

Weihrauch schützt Sie vor materialistischen Verlockungen. Er erleuchtet, erhebt den Geist und befreit von unterbewußtem Streß.

Bergamotte besticht die Sinne und verhilft Ihnen entschieden zur Kontrolle.

Vanille ist wie ein guter Freund und Tröster. Sie bietet Sicherheit vor den rauhen Stürmen des Lebens. Sie entfesselt tief empfundene Emotionen und verborgene Sinnlichkeit.

Kiefer ist wie ein Philosoph. Sie schenkt Frieden und Weisheit; sie wirkt gegen Apathie und Depressionen und aktiviert auch Ihre Energie. Sie kann Verstand und Gemüt beleben wie ein Spaziergang durch einen schneebedeckten Kiefernwald.

Ingwer regt an und wärmt, stärkt, ist verschwenderisch und einladend und schafft Zufriedenheit.

Muskatellersalbei ist männlich und verführerisch, warm und verlangend, gleich einem kräftigen Opiat.

Palmarosa ist leicht und süß. Es erhebt die Sinne und klärt die Gedanken.

Zimt stimuliert und erfrischt. Er beruhigt die Nerven und baut Spannungen ab, er glättet die Härten des Tages.

Benzoe lullt Sie ein, um Sie vor den Ereignissen des Tages abzuschirmen. Sie holt längst vergessenen Groll und Konflikte hervor, was einen höheren Bewußtseinszustand ermöglicht.

Zitrone ist für Humorlose und Unentschiedene. Sie entspannt und stimuliert zugleich. Sie ist rein, frisch und lebhaft und dennoch verführerisch. Sie eignet sich in gleicher Weise zum Aufwachen wie zum Einschlafen.

Ehe wir uns jedoch näher mit den ätherischen Ölen befassen und wie sie Ihnen helfen können, wollen wir die Frage erörtern, was es heute für einen Mann heißt, sexuell aktiv zu sein. Es besteht kein Zweifel, daß Frauen und Männer Sex auf verschiedene Weise erleben, nicht unbedingt was die Gefühle, sondern was die Erwartungen und den Druck betrifft. Stellen Sie sich zum Beispiel einmal vor, was geschehen würde, wenn in einer glücklichen, dauerhaften sexuellen Beziehung der Mann plötzlich alles Interesse am Sex verlieren und dieser Zustand einige Monate anhalten würde. Wahrscheinlich würden über kurz oder lang er selbst, seine Partnerin, sein Arzt und sein Psychiater vermuten, er sei im Begriff, impotent zu werden. Als genau dies aber meiner Freundin Gloria widerfuhr, konnte sie ohne Furcht oder Sorge, nur leicht verwundert feststellen: »Ich habe einfach das Interesse am Sex verloren.« Keiner nimmt deswegen an, Gloria, die vorher so sexy war, sei jetzt plötzlich frigide geworden – und warum sollte sie auch? Das Bedürfnis nach Sex stellt sich doch nicht täglich, wöchentlich oder monatlich rationiert ein. Es gibt Zeiten, in denen wir sexuell sehr aktiv sind, und andere, in denen wir kaum irgendwelche sexuellen Gefühle hegen, und der Unterschied hängt nicht unbedingt mit dem Vorhandensein eines Partners zusammen oder mit dem Grad unserer Liebe für diesen. Auch ein Mann sollte die Möglichkeit haben, gelegentlich einmal »Urlaub« vom Sex zu machen, aber weil wir alle solche Angst vor dem Gespenst der Impotenz haben, muß er einfach weitermachen, ob ihm danach zumute ist oder nicht. Auf diese Weise wird Sex zu einer Pflicht – zu einem Muß anstatt zu einer Freude –, und das mag teilweise schuld daran sein, daß Männer zwar ejakulieren, aber wenig dabei empfinden. Auch ein Mann kann einen

Orgasmus bloß vortäuschen! Vielleicht sollten wir uns jetzt fragen: »Was ist ein männlicher Orgasmus?« Obwohl beim Mann Orgasmus und Ejakulation zeitlich meistens zusammenfallen, handelt es sich doch um zwei verschiedene physische Prozesse. Der Sexualtherapeut Bernie Zilbergeld erklärt, daß ein Orgasmus mit sehr angenehmen Gefühlen einhergeht, während die Ejakulation der physische Vorgang ist, bei dem der Samen durch den Penis hinausbefördert wird, wobei beide Prozesse durchaus unabhängig voneinander stattfinden können. Ein Mann kann nicht nur ejakulieren, ohne dabei einen Orgasmus zu haben, er kann auch einen Orgasmus haben, ohne zu ejakulieren. Letztere Möglichkeit ist offensichtlich die bessere und somit auch tatsächlich Ziel des sexuellen Trainings bei chinesischen und indischen Männern, die erstere dient medizinischen Zwecken und die letztere spirituellen. Zilbergeld berichtet, daß es manchen Zeitgenossen durch dieses Training gelungen sei, wie die Frauen mehrere Orgasmen hintereinander zu erleben. Andere wieder erreichen einen sehr intensiven Gefühlszustand, den man, wie Zilbergeld behauptet, durchaus als Orgasmus bezeichnen könnte, wenn die Männer bereit wären, von der Indoktrination abzugehen, daß ein Orgasmus nur im Gefolge einer Ejakulation auftreten könne.

Frauen haben jahrelang gebraucht, um zu begreifen, daß ihr Orgasmus sanft, mehrmals hintereinander, klitoral, vaginal, vulval, gemischt, auf den G-Punkt bezogen, ejakulatorisch oder uterin sein kann (um nur einige der derzeit zur Diskussion stehenden Klassifizierungen zu nennen) und daß kein Typus besser ist als ein anderer. Da der männliche Orgasmus körperlich mit der Ejakulation nicht identisch ist, können auch die Männer in ähnlicher Form über ihr Orgasmusverständnis nachzudenken beginnen – wie über die Farben eines Regenbogens, wie über eine Farbpalette an Stelle einer einzigen Farbe. Mit anderen Worten: Beginnen wir doch dieses Gebiet zu erforschen!

Sex ist ein sehr komplexer Begriff, und ihn einfach mit im Abstand von 0,8 Sekunden erfolgenden Muskelkontraktionen erklären zu wollen ist nicht möglich! Dazu gehören auch Dinge wie Chemie, Verlangen, Elektrizität, die allesamt nichts mit nacktem Fleisch allein zu tun haben, und doch scheint es das Ziel vieler Männer zu sein, so schnell wie möglich das nackte Fleisch einer Frau vor sich zu sehen, in sie einzudringen und zu ejakulieren. Das Merkwürdige an diesem Verhalten ist, daß all die magischen, energiegeladenen Momente, die dem offensichtlichen Ziel vorausgegangen sind, von dieser Hast überrollt oder niedergetreten werden, wie der Abfall unter den Sitzreihen eines überfüllten Fußballstadions.

Hier nun die erste Gruppe von Ölen und Rezepten. Bedienen Sie sich ihrer, wenn Sie die sexuelle Spannung, die vor dem eigentlichen Geschlechtsakt auftritt, noch verstärken wollen – wenn die Atmosphäre zwischen Ihnen sozusagen knistert, wenn ein Blick kein Blick mehr ist, sondern ein aufregender, bedeutungsvoller Austausch zwischen zwei Seelen und wenn eine zufällige Berührung Sie vor Wonne erbeben läßt. Das ist eine besondere Zeit, die es wert ist, bis zum Letzten ausgekostet und genossen zu werden.

Sie brauchen nur ein oder zwei Tropfen ätherisches Öl – so gering Ihnen diese Menge auch erscheinen mag –, die Sie am besten in das geschmolzene Wachs rund um den Docht einer Kerze tropfen. Sie können das Öl auch bereits vor dem erwarteten magischen Augenblick »anbringen« und die Kerze erst anzünden, wenn die Zeit reif dafür scheint und sie dann ihren köstlichen, zarten Duft verströmt. Natürlich ist auch ein Luftbefeuchter hierfür geeignet.

Öle für magische Augenblicke

Muskatellersalbei Jasmin	◀ Allein oder vermischt mit ▶	Geranium Zitrone Marokkanische Rose Hyazinthe

Vier synergistische Mischungen für magische Momente

Muskatellersalbei	3 Tropfen	Muskatellersalbei	3 Tropfen
Geranium	1 Tropfen	Zitrone	1 Tropfen
Muskatellersalbei	10 Tropfen	Jasmin	3 Tropfen
Geranium	4 Tropfen	Verbene	2 Tropfen
Zitrone	2 Tropfen		

Der 3. Mischung können Sie noch zwei Tropfen Weihrauch hinzufügen, was der Atmosphäre einen feierlichen Touch gibt.

Die »magischen« Kerzen sollten Sie beim Abendessen besser noch nicht entzünden, da der Geschmack- und Geruchssinn so eng miteinander verbunden sind, daß es schwerfällt, sie auseinanderzuhalten. Genießen Sie Ihren Kaffee und das Aroma Ihres guten Kognaks, und danach zünden Sie erst Ihre magischen Kerzen zum Auftakt eines »olfaktorischen Banketts« an. Ein für diesen Augenblick ebenfalls sehr geeignetes Öl wäre Kardamom, eine ausgezeichnete Verdauungshilfe, oder Sie machen eine synergistische Mischung aus drei Tropfen Kardamom und einem Tropfen Jonquille.

Alles Weitere liegt jetzt bei Ihnen – ob Sie diese magischen Augenblicke zu einer sexuellen Annäherung nutzen oder nicht –, auf keinen Fall sollten Sie sich unter dem Druck männlicher Eitelkeit dazu verleiten lassen. Das Jäger-Beute-Syndrom wird allmählich beiden Geschlechtern gleichermaßen langweilig, und sie genießt vielleicht sogar Ihre Zurückhaltung. Sie wird Ihr Haus nicht niedergeschlagen, sondern in Hochstimmung verlassen, und dieser ungewöhnliche Abend wird ihr als leidenschaftlich, sinnlich und insgesamt zauberhaft in Erinnerung bleiben. Natürlich könnte es auch von ihrer Seite zu einer sexuellen Annäherung kommen, und sollte sie zwar die Absicht haben, aber dennoch nicht die Initiative ergreifen, dann muß sie vielleicht erst lernen, ihre diesbezüglichen Fähigkeiten zu entwickeln. So gesehen erweisen Sie ihr sogar einen Gefallen, wenn Sie sie auf diese Weise in Versuchung führen. Wieder zu Hause, wird sie sich vielleicht selbst Vorwürfe machen: »Ich hätte doch den ersten Schritt tun sollen...« Auf jeden Fall wird bei Ihrem nächsten Treffen ihr Verlangen größer sein – und dann ist der aromantische Mann für sie bereit!

Der aromantische Mann »après l'amour«

Es tut mir leid, wenn ich jetzt manche Männer für ihr Verhalten nach der Liebe tadeln muß. Immer wieder höre ich Frauen klagen: »Er kann so romantisch sein, wenn er Sex im Sinn hat, aber kaum ist er gekommen, dreht er sich um und schläft.«

Zum Teil kommt das Problem daher, daß viele Frauen nicht begreifen, daß Männer nach dem Orgasmus und der Ejakulation eine refraktäre Periode haben, die mit zunehmendem Alter immer länger wird. Medizinisch gesprochen ist das die Zeitdauer, die ein Mann braucht, bis er wieder ejakulieren kann, was praktisch der Zeit gleichkommt, in der auch sein Interesse am Sex zum Erliegen kommt. Während der Pubertät dauert die refraktäre Periode von ein paar Sekunden bis zu einer Minute, bei einem Mann in den späten mittleren Jahren kann sie bis zu zwölf Stunden ausmachen. Nun kann eine Frau das wachsende Desinteresse ihres Mannes nach dem Orgasmus leicht als Mangel an Liebe auslegen, wenn in Wirklichkeit bloß seine mit der Zeit immer länger werdende refraktäre Periode daran schuld ist.

Der refraktäre, mit einer Ejakulation verknüpfte Orgasmus ist sehr ermüdend, und auch das ist eine Erfahrung, die Frauen nicht verstehen. Sie möchten gerne ein bißchen kuscheln, reden, einander berühren und sich der gegenseitigen Liebe versichern – und er ist bereits eingeschlafen! Das könnte die Zeit sein, in der der Boden für jene Argumente bereitet wird, die plötzlich aus dem Nichts hervorschießen.

Andererseits könnte dieses Problem zum Teil auch in der Vorstellung wurzeln, daß jede Form der Liebe mit dem Geschlechtsakt zugleich Höhepunkt und Abschluß finden müsse. Wenn er daher Kuscheln nur als Auftakt zu weiterem Sex betrachtet und zunächst einmal keinen mehr haben will, dann wird er seiner Frau ganz einfach den Rücken zukehren, damit sie Bescheid weiß. Manchmal ist es für ihn leichter, seine Frau zu vergrämen, als zuzugeben, daß sich seine Bedürfnisse geändert haben. Aber es sind nicht nur die älteren Männer, denen es schwerfällt, zu erkennen, was für eine besondere Zeit »après l'amour« sein kann.

Die Empfänglichkeit für Berührungen kann »après l'amour« außerordentlich hoch sein, nachdem sämtlichen Nerven des Körpers gerade ein »Tonikum« verabreicht wurde und die Chemikalien der Ekstase noch immer herumschwimmen. Ein Kuscheln in dieser Zeit ist daher kein gewöhnliches Kuscheln – es ist ein Ruhen zweier Menschen in der Liebe, die sie füreinander empfinden, und in dem Gefühl, eins mit dem anderen zu sein. Selbst über manche heikle Themen, die vor dem Sex nicht angeschnitten wurden, läßt sich jetzt leichter reden, nachdem wir dem Partner gerade unsere Liebe und Zuneigung bewiesen haben. »Après l'amour« ist keine Zeit für Zwistigkeiten oder Streit!

Wenn Sie aber nach den Mühen des Tages für alles andere außer Sex und Schlaf zu erschöpft sind, dann streichen Sie in Ihrem überfüllten Terminkalender doch eine andere Zeit dafür rot an. Gehen Sie früher zu Bett, oder widmen Sie der Liebe einen Samstag oder Sonntag, so daß Sie »après l'amour« auskosten können. Ihre sexuelle Beziehung ist wahrscheinlich die wichtigste Beziehung, die Sie haben, und Sexualität hat nicht nur mit Geschlechtsverkehr zu tun, sondern mit Zärtlichkeit, Zusammensein, Berührung, Kommunikation und mit der Freude an der Geborgenheit in der Wärme des anderen. Nehmen Sie sich daher die Zeit, diese Dinge zu genießen, und lassen Sie Ihre Frau wissen, daß sie etwas Besonderes ist.

In dem Abschnitt »Die aromantische Frau ›après l'amour‹« (Seite 87ff.) finden Sie ätherische Öle, die das Romantische und Erotische betonen, die Kanäle der Kommunikation öffnen, die Emotionen ins Gleichgewicht bringen und auf den Mann stimulierend wirken (jetzt wissen Sie, was los ist, wenn sie das nächste Mal anfängt, Ihnen den Rücken zu massieren, nachdem Sie sich geliebt haben). Sie könnten ihr natürlich auch den Rücken reiben – Frauen lieben das. Vielleicht wird sie schläfrig davon, während Sie eine Erektion bekommen, und wenn das der Fall ist, könnte ein Geschlechtsverkehr in diesem verträumten Zustand an der Schwelle des Schlafes etwas ganz Besonderes für sie sein, weil er einen hocherotischen Orgasmus hervorrufen kann (in den alten indischen Büchern über die Liebe wird Frauen mit niedrigem sexuellen Reaktionsvermögen geraten, mehrmals am Tag Geschlechtsverkehr zu haben). Es ist aber durchaus kein Muß, auch wenn Sie eine Erektion haben – genießen Sie einfach das Gefühl der »absichtslosen Spannung«, wie die indischen Weisen es bezeichnen würden. Freuen Sie sich einfach, gesund und wohlauf zu sein!

Sie können entweder die Öle und Methoden anwenden, die im 4. Kapitel für Frauen beschrieben sind, oder Ihrer Herzensdame mit einem der nachstehenden Öle sanft den Rücken reiben, wobei Sie der unteren Hälfte ihres Rückens ganz besondere Aufmerksamkeit schenken sollten.

Gruppe 1	*»Après-l'amour«-Öle*	*Gruppe 2*
Ylang Ylang	◀ Nehmen Sie ein Öl von jeder	Muskatnuß
Jasmin	Gruppe, und mischen Sie es	Tonkabohne
Palmarosa	zu gleichen Teilen, insgesamt	Opopanax
Orange	30 Tropfen, die Sie dann mit	Weihrauch
	30 ml Pflanzenöl vermengen ▶	

Es folgen einige Vorschläge mit Mengenangaben, die für eine einmalige Rückenbehandlung reichen.

Drei »Après-l'amour«-Damenmischungen
(auf 1 Dessertlöffel Pflanzenöl)

Ylang Ylang	1 Tropfen	Palmarosa	1 Tropfen	Jasmin	1 Tropfen
Tonkabohne	1 Tropfen	Muskatnuß	1 Tropfen	Weihrauch	1 Tropfen

Wie Sie Ihre sexuelle Schwingung freisetzen

Ihr *wahres* Selbst wurde zum Lieben geschaffen. Und ich meine wirklich *zum Lieben*. Der Ausdruck »Befreiung von Spannungen«, der in unserer heutigen Gesellschaft vorherrscht, ist symptomatisch für die Tatsache, daß wir unter so großem Druck stehen, daß wir Sex als ein Ventil zum »Dampfablassen« ansehen anstatt als einen positiven Generator von Energie, wie eine Batterie, mit deren Hilfe wir uns aufladen können. Sex sollte belebend sein, nicht erschöpfend. Wir sollten ihn nicht als einen »Notausgang« sehen, der uns davor bewahrt durchzudrehen und uns am Leben hält, sondern als etwas unglaublich Schönes, das uns das Drama des Lebens verstehen und mit philosophischem Abstand, Gleichmut und Humor betrachten läßt.

Zum Teil beruht das Problem auch darauf, daß uns die große Auswahl an Möglichkeiten verdorben hat – welchen Weg zur Karriere sollen wir einschlagen, welches TV-Programm ansehen, welchen Wohnsitz wählen, welche Gesprächspartner? Durch das ständige Ausschauhalten nach Dingen, die um uns herum sind, vergessen wir, nach innen zu blicken – auf uns selbst. Wer sind wir? Wer seid ihr?

Dieser Abschnitt handelt von der Entdeckung Ihres wahren Selbst, weil Ihre sexuelle Schwingung nicht außerhalb, sondern in Ihrem Inneren existiert und wir sie »veräußern« wollen – mit Hilfe der ätherischen Öle.

Vergessen wir also, was wir nicht haben, und konzentrieren wir uns auf das, was wir haben. Zuerst ist da unser Tastsinn. Wahrscheinlich sind Sie heute schon mit hundert Dingen in Berührung gekommen, die sich alle verschiedenartig angefühlt haben – haben Sie sich eines davon gemerkt? Schließen Sie jetzt gleich einmal die Augen, und tasten Sie umher. Konzentrieren Sie sich wirklich auf die verschiedenen Formen, die Sie spüren. Lassen Sie Ihre Finger darüber gleiten, und nehmen Sie es auf. Ist es nicht erstaunlich, wie unterschiedlich sich die einzelnen Dinge anfühlen?

Versuchen Sie auf diese Weise täglich, nur eine Minute lang, Ihren Tastsinn zu schärfen. Wenn Sie blind wären, würden Sie ihn viel mehr schätzen. Lassen Sie keinen Tag mehr verstreichen, ohne zu tasten, und heute nacht ertasten Sie Ihren Körper, staunend und ehrfurchtsvoll, wie noch nie zuvor in Ihrem Leben. Schließen Sie wieder die Augen, und berühren Sie Ihr Gesicht und Haar. Berühren Sie Ihre Wimpern – sind sie nicht zart? Berühren Sie Ihre Haut – überall. Es gibt Stellen, wo sie sich weicher oder haariger anfühlt, wo die Muskeln fest und stark sind oder wo das Fleisch fett ist.

Auf dieselbe empfindsame, ehrfurchtsvolle Weise werden Sie später Ihre Partnerin berühren. Sie ist genauso einzigartig wie Sie. Niemand auf der ganzen Welt fühlt sich so an wie sie. Schließen Sie die Augen, und lassen Sie Ihre Fingerspitzen über ihren Körper gleiten, jede Erhebung oder Einbuchtung gewahrend, auf die Sie stoßen. Dann spüren Sie mit der flachen Hand ihre Form. Wie fühlt sich ihr Bauch an? Oder ihr Rücken? Sie fühlt sich gut an, nicht wahr?

Nun öffnen Sie die Augen und betrachten sie aus nächster Nähe, so nahe wie ein Insekt. Sie werden staunen über diese wundervolle Landschaft, die sich Ihren Augen darbietet. Manche Männer waren vierzig Jahre mit ihrer Frau verheiratet und konnten nicht einmal sagen, wo sie Narben oder ein Muttermal hat. Und manche Männer werfen nie einen Blick auf die Vagina ihrer Frau, obwohl sie Tag für Tag einen Teil ihres eigenen Körpers hineinstecken. Wovor fürchten sie sich? Also seien Sie kein Feigling; was Sie da betrachten, ist ein Wunder. Es ist das Tor zum Leben. Nun schauen Sie sich das Tor zu ihrer Seele an – ihre Augen. Blicken Sie nicht bloß flüchtig hinein, sondern schauen Sie tief bis ins Innere ihrer Augen, Charakter und Persönlichkeit Ihrer Partnerin erforschend. Gehen Sie über das Schauen hinaus, und »sehen« Sie!

Solange wir nicht einen unserer Sinne verloren haben, nehmen wir sie als selbstverständlich hin. Parfumeure haben ein verfeinertes Geruchsempfinden, das so geübt ist, daß sie mit geschlossenen Augen eine Blonde von einer Brünetten und eine Brünette von einer Rothaarigen unterscheiden können. Könnten Sie das auch? Natürlich nicht, nicht jetzt, aber auch Sie können lernen, Ihren Geruchssinn zu entwickeln. Also riechen Sie am Haar Ihrer Frau, am Hals, an der Brust und an den Armen, und versuchen Sie, diese Gerüche in Ihrer Erinnerung zu speichern. Und wenn Sie am nächsten Tag wieder Ihrer Arbeit nachgehen, vergewissern Sie sich, ob Sie es sich gemerkt haben.

Sinnlich sein heißt bewußt auf den anderen eingehen und ihn schätzen, das gehört zu den Eigenschaften eines guten Liebhabers. Der berühmteste Liebhaber der Geschichte, Don Juan, wußte jede seiner Eroberungen um ihrer selbst willen zu würdigen und zu schätzen, und sie liebten ihn dafür. Versuchen Sie, sich auf Ihre Liebe einzustimmen, Tuchfühlung zu bekommen, und die Dinge werden richtig zu vibrieren beginnen.

Hier sind einige Öle und Rezepte, die Ihnen helfen sollen, ein sinnlicher Mann zu werden. Sie haben auf jene Teile des Gehirns Einfluß, die mit unseren Sinnen in Verbindung stehen, und einige davon enthalten Moleküle, die den menschlichen Sexualhormonen ähnlich sind und Ihnen helfen werden, Ihren Geruchssinn zu entwickeln. Und denken Sie daran, daß Geruch nicht nur eine ästhetische Dimension hat, sondern direkt auf das Gehirn einwirkt und die Tore zu Gefühlen aufschließt.

Benutzen Sie die Öle beim Baden oder Duschen, auf einer Heizquelle im Raum oder als Zusatz zu einem Massageöl. Reiben Sie das Öl leicht auf die Haut Ihres Unterleibs, doch lassen Sie die Genitalien und den Anus aus.

Die sinnlichen Öle

Kümmel
Ambrette
Geranium
Patschuli
Sandelholz

5 Tropfen pro Teelöffel Pflanzenöl

Probieren Sie eine meiner exklusiven synergistischen Mischungen aus:

Zwei synergistische Mischungen für den sinnlichen Mann

Ambrette	2 Tropfen	Sandelholz	5 Tropfen
Zitrone	5 Tropfen	Geranium	3 Tropfen
Pfeffer (Schwarzer)	4 Tropfen	Kümmel	3 Tropfen

Machen Sie unter Einhaltung der angegebenen Mischungsverhältnisse ein Konzentrat, und nehmen Sie 5 Tropfen davon auf 1 Teelöffel Pflanzenöl

Obwohl der Tastsinn sehr wichtig ist, hängt die sexuelle Schwingung oder, genauer gesagt, die Erektion eines Mannes nicht davon ab. Männer mit Wirbelsäulenverletzungen, bei denen das Gehirn die Berührung des Penis nicht mehr wahrnehmen kann, können dennoch eine Erektion bekommen, die einfach durch das Denken, Sehen, Hören oder Riechen ausgelöst werden kann. Forschungen auf diesem Gebiet haben gezeigt, daß ebenbürtige Bahnen noch immer funktionieren und daß bei Vorhandensein des richtigen erotischen Anreizes diese Männer trotz der Unempfindlichkeit in der Genitalregion sexuell voll funktionstüchtig (und erlebnisfähig) sind.

Das soll natürlich nicht heißen, daß körperliche Probleme nicht auch Schwierigkeiten verursachen können – das ist sehr wohl der Fall. Die sexuelle Schwingung eines Mannes kann durch streßbedingte Beschwerden völlig zum Erliegen kommen, ob es sich dabei um Magengeschwüre, Depressionen, Krebs oder Herzbeschwerden handelt oder um Probleme mit der Prostata, dem Blutdruck, den Bronchien, dem Gewicht, dem Alkohol oder um Drogenmißbrauch. Eine niedrige sexuelle Schwingung kann auf eine schlechte körperliche Verfassung hinweisen, so daß Sie vielleicht eine gründliche Untersuchung in Betracht ziehen sollten oder ein freimütiges Gespräch mit Ihrem Arzt über Ihre Libido und die möglichen Nebenwirkungen gewisser Medikamente auf Sie.

Eine niedrige sexuelle Schwingung kann aber auch bloß die Folge einer allgemeinen körperlichen Ermüdung sein. Körperliches Training kann hier rasche Abhilfe schaffen, wie immer wieder von Männern berichtet wird, die ihren Lebensstil dahingehend verändert haben. Diskussionen und gegenseitige Beschuldigungen fruchten sehr wenig in einer Beziehung, ob es sich dabei um Sex oder um etwas anderes handelt; da wäre der gemeinsame Besuch in einer Eheberatung schon lohnender. Langeweile ist oft die versteckte Ursache vieler Schwierigkeiten in so mancher Beziehung, aber ich kann Ihnen versichern: Wenn Sie dieses Buch gemeinsam mit Ihrer Partnerin durchgearbeitet haben, wird dieses Problem behoben sein!

Daraus ist klar ersichtlich, daß es viele Faktoren gibt, die zu einer niedrigen sexuellen Schwingung beitragen können. Sie müssen Ihr Leben einer genauen Beobachtung unterziehen und feststellen, wo die Probleme liegen. Stellen Sie eine Liste der möglichen »Übeltäter« auf, und haken Sie jene an, die bei Ihnen in Frage kommen. Natürlich kann man von den ätherischen Ölen nicht erwarten, daß sie bei sämtlichen Ursachen Abhilfe schaffen – mangelndes Körpertraining zum Beispiel oder Unmäßigkeit im Essen und Trinken. Diese Dinge müssen Sie schon selbst in Angriff nehmen. Doch in anderer Hinsicht stellen die ätherischen Öle ein große Hilfe dar; suchen Sie sich daher Ihre Öle aus der nun folgenden Liste aus.

Für den aromantischen Mann

Stimulierend	*Stimulierend/sedativ*	*Sedativ*
Rosmarin	Geranium	Sandelholz
Orange	Marokkanische Rose	Zedernholz
Verbene	Rosenholz	Zypresse
Jasmin	Muskatnuß	Bergamotte

Sexuell stimulierend

Ylang Ylang Kümmel Zistrose	Achtung: Ylang Ylang in großen Dosierungen kann die gegenteilige Wirkung haben

Wie ich bereits erklärt habe, erfüllen manche ätherischen Öle einen doppelten Zweck, da sie zwei verschiedene Probleme auf einmal behandeln können, je nach den Bedürfnissen der betreffenden Person. Wenn Sie nicht wissen, ob Sie ein stimulierendes oder ein sedatives Öl brauchen, dann wählen Sie ganz einfach eines der Öle aus der Liste »Stimulierend/sedativ« und lassen Ihren Körper beurteilen, was er wirklich braucht.

Das einzige, was Sie jetzt noch brauchen, ist Zeit. Ja, ich weiß, daß Sie keine haben, aber Sie brauchen nicht viel, und das wenige ist gut investiert. Hat nicht Ihr Problem teilweise mit der Tatsache zu tun, daß weniger Ihre Libido Sie im Stich gelassen hat, als daß Sie Ihre Libido vernachlässigt haben? Auch die Libido braucht ein wenig Aufmerksamkeit!

Planen Sie einen romantischen Abend – Sie brauchen gar nicht eine Menge Geld auszugeben, beschließen Sie einfach, zusammen auszugehen, um die Zeit gemeinsam zu verbringen. Beginnen Sie Ihren romantischen Tag mit einem Bad oder einer Dusche, und geben Sie das ätherische Öl Ihrer Wahl ins Badewasser oder auf den feuchten Schwamm oder Waschlappen, den Sie zum Waschen benutzen. Entspannen Sie sich, und atmen Sie den Dampf ein, schließen Sie die Augen, und stellen Sie sich Ihren Partner in einer sexuell erregenden Situation vor. Denken Sie daran, wie schön es später sein wird. Wir sind früh morgens alle sehr in Eile, doch beginnen Sie Ihren Tag fünf Minuten früher, und nehmen Sie sich Zeit für ein entspannendes Bad, und erlauben Sie Ihren Gedanken, auf diese Weise abzuschweifen. Tagsüber stellen Sie sich geistig und gefühlsmäßig auf eine sexuelle Begegnung ein. Wie Sie das machen, hängt von Ihnen und Ihrer sexuellen Vorstellungskraft ab – nehmen Sie das Lieblingsfoto Ihrer Partnerin zur Hand, oder rufen Sie sie mittags an, um ihr zu sagen: »Ich liebe dich.« Wenn Sie nach der Arbeit nach Hause kommen, schenken Sie irgendwelchen negativen Vorfällen keinerlei Beachtung. Gehen Sie eine Weile gemeinsam aus, kehren Sie dann heim, und wenden Sie eine der vielen Methoden und Rezepte aus diesem Buch an, um schließlich miteinander ins Bett zu gehen, einander zu umarmen und zu lieben. Und ich meine wirklich *lieben* – mit Ihren Augen, Händen, mit Küssen und allem, was Sie sich nur ausdenken können.

Sie können am Abend eventuell auch zu Hause bleiben, aber lassen Sie sich etwas Besonderes einfallen – gedämpfte Beleuchtung, sinnliche Musik und ein paar Tropfen ätherisches Öl auf die Glühbirne. Wenn Ihre Partnerin Lust hat, können Sie auch fernsehen und sie bitten, Ihnen sanft mit einem ätherischen Massageöl die Schultern zu massieren, um Ihre Verspannungen zu lösen.

Treffen Sie Ihre Wahl unter den bereits genannten Ölen, oder wählen Sie für Ihren romantischen Tag eine der nachstehenden Mischungen.

Zwei Bade- oder Duschmischungen für die sexuelle Schwingung

Sandelholz	5 Tropfen	Zypresse	3 Tropfen
Geranium	1 Tropfen	Kümmel	2 Tropfen

Die folgenden Massagemischungen sind mit einem Dessertlöffel Pflanzenöl zu vermengen und sollten von beiden Partnern benutzt werden.

Drei Massageölrezepte für die sexuelle Schwingung

Bergamotte	3 Tropfen	Orange	2 Tropfen	Geranium	3 Tropfen
Marokkanische		Rosmarin	3 Tropfen	Verbene	2 Tropfen
Rose	2 Tropfen	Ylang Ylang	1 Tropfen	Sandelholz	1 Tropfen
Zedernholz	1 Tropfen				

Das bloße Einschalten der Abendnachrichten genügt, um auch das stärkste Herz zu verängstigen! Wir leben in Zeiten großer sozialer Spannungen, und Streß ist zu einem ständigen Begleiter unseres Lebens geworden. Anlaß, besorgt zu sein, gibt es genug, und es ist daher kein Wunder, daß einem die tief empfundene, echte Freude am Sex vergehen kann. Sex ist andererseits ein gutes Mittel gegen Streß – in wenigen Augenblicken läßt er uns bis auf unsere Gefühle und erotischen Empfindungen alles um uns herum vergessen und schenkt uns im Orgasmus die größte Entspannung. Aber den Orgasmus als Sicherheitsventil gegen Druck aller Art benutzen heißt am eigentlichen Sinn vorbeigehen – dem Fest der Liebe, das uns mit Zufriedenheit und unerklärlicher überirdischer Freude erfüllen kann. Um aber vom Sicherheitsventil zum Fest der Liebe zu gelangen, müssen wir Streß und Spannungen schon vorher abbauen.

In ruhigen, freundlichen Räumen bringen erfahrene Therapeuten Körper, Seele und Geist wieder in ein harmonisches Gleichgewicht – mit Hilfe sorgfältig zusammengemischter Öle. Alle Sorgen verfliegen, und die Patienten kehren zu Arbeit oder Spiel zurück, besser imstande, mit Ihrem Leben fertig zu werden und es aufs neue zu genießen.

Öle bei Streß und Spannung		*Öle bei Angst und Beklemmung*	
Neroli	Vetiver	Basilikum	Lavendel
Patschuli	Jasmin	Melisse	Koriander
Majoran	Zedernholz	Ingwer	Bergamotte

Sie können eines dieser Öle benutzen oder mehrere Öle Ihrer Wahl zusammenmischen und in eine kleine Flasche oder Phiole füllen, an der Sie dann bei Bedarf riechen. Ich kenne viele leitende Angestellte aus großen Konzernen, die ihre kleinen Fläschchen nicht mehr missen möchten, die ihnen helfen, arbeitsreiche Tage mit Konferenzen zu überstehen, und Sie wären überrascht, wenn Sie wüßten, wie viele lebenswichtige Entscheidungen in weltweiten Angelegenheiten unter Einfluß der ätherischen Öle getroffen werden. Erinnern wir uns daran, daß diese Öle ohne Umschweife da wirken, wo sie gebraucht werden, direkt im Zentrum unserer Gefühle und Willensbildung, im Unterschied zu den chemischen Mitteln, die erst die Barrieren unseres Körpers, Verdauungsapparat und Blutstrom, zu überwinden haben.

Zwei synergistische Mischungen gegen Streß, Spannung und Angst für den Mann

Vetiver	1 Tropfen	Koriander	2 Tropfen
Bergamotte	2 Tropfen	Jasmin	1 Tropfen
Geranium	2 Tropfen	Bergamotte	2 Tropfen

Basilikum entspannt das Nervensystem und erhöht die Konzentrationsfähigkeit. Es wird schon lange dazu benutzt, um Dinge klarer und schärfer zu sehen. Wenn Sie wollen, können Sie einen Tropfen Basilikum zu den obengenannten Rezepten hinzufügen.

Wenn Sie den Geruch der Öle oder Mischungen in ihrer unverdünnten Form zu stark finden, dann fügen Sie einfach einen Teelöffel reinen Alkohol oder Wodka oder Pflanzenöl hinzu, um daraus eine Mischung für Ihr After-shave oder Körperöl zu machen. Lassen Sie sich nicht abhalten, aus den genannten Ölen eine eigene Mischung zusammenzustellen. Da eines so gut wie das andere ist, können Sie ruhig nach eigenem Gutdünken vorgehen.

Bäder sind ebenfalls eine sehr einfache Methode, um sich die natürlichen Öle zunutze zu machen und um auf angenehme Weise körperliche und geistige Spannungen zu lösen. Lassen Sie sich von den lauwarmen Fluten Ihrer Badewanne umspülen und die Sorgen wegschwemmen, während Sie Ihre Aufmerksamkeit auf den Duft der ätherischen Öle konzentrieren. Nehmen Sie entweder vier Tropfen von einem der auf Seite 143 genannten Öle, oder suchen Sie sich unter den folgenden Vorschlägen eine Mischung aus, die Ihnen zusagt.

Drei Bademischungen gegen Streß und Spannungen für den Mann

Zedernholz	2 Tropfen	Vetiver	2 Tropfen	Koriander	2 Tropfen
Bergamotte	2 Tropfen	Lavendel	2 Tropfen	Neroli	2 Tropfen

Die ätherischen Öle eignen sich ausgezeichnet für Massagen, besonders wenn man das Glück hat, selber massiert zu werden. Man kommt dann zu einem doppelten Genuß: Erstens dringen die Moleküle der ätherischen Öle über Atem und Haut in unseren Körper ein, und zweitens kann man einige Minuten lang still liegen und sich an der wohltuenden Berührung liebender Hände erfreuen. Aber ob die Massage nun von hilfreichen Händen oder von eigener Hand durchgeführt wird – reiben Sie mit dem Öl den ganzen Körper ein, unter besonderer Berücksichtigung der Zonen um den Solarplexus (= rund um den Nabel), um den Hals und um die Schultern. Sparen Sie die Genitalien aus! Nehmen Sie sich Zeit für die Massage – Sie brauchen sich nicht zu beeilen! Sie können hierzu eines oder mehrere der auf Seite 143 genannten Öle bis zu einer Gesamtmenge von vier Tropfen mit einem Eßlöffel Pflanzenöl vermischen oder eines der folgenden Rezepte ausprobieren.

Vier Massagemischungen gegen Angst, Streß und Spannung für den Mann

Jasmin	2 Tropfen	Majoran	2 Tropfen
Bergamotte	2 Tropfen	Ingwer	2 Tropfen
Melisse	2 Tropfen	Zedernholz	2 Tropfen
Vetiver	2 Tropfen	Lavendel	2 Tropfen

Jeweils mit 1 Eßlöffel Pflanzenöl vermengen

Wenn geistige Müdigkeit die sexuelle Phantasie und Schwingung untergräbt, so nimmt Ihnen die körperliche Müdigkeit jede Energie für sexuelle Betätigung, selbst wenn Ihnen der Gedanke daran verlockend erscheint. Ermüdung der Muskeln kann jeden heimsuchen und ist das Ergebnis einer längeren Überbeanspruchung der Muskeln. Vorausgesetzt, daß die Ermüdung nicht auf eine Verletzung oder Krankheit zurückzuführen ist und Ihnen ansonsten nichts fehlt, wäre es zu empfehlen, auf die ätherischen Öle für Massagen und belebende Duschen zurückzugreifen. Nichts wirkt besser auf einen müden Körper.

Das ist nicht die geeignete Zeit für lange, ausgedehnte Bäder, weil sie noch mehr an Ihrer Energie zehren würden. Sparen Sie sich die Bäder für eine Zeit auf, wo Sie unter Streß stehen. Was Sie bei muskulärer Ermüdung brauchen, ist eine stimulierende Dusche oder Massage der Muskeln. Geben Sie insgesamt vier Tropfen von den nachstehend genannten Ölen auf Ihren Schwamm oder Waschlappen, wenn Sie eine Dusche nehmen. Daß das ätherische Öl in Ihrem Schwamm verschwindet, braucht Sie nicht zu kümmern, die Menge ist völlig ausreichend und wird Ihnen guttun. Verwenden Sie das Öl regelmäßig jeden Tag zwei Wochen lang, setzen Sie dann eine Woche lang aus, ehe Sie erneut mit der Behandlung beginnen. Sie werden staunen, welche Wunder dieser kleine Zusatz in Ihrem Alltag vollbringen kann.

Sie können entweder ein Öl oder mehrere Öle zusammen benutzen, ohne daß Sie die empfohlene Gesamtmenge von vier Tropfen pro Duschbad oder zwei Tropfen pro Dessertlöffel Pflanzenöl für die Massage überschreiten sollten. Rosmarin wirkt sich auch allein überaus günstig auf müde Muskeln aus. Lavendel stärkt. Salbei und Thymian können schmerzhafte Reizungen nach dem Körpertraining lindern. Zypresse tut den Muskelfasern gut und erhöht die Zirkulation. Eukalyptus wirkt stimulierend und entzündungshemmend. Jede beliebige Kombination hilft gegen Muskelmüdigkeit.

Sie können Ihre Muskeln entweder selbst massieren oder die Hilfe Ihres Partners oder eines Therapeuten in Anspruch nehmen. Jedes der zuvor genannten Öle eignet sich als Körperlotion, indem Sie zwei Tropfen ätherisches Öl mit einem Dessertlöffel Pflanzenöl vermengen; Sie können aber auch die nachstehend vorgeschlagenen Mischungen kopieren.

Drei Massageölmischungen bei müden Muskeln

Rosmarin	1 Tropfen	Zypresse	1 Tropfen	Salbei	1 Tropfen
Lavendel	1 Tropfen	Thymian	1 Tropfen	Eukalyptus	1 Tropfen

Bei einer Frau wird der Übergang zur zweiten Lebenshälfte durch die Menopause klar markiert. Da beim Mann keine solche offensichtlichen Anzeichen für »den Wechsel« auftreten und er außerdem bis ins hohe Alter Kinder zeugen kann, schließt man daraus, daß eine männliche Menopause nicht existiert. In körperlicher Hinsicht manifestiert sich sein »Wechsel« in einer Verringerung der Produktion männlicher Geschlechtshormone, doch die damit verbundenen Veränderungen fallen weder sexuell noch sonst besonders ins Gewicht, im Gegenteil zu den psychologischen Veränderungen, die um Mitte Fünfzig herum auftreten.

Obwohl ein Mann um die Fünfzig körperlich noch immer gut bei Kräften ist, muß er sich doch mit dem Gedanken vertraut machen, daß er nicht mehr so agil wie früher ist. Es könnte sein, daß er sich vom Teamsport, wie zum Beispiel Fußball, zurückzieht oder daß er ein schlechtes Tennisspiel mit den Worten entschuldigt: »Wäre ich in seinem Alter, hätte ich das Spiel gewonnen«, bis er plötzlich vom Arzt hört, daß er in »seinem« Alter besser auf seine Gesundheit achten müsse, und auf die eine oder andere Weise mit der Tatsache des Älterwerdens konfrontiert wird.

Kein Mann sollte in seinen späteren Jahren Zeit damit verschwenden, zu grübeln, was hätte sein können, sondern sich auf das besinnen, was ist. Sich bescheiden mag vielleicht schwierig sein, weil die Tyrannei des Gewinner-und-Verlierer-Syndroms nie nachzulassen scheint, doch der weise Mann erkennt – und Weisheit kommt mit dem Alter –, daß nicht das wichtig ist, was ein Mann hat, sondern das, was er *ist*. Das Alter bietet uns die Gelegenheit, uns nicht nur von sozialen Zwängen, wie zum Beispiel dem Anhäufen von materiellen Gütern, zu befreien, sondern auch von der zwanghaften Idee, daß es in der Liebe auf Quantität statt auf Qualität ankomme. Sexuelle Befriedigung kann nicht anhand der Zahl von Ejakulationen gemessen werden – die einen erfüllen jahrelang »pünktlich« ihre Aufgabe, während die anderen vielleicht bloß einmal im Monat Geschlechtsverkehr haben und dabei in Dimensionen vorstoßen, die den ersteren für immer verschlossen bleiben. Im Alter bietet sich einem Mann die Gelegenheit, seine Sexualität zu erforschen wie noch nie zuvor.

Lesen Sie den Abschnitt »Der Meistergriff« (Seite 153ff.), und versuchen Sie, Ihr »Liebesprogramm« von einem hastigen Zusteuern auf die Ejakulation auf einen langsameren, verzögerten Ablauf umzustellen. Um ein guter Liebhaber zu sein, brauchen Sie nicht die große physische Energie der Jugend, und Ihre späteren Jahre können genau den Ansporn liefern, den Sie benötigen, um Ihre Sexualität neu zu beurteilen. Die Unfähigkeit zu mehrmaligen Erektionen und Ejakulationen hintereinander ist nämlich keinesfalls gleichzusetzen mit einer verminderten Fähigkeit, eine bereits vorhandene Erektion für längere Zeit aufrechtzuerhalten. Wenn Sie Ihre späteren Jahre als neuen Anfang sehen, werden Sie vielleicht feststellen, daß das konzentrierte Bemühen um eine Verzögerung der Ejakulation (und gleichzeitig der Erholungsphase) Ihnen die Gelegenheit gibt, Erfahrungen auf dem Gebiet des Orgasmus ohne Ejakulation zu sammeln – eine durchaus reale physische Gegebenheit, die zu erforschen jedoch von den meisten Männern als nicht der Mühe wert betrachtet wird, weil sie der Ansicht sind, es würde sich nicht lohnen.

Sollten Sie allerdings das Gefühl haben, das zunehmende Alter würde sich auf Ihr Liebesleben niederschlagen, dann sind die nachstehenden Öle das richtige für Sie. Sie werden Ihren Körper entspannen, auf Verstand und Gemüt dagegen stimulierend wirken. Geben Sie neun Tage lang täglich vier bis sechs Tropfen davon ins Badewasser, oder benutzen Sie eine der »Raummethoden« (s.S.55). Sie werden überrascht sein, wie schnell Sie einerseits Ihr Selbstvertrauen und andererseits Ihren klaren Verstand wiederfinden werden. Ich bin sicher, Sie werden diese Öle als wunderbare Bereicherung Ihres Alltags empfinden.

Öle für den Mann in den besten Jahren

Bergamotte
Geranium
Zypresse
Lavendel
Muskatellersalbei
Basilikum (nur halbe Menge benutzen)

Es folgen drei exklusive Rezepte, die Ihnen sowohl physisch als auch psychisch helfen werden, die Energie und den Optimismus Ihrer Jugend wiederzugewinnen. Es handelt sich um synergistische Mischungen; fertigen Sie daher zuerst ein Konzentrat an, und geben Sie von diesem vier Tropfen in Ihr Badewasser oder in den Luftbefeuchter. Ebenso eignet sich ein Wasserspray oder eine Wasserschale.

Drei synergistische Mischungen für den Mann in den besten Jahren

Bergamotte	8 Tropfen	Muskatellersalbei	6 Tropfen	Zypresse	8 Tropfen
Lavendel	5 Tropfen	Geranium	5 Tropfen	Bergamotte	5 Tropfen
Basilikum	3 Tropfen	Bergamotte	6 Tropfen	Muskatellersalbei	4 Tropfen

In der TV-Werbung wird das beste Mannesalter als Zeit zur Anhäufung materieller Werte angepriesen; betrachten wir Aromantiker es lieber als Zeit zum Leben und zum Sammeln von Erfahrung, Weisheit und Liebe.

Erektion

Der Mann befindet sich in der paradoxen Situation, daß, trotz der Erwartung, daß er nie die Kontrolle verlieren darf, Frauen hingegen intuitiv handeln sollen, das primäre Symbol der Männlichkeit – der Penis – so schwer zu kontrollieren ist und, vielleicht mehr als ein anderes Organ des menschlichen Körpers, so willkürlich reagiert. Dieses Pardox zu akzeptieren kann für einen Mann schwierig genug sein, ganz zu schweigen davon, es einem anderen einzugestehen.

Mr. E. war vierundvierzig Jahre alt, als er mich wegen eines Rückenleidens aufsuchte, das ihm seit vielen Jahren zu schaffen machte und zusehends schlimmer wurde. Als ich ihn untersuchte, stellte ich fest, daß sein ganzer Rücken stark verkrampft war, und bald entdeckte ich auch, daß Mr. E. reizbar und aufbrausend war. Im Laufe seiner Behandlung versicherte er mir, daß alles in Ordnung sei, er habe keine Probleme, weder in der Arbeit noch beim Schließen neuer Freundschaften mit Frauen, so daß es hier unmöglich eine versteckte Ursache für die Verspannung geben könne, die sich so eindeutig in seinen Rückenmuskeln zeigte. Da entgegen meinen Erwartungen keine Besserung eintrat, beschloß ich, ihn an einen Facharzt zu überweisen. Da entschloß sich Mr. E., mir sein Problem zu enthüllen – er konnte keine Erektion bekommen. Gelegentlich reichte es für eine halbe Erektion, die jedoch bei dem Versuch, in die Partnerin einzudringen, sofort nachgab. Penetration war in der Tat unmöglich.

Mr. E. ist typisch für viele Männer. Er bot der Welt das Bild einer sehr dynamischen »männlichen« Erscheinung und lud sich all seinen Streß im wahrsten Sinne des Wortes auf die Schultern und den ganzen Rücken bis hinunter zum Sexualzentrum. Da Mr. E. dem äußeren Anschein nach so gut mit allen Problemen fertig wurde, fiel es ihm schwer, einzusehen und sich einzugestehen, daß er den Streß in seinem Körper ablagerte.

Nun war ich voll im Bilde und konnte eine neue Ölmischung für ihn und seine Freundin zum Hausgebrauch zusammenstellen, und in dem Maße, in dem sich unter Anwendung der ätherischen Öle seine Spannnung löste, verbesserte sich auch seine Erektion. Da Mr. E. die Situation so lange hatte anstehen lassen, ehe er sich in Behandlung begab, dauerte es zwei Monate, bis er seine Sexualität wiederfand, und länger noch, bis der Schaden in seinen Rückenmuskeln behoben werden konnte.

So unangenehm der Verlust der Erektionsfähigkeit auch sein mag, ist er doch ein Hinweis des Körpers, der sozusagen um Hilfe ruft. Scheuen Sie niemals davor zurück, über Ihre sexuellen Probleme mit Ihrem Arzt zu sprechen, da Sie ihm symptomatische Hinweise geben könnten. Viele nur sehr vage Symptome, die einem kaum der Rede wert scheinen, können doch wichtige Anzeichen einer gesundheitlichen Beeinträchtigung darstellen. Gewichtsverlust, Verdauungsstörungen, Übelkeit, Magenschmerzen, Müdigkeit, Schwindel und natürlich auch Impotenz können Symptome für viele Krankheiten sein. Erektionsschwierigkeiten sind nicht einfach nur »psychische Probleme«, derentwillen Sie das Gefühl haben, sich schämen zu müssen. Hatten Sie gewöhnlich morgens eine Erektion, so könnte das plötzliche Ausbleiben ein Anzeichen für Diabetes, Gefäßstörungen, multiple Sklerose, spinale Verletzungen und dergleichen mehr sein. Bitte ignorieren Sie dieses Anzeichen nicht, indem Sie sagen: »Ich bin einfach müde« oder »Ich finde sie nicht mehr attraktiv« oder irgendeine andere Entschuldigung finden – suchen Sie Ihren Arzt auf, und bestehen Sie auf einer gründlichen Untersuchung. Körperbewußtsein kann Ihr Leben retten. Ein ziemlich seltenes Problem, über das Sie Bescheid wissen und bei dem Sie ebenfalls sofort einen Arzt aufsuchen sollten, ist Priapismus (= Dauererektion). Die Ursache hierfür könnte in einer Hormonstörung oder in einer Vergrößerung der Prostata liegen.

Viele Männer leiden still und allein unter dem Problem ihrer Impotenz. Im allgemeinen tauschen Männer nämlich untereinander keine Informationen über Gesundheit und Sex aus, wie das Frauen üblicherweise tun – vielleicht weil die in den »Männergarderoben« üblichen Übertreibungen in punkto Sex zu einem offenen Gespräch nicht gerade ermutigen. Manche Männer schrecken vor einem Besuch beim Arzt zurück, weil sie glauben, er werde sie einfach zu einem Psychiater überweisen. Tatsächlich kann Impotenz in vielen Fällen ziemlich leicht behoben werden, wie zum Beispiel bei venöser Undichte, bei der das Blut einfach durch den Penis durchrinnt, ohne anzuhalten, weil die Ventile nicht schließen. Ein kleiner chirurgischer Eingriff kann dies leicht beheben.

Außerdem lohnt sich ein Gespräch mit dem Arzt, wenn Ihnen Medikamente verschrieben worden sind. Sedative, hypnotische Drogen wie Diazepam (Valium) können sich auf die Libido auswirken, ebenso Barbiturate – die auch Erektion und Orgasmus beeinträchtigen können. Chlordiazepoxid (Librium) beeinflußt ebenfalls die Ejakulation. Einige anticholinergische Medikamente, die bei Darmkrämpfen verschrieben werden, können Impotenz und ejakulatorische Störungen verursachen, so daß Sie, wenn Sie Atropine, Homatropine, Belladonna Alkaloide oder Probantheline nehmen, diese als mögliche Ursache für Ihre sexuellen Probleme in Betracht ziehen sollten. Auch bestimmte rezeptfreie Schnupfenmittel enthalten eine Kombination von Antihistaminen und anticholinergischen Mitteln, die Libido, Erektion und Ejakulation beeinträchtigen können, falls sie in höheren Dosierungen als vorgeschrieben genommen werden. Sie sollten sich auch dessen bewußt sein, daß chemische Drogen im Körper einen Rückstand hinterlassen, so daß dieser einige Zeit brauchen wird, um die Harmonie wiederherzustellen.

In der Tat, wenn Sie alle möglichen Ursachen für eine mangelhafte sexuelle Erregung und Reaktion zusammenzählen, dann grenzt es schon fast an ein Wunder, daß es überhaupt einmal klappt! Allzuoft verkehrt sich die Freude am Sex in die Angst vor dem Versagen, so daß ein leichter Fall von Impotenz schnell chronisch werden kann, einfach weil der Mann fürchtet, daß es zu einer Wiederholung kommen könnte. In dieser Situation zur Flasche zu greifen führt bloß zu einer Verschlimmerung des Problems; lassen Sie es daher lieber bleiben. Wenden Sie sich statt dessen Ihren Fläschchen mit den ätherischen Ölen zu, denn diese tun Leib und Seele nur Gutes.

Erwarten Sie von den ätherischen Ölen keine sofortige Wirkung, wie sie bestimmte, in den Sexshops erhältliche Mittel verheißen (sie haben ohnehin nicht den besten Ruf), denn die Natur braucht ihre Zeit. Vielleicht braucht es nur ein paar Anwendungen, vielleicht dauert es einige Monate, aber das Resultat wird Sie für Ihre Geduld entschädigen. Jedes Mittel, das eine sofortige Erektion verspricht, ist als gefährlich einzustufen. Das bekannteste Aphrodisiakum ist wahrscheinlich »spanische Fliege«, benannt nach dem Käfer, der den Giftstof Cantharidin enthält, der über Eigenschaften verfügt, die eine Reizung des gesamten Genital- und Urinalsystems bewirken, was unter anderem auch zu einer Erektion führen kann. Das Einnehmen der »spanischen Fliege« kann laut Herbert Seymour unzählige Probleme verursachen und schließlich damit enden, »daß es zu einem Magendurchbruch kommt, zu Geschwüren entlang dem gesamten Verdauungstrakt, zu Dysenterie, bis zum Schluß unter unerträglichen Qualen der Tod eintritt«: Hier haben wir es offensichtlich mit einem Aphrodisiakum zu tun, vor dem man sich unter allen Umständen hüten sollte. Trotz seines zweifelhaften Rufes scheint die »spanische Fliege« außergewöhnlich populär zu sein, was nur beweist, wie verzweifelt die Männer zu allen Zeiten bemüht waren, »ihren Mann zu stellen«. Doch werfen wir nun einen Blick auf die Liste der harmlosen, aber wirksamen ätherischen Öle, die bei Erektionsschwierigkeiten und Impotenz eingesetzt werden können.

Ätherische Öle, die bei Erektionsschwierigkeiten helfen

Ambrette	Muskatellersalbei
Anis (Grüner)	Orange
Basilikum	Rosmarin
Bockshornklee	Marokkanische Rose
Bohnenkraut	Salbei
Gewürznelke	Sandelholz
Ingwer	Sellerie
Koriander	Thymian
Lavendel	Zimt
Muskatblüte	

Diese Substanzen werden schon jahrhundertelang dazu benutzt, die Härte und Dauer der Erektion zu verbessern. Erfinden Sie keine eigene Mixtur, sondern befolgen Sie meine Rezeptvorschläge, oder wählen Sie unter den genannten Ölen eines für Ihren Gebrauch aus. Wir werden von drei verschiedenen Arten von Erektionsschwierigkeiten ausgehen, für die es jeweils eigene Rezepte gibt, so daß Sie versuchen sollten, herauszufinden, welche Situation auf Sie zutrifft.

Wir beginnen mit den Rezepten für Erektionsschwierigkeiten, die in Zusammenhang mit Angst, Streß und Spannungen stehen, was sich meistens sehr leicht feststellen läßt. Sie können die Behandlung allein vornehmen, doch wenn Sie einen Partner haben, ist es von Vorteil, sich dabei helfen zu lassen. Denn der unter Erektionsschwierigkeiten Leidende kommt sich zwar häufig mit seinem Problem allein gelassen vor, vergißt aber dabei, daß sich auch seine Partnerin oft auf irgendeine Weise mitverantwortlich fühlt, weil es ihr nicht gelingt, bei ihm eine Erektion auszulösen – meist kommt sie sich genauso allein vor. Der Mann sollte seiner Partnerin daher die Möglichkeit geben, ihr Mitgefühl und Verständnis auszudrücken; dann werden Sie wieder zueinanderfinden.

Beginnen Sie die Behandlung mit einer Massage Ihres Partners (wenn es sich um einen männlichen Partner handelt, sollte er versuchen, zu diesem Zeitpunkt selber keine Erektion herbeizuführen, weil das Ihre Minderwertigkeitsgefühle noch verstärken würde). Massieren Sie langsam und entspannt den Rücken Ihres Partners. Die Moleküle der ätherischen Öle werden sich dabei mit den Pheromonen Ihres Partners vermischen und über Ihren Geruchssinn in Sie selber eindringen; atmen Sie daher tief und

Manche Männer möchten alles sofort haben, ja, lieber wäre ihnen noch, wenn die Heilung schon gestern erfolgt wäre, doch sich mit der soeben beschriebenen Technik beschäftigen wollen sie nicht. Was soll ich dazu sagen? Sie könnten eine andere Methode ausprobieren – sie ist zwar nicht so wirksam, weil sie weniger auf den Penis als auf das Gehirn wirkt – und eines der folgenden Öle in Verbindung mit einer der Raummethoden benutzen. Ein jedes dieser Öle eignet sich auch als Zusatz für ein Massageöl nach Ihrem eigenen Rezept.

Ätherische Öle, die bei der Bekämpfung vorzeitiger Ejakulation helfen

Muskatellersalbei	Hyazinthe
Muskatnuß	Majoran
Vetiver	Marokkanische Kamille
Narzisse	Benzoe

Massageöl: 5 Tropfen pro 1 Teelöffel Pflanzenöl
Raumverteiler: 10 Tropfen

Hier sind einige Rezepte, die sowohl für die Massage als auch für den Raumverteiler gut geeignet sind. Eine zweiwöchige tägliche Anwendung ist zu empfehlen, besonders in Nächten, in denen die Liebe in der Luft liegt.

Vier Rezepte zur Bekämpfung vorzeitiger Ejakulation

Narzisse	2 Tropfen	Vetiver	2 Tropfen
Muskatnuß	2 Tropfen	Marokkanische Kamille	2 Tropfen
Majoran	2 Tropfen	Hyazinthe	2 Tropfen
Muskatellersalbei	2 Tropfen	Benzoe	2 Tropfen

Massageöl: Mit 1 Eßlöffel Pflanzenöl vermengen
Raumverteiler: Menge verdoppeln

Experimentieren Sie mit sexuellen Stellungen, um eine zu finden, in der die Stimulierung des Penis nicht so groß ist. Seien Sie versichert, daß Sie mit diesem Problem nicht allein auf der Welt sind, und haben Sie Geduld. Vertrauen Sie Ihrem Gedankenblitz, dann werden Sie bald wieder alles unter Kontrolle haben.

Der Meistergriff

Für eine sogenannte emanzipierte Gesellschaft ist unsere Einstellung zur Masturbation noch immer von einem hohen Maß an Schuldgefühlen geprägt. Der Hite-Report über die männliche und weibliche Sexualität bestätigt dies, und das trotz der Tatsache, daß heutzutage beinahe jedermann sich klar darüber ist, daß Masturbation weder bestraft wird noch zu Blindheit, Warzen, Irrsinn oder allgemeinem körperlichen Unwohlsein führen kann. Shere Hites Fazit der männlichen Gefühle von 1981 zeigt, daß wir auf diesem Gebiet noch weit davon entfernt sind, emanzipiert zu sein.

Die Probleme beginnen, wenn die frühreife Sexualität der Kinder von den Eltern mit Ohrfeigen unterdrückt wird, weil diese verständlicherweise befürchten, ihr Kleiner könnte, wenn ihm nicht rechtzeitig klargemacht wird, daß brave kleine Buben nicht an sich herumspielen dürfen, im Kindergarten seinen Penis herausholen, wenn ihm langweilig wird. Früh genug lernen wir – das darfst du nicht tun! Nicht einmal unter der Bettdecke, wird uns gesagt, denn Gott sieht alles, und die Ansicht der Kirche ist unmißverständlich: Der Vatikan hat die Masturbation als einen »Akt ernsthaft gestörten Verhaltens« bezeichnet. Wer wagt es da noch, sich dazu zu bekennen?

Und dennoch ist der Sexualtrieb vorhanden. Kinsey stellte fest, daß es nichts Ungewöhnliches sei, daß Knaben in der Pubertät ein halbes Dutzend Mal am Tag masturbieren, und da sie über fast keine Privatsphäre verfügen, erfolge die Masturbation in großer Eile und in ständiger Angst, entdeckt zu werden.

Wieviel besser wäre es, einen Jungen zu lehren, daß Masturbation ein natürlicher Teil des Heranreifens ist, etwas, woran man sich erfreuen kann, ein Vorgang, der soviel und so lange wie möglich zu genießen ist, eine Vorbereitung auf den eigentlichen und von noch größeren Empfindungen begleiteten Liebesakt. Würden Eltern auf diese Weise vorgehen, dann hätten ihre Söhne keine Schwierigkeiten mit vorzeitiger Ejakulation und könnten lernen, die beiden unterschiedlichen körperlichen Vorgänge auseinanderzuhalten, die sie jetzt als einen einzigen Prozeß, als Orgasmus, betrachten.

Tausende Jahre vor der »Entdeckung« von Masters und Johnson wußten manche Kulturen, daß das sexuelle Reaktionsvermögen des Mannes aus zwei ganz verschiedenen körperlichen Prozessen besteht – aus Orgasmus und Ejakulation. In verschiedenen Kulturen hat sich das Verständnis der männlichen Sexualität infolge der jeweils vorherrschenden Philosophie verschieden entwickelt. In Indien besteht zwischen Sexualität und spiritueller Entwicklung ein starker Zusammenhang, und eines der vier Lebensziele der Hindu ist der Genuß sinnlicher und sexueller Freuden. In China galt Sex als Medizin, Langlebigkeit hielt man für das Ergebnis eines beglückenden Sexuallebens und insbesondere der Unterdrückung der Ejakulation während eines länger andauernden Geschlechtsverkehrs, bei dem sich sowohl der Mann als auch die Frau mehrerer Orgasmen erfreuten.

Es würde ein ganzes Buch brauchen, um sich mit den Gepflogenheiten auseinanderzusetzen, die von anderen Kulturen zur Erleichterung männlicher Orgasmen unter Vermeidung der Ejakulation entwickelt wurden, so daß ich mich hier auf die wichtigsten Aspekte und die Anwendung der ätherischen Öle beschränken muß.

Zunächst hilft Ihre Atemtechnik die Ejakulation kontrollieren. Zwischen dem Atemvorgang und der Ejakulation besteht ein Zusammenhang – wenn Sie Ihren Atem kontrollieren können, können Sie auch den Weg Ihres Samens kontrollieren. Angestrengtes, flaches Atmen beschleunigt den Samen in seinem Lauf, während tiefes, rhythmisches Atmen ihn verlangsamt und ein zeitweiliges Anhalten des Atems, in Verbindung mit anderen Methoden, ihn zum Erliegen bringt.

Um die Dauer des Liebesaktes kontrollieren und beliebig verlängern zu können, sollten Sie die Luft langsam und rhythmisch durch die Nase einziehen, bis tief hinunter in den Unterbauch. Dies kompensiert die Wirkung des vegetativen Nervensystems (Sympathikus), das für die Produktion des Adrenalins zuständig ist, welches die Ejakulation auslöst. Sobald Sie das Gefühl haben, die Kontrolle zu verlieren, lenken Sie Ihre Aufmerksamkeit sofort auf Ihre Atemtechnik. Konzentrieren Sie sich auf Ihre Lunge und auf die Bewegung Ihrer Brust, die sich hebt und senkt, und fühlen Sie, wie die Luft durch Ihre Nase streicht. Denken Sie an keine anderen körperlichen »Vorgänge« auf keinen Fall an Ihren Penis! Oder an Ihren Orgasmus! Wenn Sie solche Gedanken zulassen, wird Ihre Vorstellungskraft mit Ihnen durchgehen, und Sie werden in der Tat diesen Orgasmus haben. Während Sie sich wieder ganz auf Ihren Atem konzentrieren, halten Sie in der Bewegung inne. Sie sollten versuchen, dieses Atembewußtsein während der Masturbation anzuwenden, und auch beim Geschlechtsverkehr kurz vor dem Höhepunkt Ihren Partner bitten, in der Bewegung innezuhalten.

Weil die Masturbation sooft als Toilettenangewohnheit oder als Entspannungsmittel abgetan wird, glaube ich, daß es am besten ist, eigens eine bestimmte Zeit dafür vorzusehen, anstatt einfach aus dem sofortigen Bedürfnis heraus zu masturbieren. Die bloße Tatsache des Vorausplanens schafft bereits ganz andere Voraussetzungen – Respekt und Verantwortung für den eigenen Körper. Genießen Sie die Vorfreude, nehmen Sie den Telefonhörer ab, und bereiten Sie Ihre Öle vor!

Zuerst noch eine Warnung! Wenn ich »einen Tropfen« sage, dann nehmen Sie bitte nur *einen* Tropfen und nicht zwei oder drei, sonst könnte es sein, daß Sie statt angenehmer Empfindungen eine Irritation oder Überreizung erleben, wie sie die »spanische Fliege« hervorruft.

Nehmen Sie ein Schnapsglas zur Hand (es faßt etwa 30 ml Flüssigkeit), und füllen Sie es mit Ihrem Basisöl. Als Basisöl eignet sich am besten Mandelöl, weil es leicht und angenehm ist und außerdem noch die Haut ernährt. Fügen Sie insgesamt nicht mehr als drei Tropfen ätherisches Öl hinzu, das Sie unter den folgenden erogenen Ölen auswählen.

Trainingsöle für die Selbstbefriedigung

Kümmel	Patschuli	Ylang Ylang
Koriander	Sandelholz	Tonkabohne
Jasmin	Marokkanische Rose	Kardamom
Muskatnuß	Ambrette	

Versuchen Sie zwei oder drei Öle aus dieser Liste miteinander zu kombinieren – nur von Ihrer Vorliebe für bestimmte Öle ausgehend. Nachstehend einige Vorschläge für Kombinationen zum Ausprobieren.

Vier Trainingsmischungen für die Masturbation

Marokkanische Rose	1 Tropfen	Jasmin	1 Tropfen
Kümmel	1 Tropfen	Ambrette	1 Tropfen
Tonkabohne	1 Tropfen	Koriander	1 Tropfen
Ylang Ylang	1 Tropfen	Muskatnuß	1 Tropfen
Sandelholz	1 Tropfen	Marokkanische Rose	1 Tropfen
Kardamom	1 Tropfen	Patschuli	1 Tropfen

Zu 30 ml Mandelöl hinzufügen

Nachdem Sie die Mischung Ihrer Wahl angefertigt haben, geben Sie ein wenig von dem Öl auf Ihren Unterbauch, knapp über den Schamhaaren. Das ist eine besonders empfindliche Stelle, die auf leichten Druck sehr gut reagiert, und wenn man sie sanft und rhythmisch mit kreisenden Bewegungen im Uhrzeigersinn reibt, kann es leicht zu einer Erektion kommen. (Haben Sie einen hilfsbereiten Partner, dann können Sie sich von ihm eine zur Erektion führende Rückenmassage machen lassen. Bei dieser Massage wird entlang einem zu beiden Seiten der Wirbelsäule liegenden, etwa zehn Zentimeter hohen Streifen am unteren Ende der Wirbelsäule mit der flachen Hand sanft gerieben.) Untersuchen Sie auch die Empfindsamkeit Ihrer Oberschenkel und Ihres Hodensacks. Lassen Sie sich Zeit, und genießen Sie eine Weile das Gefühl, eine Erektion zu haben.

Stimulieren Sie jetzt sanft den Schaft Ihres Penis, indem Sie das Öl sanft auf beliebige Weise verreiben. Untersuchen Sie das Frenulum, das besonders empfindlich ist. Unterscheiden Sie die verschiedenen Empfindungen, die Sie während dieser Zeit an der Spitze oder an der Wurzel des Penis oder entlang der Vene auf der Unterseite hervorrufen können. Bald werden die ersten Anzeichen eines beginnenden Orgasmus auftreten, machen Sie ruhig weiter, aber noch ehe Sie den Punkt erreichen, wo es keine Umkehr mehr gibt, halten Sie inne. Schließen Sie die Augen, nehmen Sie die Hand weg, und atmen Sie tief und rhythmisch durch die Nase, bis Sie sich wieder gefaßt haben. Dann setzen Sie die Stimulierung erneut fort. Spüren Sie, daß Sie sich dem Orgasmus nähern, hören Sie auf.

Ist die Situation in Ihrer Beziehung aufgrund vorzeitiger Ejakulation untragbar geworden, wenden Sie die auf Seite 152 beschriebene Preßtechnik von Masters und Johnson an. Sie könnten auch einen Versuch mit einer anderen, im Osten viel bewunderten Technik machen – drücken Sie mit dem Mittelfinger Ihrer freien Hand fest auf den Punkt, der genau in der Mitte zwischen Hodensack und Anus liegt. Das ist ein Akupressurpunkt, der den Samenfluß stoppt. Sie brauchen sich übrigens keine Sorgen zu machen, was passiert, wenn Sie auf diese Weise herumspielen und nicht ejakulieren – die Samenflüssigkeit gelangt in die Blase und wird beim nächsten Urinieren durch den Penis ausgespült. Diese Techniken werden schon seit vielen Jahrhunderten praktiziert, ohne daß irgendwelche schädigenden Wirkungen berichtet worden wären.

Diese Art von manuellem Training, kombiniert mit bewußter Atmung, bringt bei regelmäßiger Übung die Ejakulation unter Kontrolle. Übertragen auf den Geschlechtsverkehr, gibt Ihnen die Beherrschung dieser Technik die Möglichkeit, sich auf Ihre Empfindungen zu konzentrieren, was sehr wichtig ist, weil das eigentliche Ziel darin besteht, die winzige Zeitspanne von ein oder zwei Sekunden, die Orgasmus und Ejakulation trennt, zu erkennen und zu verlängern, so daß Sie den oder die Orgasmen erleben können, während die Ejakulation hinausgeschoben wird. Das ist die sogenannte Superejakulationskontrolle!

Sobald Sie erst einmal den Meistergriff beherrschen, sind Sie von der Furcht, die Ejakulation nicht zurückhalten zu können, erlöst und imstande, Ihren und den sexuellen Möglichkeiten Ihrer Partnerin volle Entfaltungsfreiheit zu geben. Benutzen Sie Ihre neuerworbene Fähigkeit der Ejakulationskontrolle nicht dazu, um Ihrer Partnerin Ihren sexuellen Rhythmus aufzudrängen – sie hat ihren eigenen Rhythmus, der mit dem Ihren nicht übereinstimmen muß. Wir sind so an die Vorstellung gewöhnt, daß Frauen auf den männlichen Rhythmus zu reagieren haben, daß viele Frauen keine Ahnung von ihrem eigenen Rhythmus haben (außer sie masturbieren). Halten Sie eine Weile inne, und sagen Sie zu ihr: »Achte nicht auf mich, sondern bewege dich nach deinem eigenen Rhythmus.« Wenn Sie es richtig bedenken, hängt Ihr Orgasmus davon ab, daß Sie sich frei in einem präzisen Rhythmus bewegen können; warum sollte also für Ihre Partnerin Rhythmus nicht genauso wichtig sein? Nutzen Sie die Gelegenheit, sich von herkömmlichen Mustern zu befreien, und ein jeder kann sich nun am Rhythmus des anderen erfreuen und an seinem eigenen, so daß Ihre Leidenschaft neue Höhen erreichen wird!

Körperbewußt zu sein kostet nicht viel, kann Ihnen aber eine Menge ersparen! Wenn Sie den Film »Champions« gesehen haben, dann wissen Sie bereits, wie wichtig der Besuch bei Ihrem Arzt ist, wenn die Hoden geschwollen sind. Der Jockey Bob Champion hat seit etwa drei Monaten einen geschwollenen, empfindungslosen Hoden, als er zu seinem Glück im Bett einer amerikanischen Tierärztin landet, die ihn auf die damit verbundene Gefahr aufmerksam macht und ihm das Versprechen abnimmt, gleich nach seiner Heimkehr einen Arzt aufzusuchen.

Noch vom Flughafen aus telefoniert Bob mit seinem Arzt und vereinbart einen Untersuchungstermin. Vierundzwanzig Stunden später wird ihm operativ ein Hoden entfernt. Bob Champion hat Glück: Hätte er die Schwellung weiterhin ignoriert, wäre er acht Monate später tot gewesen. Statt dessen gewinnt er den Grand National und wird Vater eines Sohnes.

Hodenkrebs gehört zu den verbreitesten Krebsarten bei jungen Männern und ist im Ansteigen begriffen. Gegenwärtig wird einer unter fünfhundert britischen Männern unter Fünfundvierzig von der Krankheit befallen, doch die Ärzte befürchten, daß es im Jahr 2000 einer von zweihundert sein wird. Seit 1961 war bei den Männern zwischen Fünfundzwanzig und Vierunddreißig ein Anstieg von 80 Prozent zu verzeichnen. Ein frühes Erkennen entscheidet zwar nicht unbedingt über Leben und Tod (da derzeit 90 Prozent aller Fälle geheilt werden), aber über den Schwierigkeitsgrad der Behandlung. Es sterben vor allem jene, die erst Monate – manchmal Jahre – nach der Entdeckung der ersten Symptome den Arzt aufsuchen. Das Problem scheint entweder darin zu liegen, daß es den Männern eine gewisse Verlegenheit bereitet, »da unten« Probleme zu haben (manchmal halten sie die vergrößerten Hoden irrtümlicherweise für »gewachsene« Männlichkeit), oder einfach darin, daß sie nie ihre Hoden abtasten und daher keine Veränderung bemerkt haben.

Die Ärzte raten den Männern, sich einmal im Monat selbst zu untersuchen, und zwar während eines heißen Bades, wenn alle Muskeln entspannt sind. Rollen Sie die Hoden einzeln zwischen den Daumen und Fingern beider Hände, und befühlen Sie ihre Beschaffenheit auf Weichheit, Empfindungslosigkeit, harte Stellen oder Knoten. Achten Sie auf jede Schwellung, ob es sich um eine allgemeine und schmerzlose handelt oder um kleine harte Knoten, die sich vom normalen Hodengewebe unterscheiden. Es könnte ein Tumor sein, der in drei Wochen zu doppelter Größe heranwachsen kann. Die beiden Hoden unterscheiden sich oft der Größe nach, sollten aber ansonsten von gleicher Beschaffenheit sein. Rückenschmerzen oder auch ein dumpfer Schmerz im Unterbauch oder in der Leistengegend können gleichfalls ein Symptom sein. Männer, bei denen ein Hoden nicht in den Hodensack gefallen ist, bekommen zehnmal häufiger Hodenkrebs und sollten daher besondere Vorsicht walten lassen.

Sobald Sie irgendwelche Veränderungen an Ihrem Körper bemerken, die verdächtig aussehen, sollten Sie ohne Zögern Ihren Arzt aufsuchen. Sicherheit ist besser, als sich später Vorwürfe zu machen. Teilen Sie ihm alle Ihre Symptome mit, selbst scheinbar unwichtige, die in der Zwischenzeit wieder vergangen sind. In Europa bezeichnet man den Zweig der Medizin, der sich mit den ätherischen Ölen befaßt, als Phytotherapie, und es gibt Hunderte von Ärzten, die sich auf diesem Gebiet spezialisiert haben, weil sie erkannt haben, daß die ätherischen Öle eine sichere und wirksame Alternative zu den modernen Medikamenten darstellen und in den verschiedensten medizinischen Bereichen eingesetzt werden können. Die medizinische Anwendung der natürlichen ätherischen Öle reicht von den ältesten menschlichen Gebrechen – Ingwer fördert die Heilung von Knochenbrüchen – bis zu der modernsten und gefährlichsten Geißel der Menschheit – AIDS, zu deren Bekämpfung das Pasteur-Institut gerade sein antivirales Waffenarsenal ausbaut.

6. Kapitel

Die andere Seite

Die »dunkle Seite« der Liebe

Sex hatte immer schon eine schwierige und gefährliche Seite. 1903 wurden 41 Prozent der Rekruten aus Berlin aufgrund von Syphilis abgewiesen, als sie sich um Aufnahme in die preußische Armee bewarben, und Syphilis war um diese Zeit noch tödlich. Heute jagt uns Aids einen tödlichen Schrecken ein; leider gibt es aber noch andere Begleiterscheinungen, die Grund zu Besorgnis geben.

Die Wahrscheinlichkeit des Auftretens von Gehirnkrebs ist bei Frauen größer, die sexuellen Kontakt mit einem Partner mit Genitalwarzen hatten. Warzen im Genitalbereich werden zwar von den wenigsten unter uns als tödliche Bedrohung angesehen, sie können aber bei der Entwicklung von Krebszellen eine ausschlaggebende Rolle spielen, wie dies auch in geringerem Maße bei Herpes der Fall ist. Eine andere sehr gefährliche Krankheit entsteht durch Chlamydien (bakterienähnliche Mikroben). Diese können zu einer Entzündung der Eileiter und in der Folge zu einer Eileiterschwangerschaft führen. Wie bei vielen auf sexuellem Weg übertragenen Krankheiten ist auch hier das Fehlen jeglicher Symptome nicht ungewöhnlich. Öfter als man denkt, kommt es vor, daß Männer und Frauen einander in völliger Unschuld lebenslange »Probleme« übertragen. Das ist auch bei Aids so – dem Schrecken unseres Jahrhunderts.

Bei den sogenannten Geschlechtskrankheiten haben wir es mit einer ganzen Reihe von Viren, Bakterien, Pilzerregern, Hefekeimen und Protozoen zu tun. Zu den Krankheiten, die von diesen kleinen Eindringlingen verursacht werden, gehören Aids, Herpes, Genitalwarzen, Syphilis, Gonorrhöe, Chlamydien und Gardnerella – bedingte Infektionen, Trichonomaden, Soor und nichtspezifische Infektionen. Alle diese Probleme machen Männern und Frauen zu schaffen, und beide Geschlechter können zum symptomlosen, unschuldigen Krankheitsträger werden.

Es gibt viele Gründe, um eine sexuelle Beziehung zu bereuen; da es aber nichts hilft, dem Partner Vorwürfe zu machen, der noch dazu in vielen Fällen selber nichts von seinem Problem gewußt hat, ist ein solches Verhalten auch völlig sinnlos. Leider ist niemand gefeit vor Krankheiten, die auf sexuellem Weg übertragen werden. Wir müssen den Problemen ins Auge blicken, statt vorzugeben, so etwas könne nicht passieren ... und am wenigsten uns selbst. Der einzig sichere Weg sind regelmäßige Untersuchungen oder, im Fall irgendwelcher Symptome, ein sofortiges Aufsuchen des Arztes, denn Herpes zum Beispiel kann nur aufgrund von körperlichen Anzeichen identifiziert werden. Uns mit sexuellen Gefahren bewußt und verantwortungsvoll auseinanderzusetzen ist unser bester Schutz. Das sind wir nicht nur uns und unseren Partnern oder Partnerinnen schuldig, sondern auch allen ungeborenen Kindern, deren Leben von der Gesundheit unserer Geschlechtsorgane abhängig ist.

Das Kondom ist ein ausgezeichnetes Mittel zum Schutz, doch scheint es nicht bei jedermann beliebt zu sein. Vergleiche wie »Das Tragen eines Kondoms ist wie das Essen von Schokolade samt dem Einwickelpapier« haben wir alle schon gehört, dennoch bleibt es das beste Mittel, um sich sofort und wirksam vor der Übertragung von Geschlechtskrankheiten zu schützen. Für alle jene aber, die nicht in einer monogamen Beziehung stehen, sind Kondome im Badezimmerschrank von nahezu lebenswichtiger Bedeutung.

Jeder, dem die Benutzung eines Kondoms widerstrebt, sollte sich ständig vor Augen halten, daß die große Mehrheit der Aids-Überträger sich vollkommen gesund fühlt und auch so aussieht, weil es Jahre dauern kann, bis die Krankheit zum Ausbruch kommt. Auf Nummer Sicher zu gehen ist ein Gebot der Stunde, und je sicherer, desto besser. Vorsicht ist besser als Nachsicht – die ätherischen Öle können hierzu einen Beitrag leisten, der außerdem noch durch eine gerade jetzt dringend benötigte erotische Note bereichert wird.

Wie aus »Sex« »ex« wird

V-I-R-U-S. Zuerst war es das Herpesvirus, jetzt ist es das HIV, das Aids verursacht, und Viren, die an den Warzen im Genitalbereich schuld sind, gab es schon immer.

»V« steht für »Vampir«, was ein Virus eigentlich ist. Es bewohnt eine Art Zwischenreich zwischen Leben und Tod, da es für sich allein praktisch leblos ist und sich weder bewegen noch vermehren kann. Ein Virus erwacht erst zum Leben, sobald es in belebte Materie eingedrungen ist – in Pflanzen, Tiere oder Menschen. Sein »Wirt« versorgt es dann mit Lebenskraft, und zwar über die jeweilige Wirtszelle, in die sich die jeweilige Virusart eingenistet hat.

»I« steht für Immunsystem, die körpereigenen Abwehrkräfte. Es hat zwei »Armeen«: Erstens, die weißen Blutkörperchen, die im Blut und in den Lymphbahnen kreuzen und Bakterien und andere Invasoren umzingeln und durch die Ausgänge hinauseskortieren – Urin, Fäkalien und Perspiration. Und zweitens gibt es die Antikörper – eine »Spezialtruppe«, die eigens für den Kampf gegen bestimmte Invasoren ausgebildet wird. Die für jede Art von Eindringlingen maßgeschneiderten Antikörper werden in der Milz und in den Lymphknoten ausgebildet, sie orten und zerstören den Feind. Immunität gegen eine bestimmte Krankheit heißt nichts anderes, als daß der Körper bereits über ein Muster jener Antikörper verfügt, die er im Falle einer neuerlichen Invasion dieser Krankheitserreger ausbilden muß, so daß Produktion und Gegenangriff viel schneller und wirksamer erfolgen können.

»R« steht für das »HIV-Retrovirus« – Aids, das uns *(»US«)* bedroht. Dieses Virus wählt sich als Wirtszellen T-Lymphozyten, weiße Blutkörperchen, und benutzt deren eindrucksvolle Reproduktionskapazität, um die genetische Information innerhalb seiner Eiweißschale in Tausende Klonen von sich selbst zu transformieren. Bei diesem Vorgang zerstören die Virusklonen eine immer größere Zahl von T-Lymphozyten, während sie sich gleichzeitig deren reproduktives Potential aneignen. Das führt dann zu dem »I« und »D« in Aids – »Immune Deficiency« = Immunschwäche.

Jeden Tag hören wir mehr über das HIV-Virus, und mit jeder Enthüllung wird es klarer, daß dieses kleine Biest voll tödlicher Schläue ist. Es kann die Antikörper mit seiner Antigendrift täuschen – das heißt, es kann die Struktur seiner Proteinschale verändern, so daß die Blaupause oder das Originalmuster des Eindringlings nicht mehr paßt und der Antikörper das HIV-Virus einfach »übersieht«. Dieses Versteckspiel »Jetzt siehst du mich, jetzt siehst du mich nicht« macht die Herstellung eines Impfstoffes so schwierig.

Außerdem kann das HIV-Virus seine Proteinschale abwerfen, so daß, selbst wenn es einem Antikörper gelingt, ihn zu erkennen und sich an ihn zu heften, diesem sozusagen die Schale »in den Händen« bleibt. Dieser Prozeß wurde im *New Scientist* (Ausgabe vom 26. März 1987) als »analog zu einer Eidechse, die ihren Schwanz verliert« beschrieben; das Verhängnisvolle daran ist, daß die Eiweißschale auf anderen Zellen hängenbleiben und somit die Aufmerksamkeit der Antikörper auf diese Zellen ziehen kann, die dann attackiert und zerstört werden können.

Das HIV-Virus ist noch dazu sehr geduldig. Es kann bis zu fünfzehn Jahre völlig unauffällig herumlungern, sich verstecken oder ganz langsam seine Lieblingswirtszellen, die T-Lymphozyten, erobern. Je nach dem Grad der Eroberung wird der Wirtsorganismus – das Aids-Opfer – zur Beute einer unkontrollierten Invasion von anderen Viren, Protozoen,

Pilzen oder Bakterien, weil die T-Zellen keine Zeit haben, sich mit ihnen zu beschäftigen, da sie in einen eigenen Kampf mit den HIV-Viren verwickelt sind.

Zusammenfassend kann man sagen, daß die HIV-Viren die eine Hälfte des Immunsystems – die T-Lymphozyten – infiltrieren und zerstören, während sie die andere Hälfte – die Antikörper – zum Narren halten. Gleichzeitig haben alle anderen Arten von Invasoren bei der Übernahme des Körpers leichtes Spiel, was den Wirtsorganismus gewöhnlich so krank macht, daß er oder sie stirbt.

So gesehen ist es klar, daß das HIV-Virus am Ende nicht gewinnt, weil der Tod seines Wirtes auch seinen Tod bewirken dürfte. Doch das HIV-Virus war in der Zwischenzeit nicht untätig und hat fleißig viele Klonen hergestellt, die von Person zu Person übertragen werden, immer weiter und weiter, so daß sein Erfolg im kleinen Rahmen zwar begrenzt erscheinen mag, die Art als solche aber sehr erfolgreich ist.

Die Verteidigung unserer Gesellschaft hängt daher vor allem von unserer Fähigkeit ab, die HIV-Viren erfolgreich an ihrer Ausbreitung zu hindern, sich von Wirt zu Wirt übertragen zu können, was durch das Praktizieren von sexueller Abstinenz oder sicherem Sex möglich ist. Entscheiden Sie sich für das Kondom!

Die Verteidigung jedes einzelnen hängt von einem guten und starken Immunsystem ab. Ein solches Immunsystem leistet gründliche Arbeit und stellt viele weiße Blutkörperchen zur Aufrechterhaltung der körperlichen Abwehrfähigkeit und zur Müllabfuhr in seinen Dienst. Ein jeder Teil dieses Systems, von den frei zirkulierenden weißen Blutkörperchen bis zu der Zellsubstanz Interferon (die eine multiple Virusentwicklung stoppt), benötigt eine angemessene Versorgung mit Aminosäuren, die aufgrund ihres Stoffwechsels Vitamine und Minerale brauchen. Das sind die Baustoffe, die wir brauchen, um unser Immunsystem zu stärken und topfit zu halten.

In Zeiten wie diesen sollte daher jeder von uns die Stärkung des Immunsystems als prophylaktische Maßnahme zur Verminderung seiner Verwundbarkeit erwägen – und wenn schon nicht aus Gründen sexueller Sicherheit, dann allgemein aus Gesundheitsgründen und als Schutz gegen Hongkonggrippe oder andere Viren. Unser modernes Leben geht auf Kosten der »Natürlichkeit«. Die Nahrung, die wir täglich aufnehmen, ist zumeist ihrer Nährstoffe beraubt und enthält kaum Vitamine, Minerale und Spurenelemente, und zwar aufgrund von Überbeanspruchung der Ackerböden, Kunstdünger, industrieller Aufbereitung und Konservierung, Bestrahlung oder zu langer Lagerung. Das ist nur eines der Probleme. Mit unserer Luft nehmen wir Blei auf, und mit unserem Wasser trinken wir Fluoride. In dem Betondschungel, in dem wir leben, bilden sich positive Ionen, die eine unangenehme Wirkung auf den Körper haben

können. Manche Leute gehen aus diesem Grund barfuß im Gras und auf der Erde, weil das hilft, die statische Elektrizität zu entladen.

Was die Vitamine, Minerale und Spurenelemente betrifft, so ist dieses Thema so komplex, daß ich hier nicht näher darauf eingehen kann, doch würde ich Ihnen dringend raten, sich gegebenenfalls mit entsprechender Literatur auf diesem Gebiet zu versorgen, insbesondere mit Büchern, die Vorschläge zur Bekämpfung von Krebs beinhalten. Als kurzen Hinweis möchte ich jedoch empfehlen, daß Sie folgende Aminosäuren zu sich nehmen: Glyzin, das den Einsatz der Antikörper bewirkt; Zystin, das entgiften und die Heilung beschleunigen kann und die Körperabwehr aufbaut; Lysin, das die Invasion von Bakterien abwehrt; Phenylalanin, das bei der Bekämpfung von Infektionen eine wichtige Rolle spielt, Schmerzen lindert und angeblich das Energiepotential erhöht; Taurin, das mit den freien Radikalen aufräumt (karzinogene Zellen); und Glutathion, das bei der Neutralisierung und Zerstörung dieser Radikalen hilft. Große Bedeutung für ein intaktes Immunsystem haben die Vitamine A, C, E und der Vitamin-B-Komplex sowie die Spurenelemente Selenium und Zink.

Es gilt jedoch nicht nur ernährungsbedingte, sondern auch umweltbedingte Mängel auszugleichen. Man hat festgestellt, daß Menschen, die täglich Rauch und industriellen Abgasen ausgesetzt sind, unter einer Blockierung der Lymphknoten im Bereich ihrer Lunge leiden. Ihr »Reinigungssystem« ist dem anfallenden Arbeitsvolumen, das es unter diesen Umständen zu bewältigen gilt, nicht gewachsen. Als Gegenmaßnahme sollten Sie versuchen, so viel frische Luft wie möglich zu bekommen, und lange Wanderungen in freier Natur machen. Wir brauchen den Sauerstoff, um das Blut und das Lymphsystem in Gang zu halten, was zur Ausscheidung der Toxine beiträgt. Versuchen Sie auch so viel Sonnenschein wie möglich zu »tanken« – nicht um braun zu werden oder sich die Haut zu verbrennen, sondern um die Sonne in sich aufzunehmen. Und wenn Sie es wirklich ernst meinen, dann geben Sie das Rauchen und Trinken auf ... geben Sie Ihrem Körper eine Chance!

Es ist bekannt, daß bestimmte psychologische Faktoren wie Streß auf das Immunsystem eine negative Wirkung haben. Aus diesem Grund erfolgen zum Beispiel die Attacken des Herpesvirus immer in Krisenzeiten (wo man sie am wenigsten brauchen kann!). Eine Seuche wie Aids bietet sicher genug Ansporn, um sämtliche Lebensumstände, die an unserem Streß schuld sein könnten, genauer unter die Lupe zu nehmen und gegebenenfalls zu verändern. Lassen Sie Ihren Gefühlen freien Lauf – egal, was die Leute denken. Seien Sie ehrlich zu sich selbst, und stauen Sie keine Emotionen auf, sondern machen Sie klar Schiff, und versuchen Sie, ein ruhiges und ausgeglichenes Leben zu führen und genügend Schlaf zu bekommen. Meditation, Yoga und Entspannungstechniken können ebenfalls sehr hilfreich sein.

Es ist inzwischen offensichtlich, daß manche Leute weniger anfällig für Aids sind als andere, und es könnte sein, daß manche sogar eine immanente Immunität dagegen haben. Weiterhin scheint bei manchen Leuten, sobald sie infiziert wurden, die Krankheit schneller voll zum Ausbruch zu kommen als bei anderen, oder sie werden von Krankheitserregern überschwemmt, weil ihre T-Zellen mit diesen nicht fertig werden. Außerdem erscheint es möglich, daß ein Zusammentreffen bestimmter Faktoren einer ernsthaften, durch Viren verursachten Erkrankung Vorschub leisten kann; wenn Sie also leicht anfällig sind für Erkältungen und grippale Infekte oder Herpesviren (Pilze oder andere bakterielle Infektionen) Ihnen immer wieder zu schaffen machen, dann sollten Sie sich vielleicht mehr um eine Stärkung Ihres Immunsystems kümmern.

In dem Kampf gegen Aids brauchen wir alle Hilfe, die wir bekommen können. Wenn Ihnen die Zuflucht zu den ätherischen Ölen der Natur merkwürdig erscheint, dann denken Sie daran, daß diese Substanzen die Pflanzen vor allen möglichen Feinden, Bakterien, Viren und Pilzen schützen. Blätter pflegen ihren duftenden Schutz »auszuschwitzen«, während die Blüten eine Wolke von Duftmolekülen ausströmen, die über ihrem Haupt eine Art aromatischen Schirm bilden. Die Anwendung ätherischer Öle als antibakterielle Mittel ist ziemlich bekannt, sie werden aber auch von Ärzten, Phytotherapeuten und Heilpraktikern aller Art gegen Virusinvasionen eingesetzt.

Die natürlichen ätherischen Öle geben auch ausgezeichnete Reinigungsspezialisten ab. Sie arbeiten durch das Lymphsystem und unterstützen die Ausscheidung toxischer Stoffe. Gewisse Öle stimulieren auch die Regeneration von Gewebe, was den Zellen, die im Kampf etwas abbekommen haben, helfen kann. Angst und Streß vermindern den Blut- und Lymphstrom, eine Ausschaltung dieser Faktoren mit Hilfe der ätherischen Öle regt daher den Blut- und Lymphstrom an, was ein viel wirksameres Ausscheiden der Toxine zur Folge hat. Doch es ist ungemein wichtig, dabei behutsam vorzugehen, über einen längeren Zeitraum hinweg, damit der Abbau der Toxine langsam geschieht, so daß es in den Lymphknoten zu keiner Blockierung kommt. Ich muß diesen Punkt noch einmal betonen – der Körper ist nur auf langsame und sanfte Weise von Toxinen zu klären. Die ätherischen Öle haben ganz allgemein eine stimulierende und stärkende Wirkung auf das gesamte Lymphsystem, was heißt, daß es mehr weiße Blutkörperchen gibt, die bei der Bekämpfung der stets vorhandenen Invasoren helfen.

Die ätherischen Öle zirkulieren routinemäßig im Blut, im Lymphstrom und in der interstitiellen Flüssigkeit, so daß es keinen Ort gibt, wo sich ein Virus vor ihnen verstecken kann. Im Unterschied zu den chemischen Drogen sind die ätherischen Öle für den menschlichen Körper vollkommen verträglich und in der richtigen Dosierung auch vollkommen

harmlos. Natürlich meinen wir damit nur bestimmte ätherische Öle, und die hier erwähnten arbeiten alle auf etwas verschiedene Weise. Oregano, Thymian, italienische Immortelle und Teebaum sind bekannte und gebräuchliche Wirkstoffe gegen Viren. Die italienische Immortelle wirkt nicht nur antibakteriell, sondern stimuliert auch durch Nieren und Leber den Lymphstrom, ein Vorgang, der bei der Ausscheidung der Toxine hilft. Lavendel hilft bei der Reproduktion der Zellen, beseitigt Schäden, die aufgrund des *modus operandi* des HIV-Virus entstehen, wirkt antibiotisch und entgiftend und erhöht die Lymphzirkulation. Geranium unterstützt die Blutzirkulation und trägt allgemein zu einer Verbesserung des Blutes und zur Stärkung des Lymphsystems bei.

Ich kann nicht sagen, daß die ätherischen Öle Sie vor Ansteckung bewahren werden, sie können aber bei sorgfältiger und richtiger Anwendung zusätzlichen Schutz bieten. Mehr Forschung auf diesem Gebiet wäre sicher auch im Hinblick auf Aids äußerst wünschenswert. Die Parole vom »sicheren Sex« macht dieses Zeitalter nicht gerade sehr sexy, doch die schützenden ätherischen Öle gehören sicherlich zu den angenehmsten Methoden, da sie den Schutzmaßnahmen eine erotische Note hinzufügen. Die Öle können in verschiedenster Weise verwendet werden, doch wirken sie in Form eines Massageöls wahrscheinlich am erotischsten. Sie dürfen nicht in Berührung mit einem Kondom kommen, da dieses unbrauchbar werden könnte. Doch ein vorsichtiger Umgang sowohl mit Kondomen als auch mit ätherischen Ölen, vereint mit dem Bemühen um Gesunderhaltung unseres Immunsystems, stellt sicherlich eine wirksame Methode für »sicheren Sex« dar, sofern eine solche Vorsicht geboten erscheint. Es ist zwar ein Klischee, aber es ist wahr – Vorsicht ist besser als Nachsicht!

Die schützenden ätherischen Öle

Antiviral		*Fungizid*	
Oregano Thymian Teebaum Zimt	◀ Diese Öle gehören zu den wirksamsten	Patschuli Teebaum	◀ Zwei der besten Fungizide

Antibakteriell

Lavendel	Myrte
Perubalsam	Thymian
Kiefer	Oregano
Niaouli	Zimt
Bergamotte	Teebaum
Italienische Immortelle	Zedernholz

Antiseptisch und desinfizierend
Palmarosa
Limette
Grapefruit
Zitrone

Salbei Muskatellersalbei Rose	◀	Eignen sich besser nur Behandlung von Frauenleiden (aufgrund ihrer hormonähnlichen Eigenschaften)
Majoran	◀	Dieses Öl ist nicht »sexy«
Gewürznelke	◀	Ein Aphrodisiakum, doch hohe Dosierungen können eine starke Irritation bewirken

Die schützenden ätherischen Öle

Die ätherischen Öle sind in einer synergistischen Mischung wirksamer, doch hat jedes für sich sowohl eine schützende als auch eine heilende Wirkung.

Perubalsam (Myroxylon pereirae) antibakteriell, antiseptisch, möglicherweise fungizid:
Das ist kein ätherisches Öl im eigentlichen Sinn, sondern ein Harz, das von einem Baum stammt, dessen Heimat Südamerika ist. Obgleich es bei Husten und Atembeschwerden verwendet wird, wirkt es vorzüglich gegen eindringende Bakterien und schützt vor Infektionen im Genitalbereich. Ein sehr gutes Antiseptikum, das eine beruhigende Wirkung auf das Nervensystem ausübt.

Bergamotte (Citrus bergamia) antibakteriell, antiseptisch:
Gehört zur Zitrusfamilie. Das Öl wird aus der Schale der Frucht extrahiert und hat einen wunderbaren zitronenartigen Geruch. Es wird in der Aromatherapie unter anderem bei der Behandlung von Depressionen benutzt. Es wirkt gegen viele Bakterienarten und ist als Schutz gegen alle Arten von Infektionskrankheiten äußerst nützlich.

Zimt (Cinnamomum zeylanicum) antiviral, antibakteriell, antitoxisch:
Muß mit Vorsicht benutzt werden. Seine Eigenschaften wurden vom Pasteur-Institut ausgiebigst getestet. Hat ein wunderbar charismatisches Aroma. Wird gegen Infektionskrankheiten verwendet. Kann als Desinfektionsmittel und als Antiseptikum benutzt werden. »Antitoxisch« heißt, er hilft eine Überladung des Körpers mit Toxinen bekämpfen. Er schafft bei vielen Problemen Abhilfe und ist auch als Aphrodisiakum wohlbekannt.

Italienische Immortelle (Helichrysum angustifolium) antibakteriell, antiviral:
Die Blüten werden oft in Gestecken mit getrockneten Blumen verwendet. Der starke holzige Duft ist sehr angenehm. Bei der Behandlung von Ausflüssen bakteriellen Ursprungs sehr nützlich, dem Zellwachstum förderlich, daher hilfreich beim Wiederaufbau eines geschwächten Immunsystems.

Lavendel (Lavandula officinalis) antibakteriell, antitoxisch, antidotisch:
Dieses Öl hilft bei zahlreichen Problemen und erfreut sich in der Medizin vielfacher Anwendungen, sowohl heilend als auch präventiv. Unter der Dusche entspannt und stimuliert der wundervolle Duft zugleich.

Oregano (Origanum vulgare) antiviral, antibakteriell, fungizid:
Besser bekannt für seine Verwendung in der italienischen Küche als für seine antibakteriellen oder antiviralen Eigenschaften. Auf jeden Fall ist es ein sehr kräftiges Öl, das immer vor Gebrauch verdünnt werden muß. Wirkt in hohem Maße antiseptisch und scheint wie der Thymian auch fungizide Eigenschaften zu haben.

Palmarosa (Cymbopogon martini) antibakteriell, antiviral:
Auch dieses Öl wirkt gegen Infektionen und hat ein sehr breites Wirkungsspektrum. Gleichermaßen geeignet bei männlichen und weiblichen Beschwerden und bei genitalen Infektionen. Ein süß duftendes Gras, sehr angenehm und eher rosenähnlich, doch von hoher antibakterieller Wirkung. Sehr gut für die Haut.

Teebaum (Melaleuca alternifolia) antiviral, antibakteriell, fungizid, antidotisch:
Ein relativ neues ätherisches Öl, das in seiner Heimat, Australien, ausgiebigst erforscht und genutzt wird. Es hat eine stimulierende Wirkung auf den ganzen Körper. Es schützt vor Schlangen- und Spinnenbiß. Eines der Hauptöle gegen Infektionen. Es bietet ausgezeichnete Schutzmöglichkeiten.

Thymian (Thymus vulgaris) antiviral, antibakteriell, fungizid:
Thymian ist ein starker Wirkstoff, der Bakterien tötet. Man nimmt an, daß er die Enzyme der Bakterien attackiert. Wie viele andere ätherische Öle hat er eine stimulierende Wirkung auf das Immunsystem. Seine Anwendungsmöglichkeiten sind zahlreich und seine antiseptischen Eigenschaften schon seit frühester Geschichte bekannt. Ein sehr starkes ätherisches Öl, bei dessen Anwendung man mit großer Sorgfalt vorgehen muß – *nie pur auf die Haut geben!*

Es gibt mehrere Methoden, mit deren Hilfe Sie sich vor den verschiedenen kleinen Organismen schützen können, die uns plagen. In diesen Abschnitt habe ich ein synergistisches Rezept aufgenommen, das in hohem Maße antiviral, antibakteriell und antiseptisch ist und als Schutz für besonders gefährdete Leute gedacht ist. Außerdem gibt es auch Spezialrezepte gegen Herpes und Genitalwarzen.

Wir beginnen mit den Massageölmischungen. Diese können für Massagen des ganzen Körpers benutzt werden; eine andere, einfache und schnelle Methode, die sehr wirksam sein kann, besteht darin, nur die folgenden Stellen mit dem Öl zu massieren: Achselhöhlen, unteren Rücken und Bauch, Gesäßbacken, Oberschenkel und Lenden – unbedingt zu meiden sind Penis, Hodensack, Anus, Damm und Vagina. Es bringt absolut keinen Gewinn, diese Zonen in die Massage einzubeziehen, daher sollten Sie stets daran denken, sie beim Massieren auszulassen.

Sie können das Massageöl eine Woche lang täglich nach Bedarf anwenden oder einfach nur dann, wenn Sie das Gefühl haben, Sie brauchen es. Wie bei allen Massageölen sollten Sie aufpassen, daß es nicht mit einem Kondom in Berührung kommt.

Fünf schützende Massageölmischungen

Kiefer	5 Tropfen	Patschuli	7 Tropfen	Palmarosa	7 Tropfen
Lavendel	15 Tropfen	Limette	10 Tropfen	Bergamotte	7 Tropfen
Zitrone	10 Tropfen	Palmarosa	15 Tropfen	Thymian	7 Tropfen
				Lavendel	7 Tropfen
Teebaum	10 Tropfen	Oregano	5 Tropfen		
Zitrone	8 Tropfen	Thymian	5 Tropfen		
Zimt	2 Tropfen	Teebaum	10 Tropfen		
Oregano	5 Tropfen	Bergamotte	7 Tropfen		

Mit 30 ml Pflanzenöl vermengen

Eine der leichtesten Methoden, um sich zu schützen, sind Bäder mit schützenden Ölen. Das Abreiben unter der Dusche ist gleichfalls schnell und wirksam. Sie können entweder aus der Liste der schützenden Öle eines auswählen oder die nachstehenden Rezepte verwenden. Nehmen Sie vier bis sechs Tropfen für ein Bad, und verweilen Sie mindestens zehn Minuten darin. Für das Abreiben unter der Dusche geben Sie vier Tropfen auf den Schwamm oder Waschlappen und befolgen im allgemeinen die im Abschnitt »Methoden« angegebenen Richtlinien. Die folgenden Rezepte bieten Ihnen antibakteriellen und antiviralen Schutz, während sie gleichzeitig den Körper desinfizieren, reinigen und stimulieren.

Fünf schützende Bade- und Duschmischungen

Zitrone	Lavendel	Thymian
Teebaum	Oregano	Limette
Kiefer	Grapefruit	
Niaouli	Italienische Immortelle	

Zu gleichen Teilen mischen und von diesem Konzentrat
4 bis 6 Tropfen pro Dusche oder Bad nehmen

Hier noch eine Bade- und Duschmischung mit denselben schützenden Eigenschaften wie den eben genannten und drei statt zwei Komponenten, welche sich für eine synergistische Mischung empfehlen.

Synergistische Bade- oder Duschmischung

Lavendel	2 Tropfen
Teebaum	2 Tropfen
Bergamotte	2 Tropfen

4 bis 6 Tropfen je nach Bedarf

Wenn Sie schon erkrankt sind, ist es vorteilhafter, ein Sitzbad zu nehmen, in das Sie vier Tropfen von einem der schützenden Öle hineingeben oder vier Tropfen von einer der Mischungen. Für das Abreiben des Körpers tropfen Sie einfach das ätherische Öl auf einen mit warmem Wasser getränkten Schwamm oder Waschlappen und reiben sich damit ab.

Fünf schützende Abreibungen

Zitrone	Teebaum	Grapefruit
Thymian	Zimt	Niaouli
Bergamotte	Lavendel	
Oregano	Palmarosa	

1 Tropfen von jeder Mischung

Das nächste Rezept ist ein in hohem Maße antiseptisches Prophylaktikum, das gegen Viren und Bakterien aller Art wirkt. Es sollte von Leuten, bei denen das Risiko einer Ansteckung besteht, benutzt werden – in einem solchen Fall natürlich in Verbindung mit sämtlichen anderen Vorkehrungen für sicheren Sex. Es regt auch das Immunsystem an und kann, falls nötig, jeden Tag benutzt werden – günstiger ist es, nur in »Notfällen« darauf zurückzugreifen. Es ist eine synergistische Mischung, die im Bad, Sitzbad oder in der Dusche zur »Luftüberwachung« benutzt werden kann. Zur Herstellung eines Massageöls vermischen Sie das synergistische Konzentrat mit 30 ml Pflanzenöl. Eine sehr einfache und schnelle Methode, die überaus wirksam sein kann, ist die Anwendung des Superschutz-Massageöls, indem Sie folgende Stellen einreiben: Achselhöhlen, unteren Rücken und Bauch, Gesäßbacken, Oberschenkel und Lenden – die empfindlichen Schleimhäute im Genitalbereich lassen Sie jedoch unbedingt aus.

Die synergistische Superschutzmischung

Oregano	3 Tropfen
Palmarosa	3 Tropfen
Thymian	4 Tropfen
Teebaum	5 Tropfen
Bergamotte	2 Tropfen

In eine kleine Flasche füllen und bei Bedarf anwenden

In der Luft entstehende Viren und Bakterien stellen eine unsichtbare Bedrohung des menschlichen Organismus dar. Schutz dagegen bietet die »Luftüberwachung« durch die ätherischen Öle, wobei es sich noch dazu um eine sehr angenehme Methode zum Schutz bei gesellschaftlichen Zusammenkünften handelt. Man gibt zum Beispiel einfach sechs Tropfen ätherisches Öl in eine Schüssel mit heißem Wasser, schließt Türen und Fenster und wartet, bis sich der Duft im ganzen Raum verteilt hat. Auch ein Zerstäuber zum Besprühen von Zimmerpflanzen leistet gute Dienste, dabei rechnet man sechs Tropfen auf einen viertel Liter Wasser. Wählen Sie entweder von den schützenden Ölen in diesem Abschnitt eines aus, oder folgen Sie den nachstehenden Vorschlägen für angenehm duftende Zusammenstellungen.

Drei Vorschläge zur »Luftüberwachung«

Lavendel	Thymian	Zimt
Zitrone	Zitrone	Bergamotte
Zimt	Limette	Thymian

Die Herpes-simplex-Viren bringen ihre Opfer manchmal schier zur Verzweiflung, wie ich selbst in meiner Praxis schon oft erlebt habe. Sie verursachen sehr unangenehme kleine Bläschen, die gewöhnlich an einer Körperöffnung auftreten, zum Beispiel im Genitalbereich. Zumeist zeigen sich diese Bläschen erst zwei bis zwölf Tage nach der eigentlichen Infektion. Das folgende Rezept hat sich in zahlreichen Fällen als äußerst hilfreich erwiesen, da es nicht nur gegen die Viren ankämpft, sondern auch gegen die Angst und den Streß, die oftmals die Ursache für ein Wiederauftreten der Infektion sind. Eine tägliche Massage, die mindestens 48 Tage lang durchgeführt wird und die untere Rücken- und Bauchregion einschließlich der Hüften erfaßt, ist unbedingt notwendig.

Das Herpesrezept

Geranium	5 Tropfen
Deutsche Kamille	5 Tropfen
Lavendel	5 Tropfen
Bergamotte	5 Tropfen
Oregano	3 Tropfen

Mit 30 ml Pflanzenöl vermischen

Warzen im Genitalbereich werden durch eine andere Virenart verursacht. Diese Warzen sind kleine Gewächse, die dicht beisammensitzen und ihrer Erscheinung nach am ehesten mit einem Blumenkohl zu vergleichen sind. Man findet sie auf den Schamlippen, an der Vagina, manchmal am Gebärmutterhals, am Penis und im Analbereich. Papillomaviren am Penis sollten nicht vernachlässigt werden, da sie sowohl beim männlichen als auch beim weiblichen Partner Krebs hervorrufen können. Das folgende Rezept hat sich als sehr wirksam erwiesen, doch es darf nur auf den Warzen selbst und *nicht auf der umliegenden Haut* zur Anwendung kommen. Bewahren Sie das Konzentrat in einer kleinen Flasche auf, und tragen Sie es einmal täglich mit Hilfe eines Wattebausches direkt auf die Warzen auf. Nehmen Sie lieber weniger als zuviel.

Das Genitalwarzenrezept

Zitrone	4 Tropfen
Patschuli	4 Tropfen
Zimt	1 Tropfen

Es ist von lebenswichtiger Bedeutung, die Gefährlichkeit unbehandelter Geschlechtskrankheiten nicht zu unterschätzen, und die schützenden und heilenden Kräfte der ätherischen Öle wurden vielleicht nie so nötig gebraucht wie in der heutigen Zeit. Die Schattenseite der sexuellen Erfahrung hat bereits viele Menschen unglücklich gemacht, doch mit der nötigen Sorgfalt läßt sich eine Menge unternehmen, um zu gewährleisten, daß nicht auch Sie und Ihr Partner davon betroffen werden.

7. Kapitel

Das aromantische Ambiente und die aromantische Aura

So alt wie die Menschheit

Nichts ist der Menschheit wichtiger als die Liebe, und gleichgültig, ob diese Liebe nun spiritueller oder emotioneller Natur ist, sie wurde immer mit süß duftenden Gerüchen in Zusammenhang gebracht. In seiner ausgezeichneten *History of Perfume* weist Frances Kennet darauf hin, daß bei den meisten Kulturen zwischen süßen Düften und »Güte, freundlichen übernatürlichen Wesen und Unsterblichkeit« eine Verbindung besteht, während schlechte Gerüche »bösen Omen, übelwollenden Göttern und tödlichen Kräften« zugeschrieben werden. Heute finden wohlriechende Substanzen an vielen Stätten, an denen spirituelle Rituale abgehalten werden, Verwendung.

Die Wohlgerüche der Natur bereiten dem Menschen nicht nur ein ästhetisches Entzücken, sondern bauen auch Brücken zu seinem spirituellen, emotionellen und physischen Inneren, und in diesem Kapitel werden wir uns mit einer Reihe von Möglichkeiten befassen, die Romantik in unser Leben bringen und mit Hilfe der natürlichen ätherischen Öle die Liebe erblühen lassen. Sie werden entdecken, daß es nicht schwer ist, eine aromantische Aura zu schaffen, die Ihnen oder Ihren Gästen oder Liebsten gleichermaßen Freude machen wird. Damit wird ein Brauch, der so alt wie die Menschheit selbst ist, wieder zum Leben erweckt.

Die alten Griechen, für die Wohlgerüche göttlichen Ursprungs waren, liefern dafür ein besonders extravagantes Beispiel: In einer Geschichte wird von einem Fest berichtet, bei dem der Gastgeber vier Tauben in verschieden parfümiertem Wasser baden und dann über die Köpfe seiner Gäste hinwegfliegen ließ, so daß diese mit den Duftwässern besprüht wurden. Der römische Kaiser Nero, dessen ausgefallener Geschmack den seiner nicht minder an Wohlgerüchen interessierten Untertanen noch übertraf, ließ in seinem Palast eine Kassettendecke aus Elfenbein einbauen, deren Täfelung von oben geöffnet werden konnte, um während des Mahles Blumen und Parfums auf die Gäste sanft herabrieseln zu lassen. Außerdem habe er – so wird berichtet – auf einem Bett aus Rosenblüten geschlafen und Teppiche aus Blütenblättern über alles geschätzt. (Das dürfte er wohl von Kleopatra übernommen haben, die Mark Anton unter anderem auf diese Weise zu becircen versuchte.) Und für alle vornehmen römischen Gastgeber oder Gastgeberinnen war ein parfümierter Brunnen einfach ein Muß.

Königin Elizabeth I. von England war gleichfalls sehr darauf bedacht, geruchlich einen guten Eindruck auf ihre Gäste zu machen, was soweit ging, daß sie eine parfümierte Kanone abfeuern ließ, als sie den Herzog von Anjou unterhielt. Diese bizarre Geste sollte das übliche von Wohlgerüchen erfüllte Ambiente – Blumen, Wände und Wandteppiche waren mit Parfum eingesprüht – noch unterstreichen.

Seit den Anfängen der Geschichte haben die Menschen nicht nur ihre Körper mit parfümierten Seifen, Pudern, Massageölen, Deodorants und Mundwässern zum Duften gebracht, sondern auch ihrer Umgebung mit Hilfe von Räucherwerk, parfümierten Kerzen, Kleidern, Polstern, Kissen und Bettlaken sowie Luftbefeuchtern eine eigene Duftnote verliehen.

Jede Zeit hat ihre aromantischen Zeiten. Die Zeit der ersten Liebe ist immer voller Romantik, und wenn wir das erste Mal mit unserer Liebe ins Bett gehen, sollten wir dies zu einem besonders romantischen Erlebnis machen, da es die Weichen für die Zukunft stellt. Wohlgeruch ist eine Wonne der Schöpfung, eine Zugabe des Lebens, und wenn Sie sich ein besonderes Ambiente, eine aromantische Aura schaffen, dann treten Sie nicht nur in die Fußstapfen der berühmten Liebhaber der Geschichte, sondern auch der Alchimisten, Physiker, Philosophen und Poeten.

Wir beginnen mit Duftmischungen, die verschiedene Stimmungen wecken können. Die Japaner und die Ägypter pflegten einst jede Stunde des Tages mit einem neuen Duft zu begrüßen. Das mag zwar uns eiligen Menschen des zwanzigsten Jahrhunderts zu aufwendig erscheinen, doch ist es im Prinzip ganz leicht zu bewerkstelligen. Sie können zum Beispiel Ihren Tag mit der Duftnote »frisch« beginnen, und wenn Ihre Großmutter zu Besuch kommt, die Duftnote »zart« benutzen. Sobald die Kinder mit ihren Freunden nach Hause kommen – oder nach einem aufreibenden Tag im Konferenzzimmer Ihrer Firma –, wäre vielleicht eine der »entspannenden« Mischungen angebracht. Wenn Sie beide am Abend dann wieder allein sind, könnten Sie es vielleicht mit »sinnlich und entspannend« versuchen und später zu »leidenschaftlich« übergehen. Die Wahl liegt in Ihren aromantischen Händen!

Synergistische Raummischungen zum Wecken unterschiedlichster Stimmungen

»Entspannend«

Vetiver	2 Tropfen
Zitrone	3 Tropfen
Muskatellersalbei	2 Tropfen

Lemongras	2 Tropfen
Geranium	3 Tropfen
Bergamotte	2 Tropfen

»Sinnlich«

Bulgarische Rose	5 Tropfen
Zimt	3 Tropfen

»Samtige Nächte«

Jasmin	3 Tropfen
Orange	2 Tropfen

»Leidenschaftlich«

Jasmin	3 Tropfen
Verbene	2 Tropfen

»Romantisch und sinnlich«

Verbene	5 Tropfen
Hyazinthe	2 Tropfen
Marokkanische Rose	1 Tropfen

»Unschuld«

Lavendel	3 Tropfen
Tonkabohne	3 Tropfen
Geranium	3 Tropfen

»Sinnlich und erotisch«

Hyazinthe	3 Tropfen
Muskatellersalbei	4 Tropfen
Sandelholz	2 Tropfen

»Karibik – würzig und entspannend«

Piment	3 Tropfen
Muskatnuß	1 Tropfen
Ingwer	1 Tropfen

»Laue Inselnächte«

Lorbeer	5 Tropfen
Pfeffer (Schwarzer)	2 Tropfen
Benzoe	1 Tropfen

»Leidenschaftlich und erregend«

Limette	4 Tropfen
Marokkanische Rose	2 Tropfen
Vanille	4 Tropfen
Tonkabohne	4 Tropfen

»Sinnliche Hölzer«

Zypresse	2 Tropfen
Geranium	1 Tropfen
Sandelholz	3 Tropfen

»Romantisch und erotisch«

Jasmin	2 Tropfen
Marokkanische Rose	2 Tropfen
Römische Kamille	1 Tropfen

»Exotisch«

Ylang Ylang	3 Tropfen
Mandarine	2 Tropfen
Pfeffer (Schwarzer)	2 Tropfen

»Zauber des Orients«

Patschuli	2 Tropfen
Marokkanische Rose	2 Tropfen
Sandelholz	2 Tropfen

»Exotisch und sinnlich«

Patschuli	2 Tropfen
Verbene	1 Tropfen
Jasmin	2 Tropfen

»Hypnotisch und berauschend«

Narzisse	2 Tropfen
Jonquille	2 Tropfen
Grapefruit	2 Tropfen
Zitrone	2 Tropfen

»Arabische Nächte«

Zitrone	1 Tropfen
Patschuli	2 Tropfen
Ylang Ylang	2 Tropfen
Tonkabohne	5 Tropfen

»Entspannend und sinnlich«

Geranium	4 Tropfen
Zitrone	3 Tropfen
Muskatellersalbei	2 Tropfen

»Frisch«

Vetiver	1 Tropfen
Ingwer	2 Tropfen
Bergamotte	4 Tropfen

»Zart«

Tonkabohne	4 Tropfen
Zitrone	2 Tropfen
Lavendel	4 Tropfen

»Maskulin«

Zedernholz	2 Tropfen
Lorbeer	1 Tropfen

Parfümierte Tinte und parfümiertes Briefpapier

Napoleon Bonaparte wußte sehr genau, daß »aus den Augen« nicht unbedingt auch »aus dem Sinn« bedeuten muß. Wenn er wieder einmal fern von Paris auf einem seiner zahlreichen Feldzüge zur Eroberung Europas weilte, schrieb er seiner Geliebten Josephine Briefe, die nach Veilchen dufteten. Männer haben von alters her parfümierte Liebesbriefe erhalten und in der Brusttasche aufbewahrt, so daß der Duft ihnen in die Nase stieg und sie ständig an ihre ferne Liebe erinnerte. Es genügte, an dem Brief zu schnuppern, und sofort stiegen lebhafte Bilder romantischer Zeiten in ihrer Erinnerung auf. Wir wissen, daß die Tudorkönigin Elizabeth I. parfümierte Briefe benutzte; das geschah zwar, soviel wir wissen, nicht zu dem Zweck, die Liebe wachzuhalten, sondern sollte wahrscheinlich dem Empfänger ihre Macht in Erinnerung rufen.

Duft verleiht Briefen eine zusätzliche Dimension. Das Parfum weckt sofort Erinnerungen an den Absender, und bei den vielen Paaren, die heutzutage auf getrennten Wegen in verschiedenen Städten ihrem Beruf nachgehen, ist die Kunst, Briefe zu parfümieren, so nötig wie eh und je.

Die Herstellung von aromantischem Briefpapier ist ganz leicht. Geben Sie vier bis sechs Tropfen von einem ätherischen Öl, dessen Duft Ihr Geliebter mit schönen Stunden, die er mit Ihnen erlebt hat, in Zusammenhang bringen wird, auf ein Stück absorbierendes Papier, Löschpapier, Stoff, Watte, Leinen oder Gaze. Ein Blatt Papier oder ein Stück Stoff in der Größe von 10×10 cm genügt völlig. Wenn Sie das ätherische Öl darauf verteilt haben, schneiden Sie es in vier gleich große Teile. Natürlich können Sie auch einen Wattebausch nehmen und ihn in vier gleich große Stücke zerreißen. Verteilen Sie nun die vier duftenden Stückchen Papier oder Stoff oder sonstiges Material zwischen den Blättern Ihres Briefpapiers, und lassen Sie die Schachtel, in der Sie Ihr Briefpapier aufbewahren, mindestens vierundzwanzig Stunden lang geschlossen, so daß das ätherische Öl genügend Zeit hat, mit seinem Duft das Papier und, wenn Sie wollen, auch die Briefumschläge zu imprägnieren. Diese Methode verleiht Ihrem Briefpapier einen zarten Duft.

Schneller geht es, wenn Sie einfach einen Tropfen ätherisches Öl auf eine Ecke Ihres Schreibpapiers träufeln, wo nichts Geschriebenes steht, damit die Tinte nicht zerläuft. Kleben Sie den Umschlag zu, und senden Sie Ihren Brief ab! Diese Methode ist zwar etwas weniger subtil, aber genauso wirksam.

So, wie ein Paar eine Lieblingsmelodie haben kann, die sie auf besondere Weise verbindet, kann auch ein bestimmter Duft ihrer beider Einheit symbolisieren. Und wenn man versteht, wie machtvoll und erinnerungsträchtig Gerüche sein können, kann man sich dies zunutze machen. So, wie es auf diese Weise möglich ist, eine bestehende glückliche Verbindung zu festigen, ist es auch möglich, eine verlorene Liebe zurückzuholen, denn Düfte wecken die Erinnerungen. Monika hatte fünfzehn Jahre lang eine glückliche Ehe geführt, als sich ihr Gatte plötzlich entschloß, sie zu verlassen und zu einer jüngeren Frau zu ziehen, die er geschäftlich kennengelernt hatte. Monika und ihre beiden Kindern wünschten sich verzweifelt, daß er zu ihnen zurückkehren möge, doch Monika gab selbst zu: »Ich war so beschäftigt mit dem ewigen Hin- und Herchauffieren der Kinder von und zur Schule und dem Zubereiten der Mahlzeiten, um jeden zu den verschiedensten Zeiten des Tages zu versorgen, daß mir keine Zeit mehr blieb, mich um mich selber und um unsere Beziehung zu kümmern.« Sie fühlte, daß, wenn sie nur auf irgendeine Weise wieder Zugang zu ihrem Mann bekäme, alles wieder sich zum Guten wenden würde, jetzt, da sie wußte, wie gefährlich es war, ihn zu vernachlässigen und keine Zeit für die Liebe zu haben. Ich hatte Monika getroffen, als sie zu einer meiner Gesprächsrunden kam, und im Anschluß daran hatte sie mich gefragt, ob ich es für möglich halte, daß ein parfümierter Brief ihren Mann dazu bewegen könnte, diesen zu lesen. »Das bezweifle ich sehr stark«, hatte ich geantwortet. »Wenn er verliebt und glücklich ist, wird ihn nichts von dort wegbringen.« Die arme Monika sah ziemlich unglücklich aus, bis ich versöhnlich hinzufügte: »Aber wie wäre es, wenn Sie vielleicht ein Parfum aus früheren Zeiten benutzten, als Sie jung verheiratet waren?« Also schrieb Monika ihrem Mann einen Brief auf einem Blatt Papier, das sie zuvor mit dem Parfum eingesprüht hatte, das sie während der ersten Jahre ihrer Ehe zu benutzen pflegte. Ich wartete auf das Resultat.

Ein oder zwei Monate später teilte mir Monika telefonisch die gute Nachricht von der Heimkehr ihres Mannes mit. »Er sagte, er habe mich vermißt«, sagte sie, »und er habe sich an die schönen Zeiten erinnert, die wir zusammen erlebt haben.« Ich dachte, das wäre das Ende der Geschichte, als ich fünf Jahre später Monika wieder traf. Offensichtlich hatte ihr Mann das Parfum seiner Frau in dem Appartement, das er mit seiner Geliebten zusammen bewohnte, gerochen, und das hatte höchstwahrscheinlich verschiedene Erinnerungen erweckt. Er erwähnte mit keinem Wort den Brief und Monika auch nicht. Möglicherweise hatte seine Geliebte den Brief gefunden, und als sie ihn, aufgeregt auf und ab gehend, durchlas, dürfte sie den Entschluß gefaßt haben, diese stark duftende »Sache« wegzuwerfen, ohne ihm davon etwas zu sagen, weil ihr dieser Brief ansonsten vielleicht gefährlich werden könnte. Das sind nur Vermutungen, wir wissen es nicht genau (aber niemand ist darauf versessen, weitere Nachforschungen anzustellen). Eines ist jedoch gewiß: Monikas Gatte hatte den vertrauten Geruch erkannt – ob er nun den Brief in Händen hatte oder nicht! (Die Moral aus dieser Geschichte für alle Geliebten: Den Brief einfach wegzuwerfen genügt nicht – man muß sofort das ganze Haus gründlichst mit dem eigenen »speziellen« Parfum einsprühen!)

Eine solche Art von duftender Gedächtnisstütze kann auch mit Hilfe parfümierter Tinte hergestellt werden. Das Personal in der örtlichen Filiale meiner Bank hat seinen Spaß daran, selbst aus dem dicksten Stapel meine Schecks herauszufinden, weil sie so gut riechen. (Ich benutze immer parfümierte Tinte!) Das ist auch eine Methode, um zu einem Aromantiker auf Entfernung zu werden, und eine ganz einfache noch dazu. Nehmen Sie eine Flasche mit beliebiger Tinte, egal, welche Farbe, und fügen Sie zwei Tropfen ätherisches Öl pro Milliliter Tinte hinzu.

Es muß gar kein besonders teures Öl sein, doch der feine Duft wird in der Tinte bleiben und sich unter der geschlossenen Hülle des Briefumschlags noch verstärken. Wenn dann der Brief geöffnet wird, strömt der Wohlgeruch wie aus einem Gefäß – und der Empfänger weiß, noch ehe er einen Blick auf Ihre Handschrift geworfen hat: Der Brief ist von Ihnen.

Ylang Ylang hinterläßt einen exotischen Duft auf dem Papier, während Bergamotteöl den Tintengeruch nicht völlig absorbieren kann, sondern dem Papier nur eine köstliche, frische Note verleiht. Zum Unterzeichnen wichtiger Verträge eignet sich Geranium am besten, da es ausgleichend wirkt. Experimentieren Sie so lange, bis Sie die Öl-Tinten-Kombination gefunden haben, die Ihnen zusagt. (Und verstärken Sie beim nächsten Treffen mit Ihrem Liebsten den Duft – aber nur, wenn alles gut läuft!) Was nun den Empfänger angeht, so gibt es nichts Erfreulicheres, als einen »dreidimensionalen« Brief zu erhalten – eine Kombination aus Wort, Erinnerung und Gefühl!

Unterwäsche

Nichts ist so verführerisch wie eine halbbekleidete Frau. In der Tat finden viele Männer es reizvoller, wenn eine Frau ein paar hauchdünne Dessous trägt, als wenn sie nackt ist. Stellen Sie sich einmal vor, welchen Eindruck Sie auf Ihren Mann machen werden, wenn Sie vor seiner Nase in reizvoller Unterwäsche herumspazieren und noch dazu eine zarte Duftspur hinterlassen, die seine Gefühle und Erinnerungen stimuliert, während sich seine Augen an Ihrem Anblick weiden.

Die Menschen parfümieren ihre Kleider seit mehr als zweitausend Jahren. Der griechische Parfumexperte der Antike, Theophrast, hinterließ komplizierte Rezepte für die Herstellung von Parfums, die dazu bestimmt waren, »den Gewändern einen angenehmen Duft zu verleihen«, und dieser Vorgang unterschied sich von jenem, der für das »Sichbetten« anzuwenden war. (Die Griechen liebten den verschwenderischen Umgang mit Blumen und Wohlgerüchen.) Im sechzehnten Jahrhundert, als Venedig den Höhepunkt seiner Handelsmacht erreicht hatte, parfümierten seine Bürger alles, was es zu parfümieren gab, einschließlich ihrer Kleider, Schuhe und Strümpfe. In Sizilien kann man noch heute eine der ältesten und verbreitetsten Methoden sehen, den Kleidern einen angenehmen Duft zu verleihen, wenn die Frauen ihre Wäsche zum Trocknen über Rosmarinbüsche hängen.

Doch gibt es eine noch viel einfachere Methode, um Ihre Unterwäsche aromantisch zu machen. Für die Handwäsche genügen zwei Tropfen ätherisches Öl ins letzte Spülwasser, bei der Waschmaschine fügen Sie drei bis fünf Tropfen zum Weichspüler hinzu. Eine andere Möglichkeit besteht darin, daß Sie die Tropfen auf ein Stück Stoff aus natürlichem Material geben, das Sie in den Wäschetrockner werfen, Näheres wird im Abschnitt »Bettwäsche« erklärt. Benutzen Sie lieber eines der leichten ätherischen Öle, wie Lavendel oder Zitrone, statt der schweren harzigen Öle, wie Myrrhe, Vetiver, Hyazinthe oder Mimose.

Genauso leicht ist es, die Wäsche zu parfümieren, während sie im Schrank liegt – und natürliche Wohlgerüche sind den künstlichen, chemisch erzeugten weit überlegen. Geben Sie einfach sechs bis acht Tropfen ätherisches Öl auf ein absorbierendes Stück Stoff oder Papier (Größe 10×10 cm), das Sie in vier Teile zerschneiden und unter den Wäschestücken im Schrank verteilen. Sie können auch duftendes Schrankpapier machen, wenn Sie ein saugfähiges Papier nehmen und auf jede Ecke und in die Mitte einen Tropfen ätherisches Öl geben.

Jeder Aromantiker kann dafür sorgen, daß die Erinnerung an schöne Augenblicke weiterlebt. Sie brauchen nur zwei Taschentücher in das letzte, duftende Spülwasser zu Ihrer Wäsche dazugeben, so daß Sie und Ihr Liebster am folgenden Tag nach einer rauschenden Liebesnacht eines dieser Tüchlein mit zur Arbeit nehmen können, zur Erinnerung an die letzte Nacht. Ihre Arbeitskollegen werden nie vermuten, daß Sie Ihr Taschentuch nicht wegen eines Schnupfens, sondern zur Wiedererwekkung sinnlicher Freuden an die Nase führen! Wenn Sie einen Strumpfhalter tragen, dann malen Sie sich einmal seine Überraschung aus, wenn Sie ihm dieses duftende Etwas zuwerfen und er tief seinen Wohlgeruch einatmet. »Oh, là, là!« würde da jeder Franzose sagen.

Bettwäsche

Bei der Wahl eines Duftes für Ihr Bettzeug kommt es wirklich nur auf Ihren persönlichen Geschmack an. Schon vor fünfhundert Jahren war Lavendel in England sehr beliebt, und er dürfte auch der harten Prüfung durch die Zeit standgehalten haben. Im siebzehnten Jahrhundert gehörte Izaak Walton zu seinen Liebhabern: »Ich sehne mich danach, zwischen weißen, nach Lavendel duftenden Bettüchern zu schlafen.« Im neunzehnten Jahrhundert erwähnt der romantische englische Dichter John Keats in seinem Gedicht »The Eve of St. Agnes« die begehrte Pflanze.

Die Königshäuser Europas hatten eine Vorliebe für exotischere Düfte. Königin Elizabeth I. bevorzugte Sandelholz zum Parfümieren ihrer Bettücher, während König Heinrich von Frankreich lieber Veilchen mochte. In Versailles, am Hofe Ludwigs XIV., des Sonnenkönigs, schwelgte man in einer Vielzahl von Düften. Die Rezepte für die Herstellung der Duftwässer zum Parfümieren der königlichen Bettücher waren sehr komplex und umfaßten zum Beispiel in Rosenwasser gekochte Benzoe, kombiniert mit Orangenblüten, Jasmin und ein wenig Moschus. Weitere Zutaten waren Muskatnuß und Gewürznelke.

In längst vergangenen Tagen pflegte man kleine, mit duftenden Kräutern gefüllte Säckchen zwischen die in einer Truhe oder im Schrank aufbewahrte Bettwäsche zu legen oder auch ins Bett selbst. Wir moderne Aromantiker haben es da leichter – und nicht allein aus dem Grund, weil wir unser Bettzeug nicht mehr mit der Hand waschen müssen! Geben Sie einfach drei bis sechs Tropfen von dem ätherischen Öl Ihrer Wahl in den Weichspülerbehälter Ihrer Waschmaschine. Eine andere Möglichkeit besteht darin, drei Tropfen ätherisches Öl auf ein Stückchen Baumwollstoff zu geben und dieses zusammen mit den Bettüchern in die Trockentrommel zu werfen. Die Rosenöle üben einen subtilen, verschiedenartigen Einfluß aus – Bulgarische Rose ist romantisch und sinnlich, Marokkanische Rose ist schwer und leidenschaftlich, Anatolische Rose hingegen ist von sanfter Erotik. Sie können jedes beliebige ätherische Öl allein oder zusammen mit anderen in einer Mischung, die Sie nach den Anweisungen in diesem Buch zusammengestellt haben, verwenden – je nach persönlichem Geschmack. Verwahren Sie Ihre Spezialmischung in einer eigenen Flasche in der Nähe Ihrer Waschmaschine.

Eine ganze Bettausstattung – im Sinne der Aromatherapie – wurde von dem im achtzehnten Jahrhundert lebenden Arzt James Graham an Paare verkauft, die sich ein Kind wünschten. Das Bett wurde von einem kuppelförmigen Baldachin überdacht, dem der Wohlgeruch einer ganzen Reihe von natürlichen aromatischen Substanzen entströmte, während die Matratze, auf der das Paar lag, nicht nur mit Roßhaar, sondern unter anderem auch mit Rosenblättern und Lavendelblüten gestopft war. Die Laken selber dufteten nach Tudorrosen.

Natürlich gehen wir auch ins Bett, um uns eines gesunden Schlafes zu erfreuen, und zu diesem Zweck war Hopfen in England allgemein beliebt. Die Früchte und Blätter füllte man in Kissenbezüge, und da der Hopfen seit Tausenden von Jahren für seine beruhigende Wirkung bekannt war, mag er tatsächlich den geforderten Zweck erfüllt haben. (Wenn man ihn zu Bier braute, war die Wirkung wieder eine andere!) Wenn Sie Schwierigkeiten beim Einschlafen haben, schlage ich vor, zwei Tropfen Lindenblüten- oder Kamillenöl auf einen Wattebausch zu geben und diesen zwischen das Kissen und den Kissenbezug zu stecken. Ein Tropfen unter dem Kopfkissen kann auch eine sehr gute Wirkung haben, doch ist in diesem Fall der Duft mehr auf eine Stelle beschränkt, während er bei parfümierten Bettlaken überall ist.

Die natürlichen ätherischen Öle verkraften die Temperatur jeder beliebigen Waschmaschine; manchmal brauchen sie deren Wärme sogar zu ihrer vollen Entfaltung. (Moderne Parfums können nicht benutzt werden, da sie chemische Bestandteile enthalten, deren Reaktion bei Erhitzung nicht voraussagbar ist.) Außerdem besteht die Möglichkeit, einen Tropfen ätherisches Öl auf ein Stückchen saugfähiges, natürliches Material zu geben und es dann in den Wäscheschrank zwischen die Bettwäsche zu legen. Sie können auch einen kleinen, porösen Tontopf mit ein oder zwei Tropfen ätherischen Öls gefüllt in den Schrank hängen.

Egal, welche Methode Sie anwenden oder welchen Duft Sie wählen, die natürlichen ätherischen Öle sind auf einzigartige Weise dazu geeignet, die Zeit im Bett so aromantisch wie möglich zu gestalten. Und da wir nun einmal einen großen Teil unseres Lebens im Bett verbringen, sollten wir das Beste daraus machen!

Kerzen

Keine romantische Szene ist komplett ohne Kerzen. Ihr natürliches Licht und ihre sanfte Wärme scheinen jedem Raum eine Atmosphäre kostbaren Friedens zu verleihen. Auf der ganzen Welt werden bei festlichen Gelegenheiten die Kerzen hervorgeholt – die nach Lorbeer duftenden Kerzen, die zur Weihnachtszeit in Amerika entzündet werden, sind nur ein Beispiel dafür. Die traditionelle Verwendung parfümierter Kerzen an Weihestätten aller Art geht wahrscheinlich auf den uralten und weitverbreiteten Glauben zurück, Wohlgerüche würden die Anwesenheit der Götter begünstigen und böse Dämonen vertreiben. Konstantin, der erste christlich gesonnene Kaiser von Rom, stiftete für die erste Kirche der Christenheit, San Giovanni in Laterano, duftende Kerzen und befahl, sie niemals ausgehen zu lassen.

Viele Läden verkaufen Kerzenwachs, zu dem Sie zwischen dreißig und sechzig Tropfen ätherisches Öl hinzufügen können (pro 220 g Wachs), je nachdem, ob Sie einen zarten Duft schaffen wollen oder einen mit aromantischer »Durchschlagskraft«.

Doch Sie brauchen sich nicht einmal der Mühe unterziehen, Ihre Kerzen selber herzustellen – es geht auch schneller. Nehmen Sie eine gewöhnliche Kerze, zünden Sie den Docht an, und warten Sie ab, bis ein wenig Wachs geschmolzen ist; dann geben Sie sehr sorgfältig drei Tropfen ätherisches Öl in das geschmolzene Wachs. Nach wenigen Minuten wird ein feiner Wohlgeruch den Raum erfüllen. Schwimmt Ihre Kerze in einer mit Wasser gefüllten Schale, dann können Sie zwei Tropfen ätherisches Öl auch ins Wasser geben.

Um die Wirkung abzurunden, können Sie beim Kauf oder bei der Herstellung Ihrer Kerzen die im Volksglauben seit Jahrhunderten überlieferte Bedeutung der Farben berücksichtigen:

Rosa = Liebe, Zuneigung, Romantik, Zärtlichkeit
Rot = Sexualität, Unternehmungslust, Stimulation, Leidenschaft, Vitalität
Weiß = Reinheit, Unschuld, Bescheidenheit
Blau = Heiterkeit, Treue, Hingebung, Aufrichtigkeit
Grün = Fruchtbarkeit, Ruhe, Gelassenheit
Gelb = Stärke, Glückseligkeit
Orange = Wärme, Fröhlichkeit
Violett = Unschuld, Geheimnis

Eine Tischdekoration in Form einer mit Wasser gefüllten Schale, auf der Kerzen und Blumen schwimmen, vereint auf wunderbare und romantische Weise die Bedeutung und die Macht von Farbe und Duft. Ätherische

Öle sind meiner Meinung nach nicht unbedingt schon beim Abendessen angebracht, weil ihr Duft den der Speisen überdeckt, für deren liebevolle Zubereitung man soviel Zeit aufgewendet hat (die alten Griechen ließen sich allerdings davon nicht stören, denn sie schmückten ihre Tafel mit duftenden Lampen, und in ihren Fingerschalen schwamm eine Lilie). Doch nach dem Essen, wenn wir uns mit unseren Freunden oder Liebsten unterhalten, kann ein eigens für diese Gelegenheit geschaffener »schwimmender« Tischschmuck dem Abend eine besondere Note verleihen.

Suchen Sie eine hübsche Schale aus – eine geriffelte Obstkuchenform sieht attraktiv aus und kann viele Blüten aufnehmen. Füllen Sie die Schale mit Wasser, das Sie mit der Farbe der Speisen färben können, wenn Sie eine vollkommene Farbübereinstimmung erzielen wollen. Geben Sie vier Tropfen ätherisches Öl ins Wasser, und fügen Sie dann die Kerzen hinzu, und wenn das Wachs zu schmelzen beginnt, geben Sie einen Tropfen ätherisches Öl hinein. Arrangieren Sie jetzt die Blumenköpfe zwischen den Kerzen. Eine einzige Kerze in der Mitte ist allemal sehr stimmungsvoll.

Eine hübsche Kombination wären zum Beispiel eine weiße Schale, blaßrosa Wasser, weiße Kerzen, rosa Rosen und der exquisite Duft der Bulgarischen Rose. Sinngemäß würde dies Reinheit und romantische Liebe bedeuten.

Oder wie wäre es mit einer weißen Schale, blauem Wasser, weißen Kerzen, orangenfarbenen Blüten und – als Duft – Neroli? Der Sinn dieses Arrangements wären Fröhlichkeit und Unschuld. Für Leidenschaft und Sexualität wären rote Rosen, rote Kerzen und Marokkanisches Rosenöl angebracht.

Ob Ihr Kerzenarrangement zur Schaffung eines besonderen Ambiente und einer besonderen Aura einfach oder voller Bedeutung ist, liegt ganz bei Ihnen. Blättern Sie noch einmal die verschiedenen Abschnitte in diesem Buch durch, ehe Sie sich für ein bestimmtes Öl entscheiden – es gibt, wenn Sie sich erinnern, Öle, die entspannen oder stimulieren, und jene, die durch das limbische System in die Libido hineinreichen! Oder Sie wählen einfach eine der synergistischen Raummischungen, die auf Seite 181 bis 182 angeführt sind. Die Bedeutung der Kerzen- und Wasserfarbe können Sie auf Seite 188 nachlesen. Auf diese Weise können Sie selber experimentieren und eine stimmungsvolle Tischdekoration schaffen, die für jede Gelegenheit passend ist.

Seidenblumen halten viel, viel länger als echte und wirken manchmal so wirklichkeitsgetreu, daß man sie erst berühren muß, um den Unterschied zu erkennen. Ihr größter Nachteil ist, daß sie keinen Duft haben, oder wenn, dann einen chemischen, wie ich einmal in Amerika feststellen mußte. Der Rosenspray, an dem zu schnuppern ich mich bei dieser Gelegenheit nicht enthalten konnte, hätte einen aufgeklebten Totenkopf zur Warnung tragen sollen!

Wenn Sie daher lieber Ihre eigenen aromantischen Blumen machen, dann werden diese nicht nur völlig natürlich riechen, sondern auch ein entsprechendes aromantisches Potential haben. Sie können zum Beispiel ein Bouquet mit jeder von Ihnen gewünschten emotionellen Wirkung herstellen, indem Sie aus den Kapiteln »Der aromantische Mann« bzw. »Die aromantische Frau« (je nach Geschlecht des Adressaten) die entsprechenden Öle aussuchen und dann passend dazu auf Seite 188 die sinngemäße Farbe wählen. Hier sind einige Vorschläge für Kombinationen von Blumen und ätherischen Ölen:

Farbe	*Blume*	*Ätherisches Öl*
Rosa	Rose	Bulgarische Rose
Rot	Rose	Marokkanische Rose
Magenta	Rose	Anatolische Rose
Weiß	Orangenblüten	Neroli
Rosa oder Blau	Hyazinthe	Hyazinthe

Für die exotischeren Spielarten der Seidenblumen können Sie bei der Komposition einer passenden Duftnote ruhig Ihrer Phantasie freien Lauf lassen. Um aus künstlichen Blumen aromantische zu machen, können Sie entweder auf jede Blume einen Tropfen ätherisches Öl geben oder den Blumenstrauß 24 Stunden lang in einer Schachtel liegenlassen, die Sie mit saugfähigem und mit drei bis sechs Tropfen ätherischem Öl beträufeltem Papier ausgelegt haben. Wäre das nicht ein hübsches Geschenk für den Valentinstag, solch ein duftendes, sorgfältig ausgewähltes und nicht so schnell verwelkendes Liebespfand?

Aromantische Rezepte

Die alten Chinesen scheinen die ersten gewesen zu sein, die den Wein parfümierten. Die alten Römer parfümierten ihre Weine mit Rosen und Myrten, während die Zichorie (Cichorium intybus) für Zeiten vorgesehen war, in denen man sich in Treue üben wollte. Manchmal wurde auch ein Kranz aus duftenden Blumen gewunden und in den Pokal mit Wein geworfen, ehe man dem Freund einen Trinkspruch widmete. Natürlich ist Wein für sich allein schon ein Aphrodisiakum, und hinter so manchem angebotenen Gläschen steckt mehr als bloßes Wohlwollen! Schon bei den Ägyptern, Griechen und Römern galt der Wein als Aphrodisiakum – als ein Mittel, das die kalten Glieder wärmt. Ingwer, Salbei und Angelika wurden aus diesem Zweck oft noch zur Verstärkung hinzugefügt. In venezianischen Zeiten hingegen wurde das Parfümieren von Wein als kriminelles Delikt angesehen!

Das englische Wort »honeymoon« leitet sich von dem altsächsischen Brauch her, dreißig Tage lang Honigwein zu trinken, was die alten Sachsen ab dem Hochzeitstag zur Stärkung ihrer Liebeskraft zu tun pflegten. Ein Becher pro Tag dürfte allem Anschein nach genügt haben, um ihnen über die Runden zu helfen. Hier ist eine aromantische Spielart davon – die Mengenangaben in Tropfen beziehen sich auf ätherische Öle:

Honigwein

Nehmen Sie eine Flasche Weißwein, fügen Sie einen Eßlöffel flüssigen Honig hinzu, und erwärmen Sie beides zusammen auf kleiner Flamme. Fügen Sie noch einen Tropfen Koriander und einen Tropfen Muskatnuß hinzu.

»Love Flip« – ein Cocktail für zwei Personen

Zusammenmixen:
1 Eigelb
1 Glas roter Portwein
½ Glas Kognak
1 Teelöffel Zucker
1 Tropfen Rose

Auf zerstoßenem Eis in Ihren schönsten
Weinpokalen servieren

Nun folgt ein Rosé, der es in sich hat. Er entspannt und ermuntert ... aber auf sehr subtile Weise. Es ist ein Wein, der insbesondere auf den limbischen Teil des Gehirns einwirkt.

Rosé-Rosenwein

1 Flasche Rosé – süß oder trocken
(je nach Geschmack)
5 Tropfen Rose
Einen Tag stehenlassen

In dem Laden gleich um die Ecke werden Sie wahrscheinlich keine Ginsengwurzel finden, doch in Chinaläden, in manchen Naturkostläden oder über den Postversand diverser Zeitschriften, die sich auf Gesundheit spezialisiert haben, ist sie nicht allzuschwer aufzutreiben.

Ost-West-Liebeswein

Geben Sie in eine Flasche
mit süßem Dessertwein:
4 Tropfen Zimt
3 Tropfen Vanille
1 Portion Ginsengwurzel

Lassen Sie die Flasche eine Woche lang stehen,
um Sie dann gemeinsam mit Ihrer Liebe zu trinken

»Aphrodites Nektar« ist ein Wein, der sehr leicht herzustellen ist und köstlich schmeckt. Er basiert auf einem alten Rezept und ist ziemlich exklusiv. Lassen Sie den fertigen Wein drei Tage lang ziehen, und trinken Sie dann täglich nach dem Mittagessen ein Glas. Es heißt, dieses Getränk würde jugendliche Schönheit und Sinnlichkeit schenken und den sexuellen »Appetit« anregen.

»Aphrodites Nektar«

Nach Geschmack eine Flasche Rot- oder Weißwein
wählen und hinzufügen:

2 Tropfen Rosmarin
2 Tropfen Salbei
4 Tropfen Zimt
4 Tropfen Orange
2 Dessertlöffel Zucker
1 kleines (Likör-)Glas Rum

Das folgende Rezept ist so beliebt, daß es mehr als einmal übernommen worden ist. Es erscheint in verschiedenen Kräuter- und Aromatherapiebüchern aus alter und neuester Zeit. Hier ist meine Spielart. Es ist ein Rezept für die Herstellung eines Likörs, und es dauert 18 Tage, bis er fertig zum Trinken ist – doch das Warten lohnt sich!

»Liebestraum«

Nehmen Sie eine Flasche Wodka, Kirsch oder irgendeinen
anderen klaren Schnaps, und fügen Sie hinzu:

5 Tropfen Zitrone
1 Tropfen Muskatellersalbei
1 Tropfen Zimt
1 Tropfen Muskatblüte
2 Tropfen Vanille
1 Tropfen Koriander

Neun Tage ziehen lassen und dann durch Hinzufügen
von ¼ l Wasser und ½ kg Zucker
einen Sirup machen,
gut vermischen und weitere neun Tage stehenlassen,
zum Schluß noch ein Glas Branntwein dazugeben

Das nächste Getränk ist eine Variante des von Gustave Mathieu in »Les Plantes Aphrodisiacs« angeführten Weines:

Zimtwein

Nehmen Sie eine halbe Flasche Malagawein,
und fügen Sie hinzu:
1 Tropfen Zimt
4 Tropfen Zitrone

Ätherische Öle bereichern alle Arten von Speisen und Getränken, angefangen von Suppen und Eintöpfen bis zu Tees etc. Ihr Aroma ist besser als die ganze Pflanze, und ihre Reinheit verleiht allem eine köstliche Klarheit des Geschmacks. Leider können wir uns hier nicht mit allen kulinarischen Möglichkeiten der ätherischen Öle befassen (als ob so etwas überhaupt möglich wäre), daher werde ich mich auf einige aromantische Antworten auf die Gretchenfrage, was es denn zum Nachtisch gibt, beschränken. Vorerst aber noch ein Vorschlag für ein Salatdressing, der Sie anregen soll, selber auf kulinarische Entdeckungsreise zu gehen.

Avocado-Salatdressing

1 mittlere Avocadofrucht
1 Eßlöffel Mayonnaise
1 kleine Zwiebel
2 Teelöffel Honig
⅛ Teelöffel Knoblauchpulver
¼ Teelöffel Salz
1 Teelöffel Worcestersauce
1 Prise Tabasco (nach Belieben)
2 Tropfen Zitrone
(oder Limette, Grapefruit oder Orange –
nach Ihrem Geschmack)

Sämtliche Zutaten in einen Mixer geben und fein pürieren,
auch als Dip für Karotten, Selleriestangen, Paprikastreifen
und verschiedene Arten von Kartoffelchips verwendbar

Nun zum Nachtisch, dessen Präsentation besonders wichtig ist, wenn Sie aus einem Abendessen ein aromantisches Ereignis machen wollen. Das erste Dessert könnte mit Orangen- oder Zitronenblüten dekoriert und in herzförmigen Schalen serviert werden. Dekors sind nicht immer leicht aufzutreiben, aber sie sollen nur eine Anregung für Sie darstellen!

Orangenblüten- (oder Zitronenblüten-)Creme

½ l Milch
2 Eßlöffel Zucker
2 Eigelb (geschlagen)
2 Eiweiß (steif geschlagen)
3 Tropfen Orange (oder Zitrone)

Die Milch abkochen und 2 Eßlöffel Zucker
und 2 Eigelb hinzufügen;
kräftig umrühren, den Topf vom Feuer nehmen
und den Eischnee dazugeben;
gut durchschlagen und den Topf in einem Wasserbad
wieder auf die Flamme stellen;
so lange rühren, bis die Masse dick wird,
und dabei 3 Tropfen ätherisches Öl hinzufügen;
auskühlen lassen, in Schalen füllen
und eiskalt servieren

Ätherische Öle können leicht in jedes beliebige Dessert einbezogen werden, ob es sich um Kuchen, Torten, Eiercreme, Gelee oder Sorbets handelt. Meistens genügt es, einfach einen Tropfen ätherisches Öl hinzuzufügen, doch bleibt dies Ihrem Geschmack überlassen. Natürlich können Sie auch Rosencreme nach den obigen Anweisungen machen. Sie brauchen nur Rosenöl statt Orangen- oder Zitronenöl zu nehmen und die Schalen mit Rosenblüten zu dekorieren.

Yoghurt-Käse-Kuchen

2 Schalen Yoghurt
½ Schale Fructose (oder Zucker)
3 Eigelb (geschlagen)
1½ Eßlöffel Maizena
3 Eiweiß (steif geschlagen)
⅛ Teelöffel Salz
4 Tropfen Zitrone (oder Orange oder Grapefruit)
250 g Biskotten, zerkleinert und mit
60 g Butter vermischt zum Auslegen der Tortenform

Fructose (oder Zucker), Eigelb, Maizena und ätherisches Öl
zum Yoghurt geben und gut verrühren;
das Salz zu dem Schnee aus dem Eiweiß hinzufügen
und unter die Yoghurtmasse heben;
alles in die mit der Biskuitmasse ausgekleidete Tortenform gießen
und 30–40 Minuten lang bei 180° C backen

Auf jede Nacht folgt ein neuer Tag, und die hier folgenden Brotaufstriche sollen das Frühstück am Morgen danach versüßen:

Rosenaufstrich

Rosenblüten – reichlich, gut gewaschen, um alle Spuren etwaiger Verunreinigung zu entfernen
6 Tropfen Rose
Zucker – dreimal das Gewicht der Rosenblüten
1 Tasse Rosenwasser

Den Zucker zusammen mit den Rosenblüten zerstoßen
und die Hälfte des Rosenwassers hinzufügen;
auf kleiner Flamme köcheln lassen,
bis der Zucker sich auflöst und klebrig wird;
das restliche Rosenwasser und das Rosenöl dazugeben;
als Aufstrich für Brot oder Kekse verwenden

Rosenhonig

120 g Rosenblüten
½ l kochendes Wasser
6 Tropfen Rose
750 g Bienenhonig

Die Rosenblüten in das kochende Wasser geben
und zehn Minuten kochen lassen;
weitere zehn Minuten stehenlassen, abseihen
und den Honig und das ätherische Öl hinzufügen;
gut verrühren, in Gläser füllen und verschließen

Valentinbonbons

1 Tasse Honig
8 Tropfen Zitrone oder Orange

Den Honig in einer Pfanne bei schwacher Hitze so lange kochen lassen,
bis er beim Abkühlen hart und bröckelig wird;
zur Kontrolle einen Tropfen entnehmen und in eine Tasse mit kaltem Wasser fallen lassen;
wird die Masse hart, ist sie fertig, ansonsten noch weiterkochen lassen;
die fertige Masse auf ein mit Butter bestrichenes Backblech gießen
und mit eingefetteten Händen die abkühlenden Räder nach innen falten
und wieder ausziehen; so lange falten und ziehen,
bis eine leichte poröse Masse entsteht;
dann zu einer langen, dünnen Wurst einrollen
und in kleine Stücke schneiden

Stichwortverzeichnis

Christian Möller

»Wenn der Herr nicht das Haus baut ...«

Briefe an Kirchenälteste zum Gemeindeaufbau

Vierte Auflage

Vandenhoeck & Ruprecht
in Göttingen

Die Deutsche Bibliothek – CIP-Einheitsaufnahme

Möller, Christian:
»Wenn der Herr nicht das Haus baut …«: Briefe an Kirchenälteste zum Gemeindeaufbau / Christian Möller. – 4. Aufl. – Göttingen: Vandenhoeck und Ruprecht, 1994
ISBN 3-525-60385-1

Umschlagabbildung:
Hans Gottfried von Stockhausen, Wachsen.
1978. Überfangglas, Blei. 52 x 62 cm. Privatbesitz

4. Auflage 1994

Printed in Germany
Schrift: Palatino
Satz: Text & Form, Hannover
Druck und Bindung: Hubert & Co., Göttingen

Einführung

Heidelberg, im Oktober 1992

Sehr geehrte Damen und Herren,

ob Sie in Baden »Kirchenälteste«, in der Schweiz »Kirchenpfleger« heißen oder in anderen Landeskirchen »Presbyter«, »Kirchenvorsteher«, »Gemeindekirchenräte« oder »Kirchengemeinderäte« genannt werden, so wende ich mich an Sie als diejenigen, die zur Leitung ihrer Kirchengemeinde gewählt oder berufen wurden.

Wie es unter Ihnen vielleicht einen »Baukirchmeister« gibt, der Sie auf den baulichen Zustand Ihrer Kirche aufmerksam macht, so möchte ich Sie mit diesen Briefen in Ihrer Verantwortung für den Zustand des geistlichen Baugeschehens Ihrer Kirchengemeinde ansprechen. Ob dafür der Begriff »Gemeindeaufbau« schon ausreicht, sei dahingestellt. Es kann ja auch Gemeindeabbau geben: Ein Kirchengebäude kann so heruntergekommen sein, daß nur noch ein Abriß übrigbleibt, um einem Neubau Platz zu machen. Kann auch eine Kirchengemeinde innerlich so kaputt sein, daß nur noch die Auflösung übrigbleibt, damit neuer Gemeindeaufbau möglich wird? Ich möchte in den folgenden Briefen für einen Mittelweg eintreten, nämlich für eine Renovierung der alten und manchmal sehr morschen, zuweilen aber auch erstaunlich stabilen und lebendigen Kirchengemeinde. Dabei möchte ich soviel wie nur möglich von der Bausubstanz zu bewahren und zu erhalten versuchen, die uns in einer fast 2000jährigen Geschichte der Kirche überliefert worden ist.

Die Bibel spricht freilich nicht nur in Bildern vom Bauen, sondern auch in Bildern vom Wachsen. In diese Richtung weist das vom Verlag ausgewählte Titelbild zu diesem Buch. Das keimende Saatkorn veranschaulicht beides: daß dem Wachsen ein oft schmerzhafter Prozeß vorausgeht, wie es das Wort Jesu in Joh 12,24 sagt: »Wenn das Weizenkorn nicht in die Erde fällt und erstirbt, bleibt es allein; wenn es aber erstirbt, bringt es viel Frucht«; aber auch, daß der Saat Frucht verheißen ist, die von selbst, ohne menschliches Zutun, ans Licht kommt (Mk 4,26-29). Eine Gemeinde lebt vom Vertrauen auf die verborgenen Kräfte, mit denen die selbstwachsende Saat des Reiches Gottes in ihr zur Entfaltung kommen will.

Solchem Vertrauen gelten die folgenden Briefe, die Sie je für sich oder besser gemeinsam mit anderen oder am besten am Anfang einer Sitzung miteinander lesen und bedenken können. Meine Hoffnung ist, daß Ihre Sitzungen dadurch nicht länger, sondern kürzer und vor allem kurzweiliger werden. Sollten meine Fragen und Vorschläge am Ende eines Briefes Ihr Gespräch eher behindern als fördern, so mögen Sie sie ruhig zugunsten Ihrer Einfälle und Fragen übergehen.

Die Briefe sind dem Presbyterium der Evangelischen Kirchengemeinde von Opladen gewidmet, an dessen Beratungen ich im Rahmen der »Aktion: Kirche im Gespräch« von 1973 bis 1974 oft teilnehmen durfte. Hier wurde ich zu ersten Schritten in der Lehre vom Gemeindeaufbau ermutigt. Der Kontakt zu dieser Kirchengemeinde blieb bis heute erhalten.

Ich habe mich bemüht, einige der Fragen, die mir für den Gemeindeaufbau wichtig zu sein scheinen, im Licht biblischer Texte so kurz und so knapp wie möglich anzusprechen. Vieles ist ausführlicher und differenzierter in den beiden Bänden meiner »Lehre vom Gemeindeaufbau«, in dem Werkstattbericht »Gottesdienst als Gemeindeaufbau« und in dem Aufsatzband »seelsorglich predigen« gesagt.

Sollten Sie Zeit und Lust zu einer Antwort auf meine Briefe haben, so freut sich auf Ihre Reaktion:

Christian Möller
Universität Heidelberg
Seminar für Praktische Theologie
Karlstraße 16, 69117 Heidelberg

Inhalt

I

Gemeinde als Gabe und Aufgabe

Die Briefe des I. Teils sollen zum Verstehen dessen helfen, was das eigentlich ist – Gemeindeaufbau, und wem es gilt, wenn von ›Gemeinde‹ die Rede ist. Mir liegt daran, daß Sie Ihre Gemeinde als eine Gabe Gottes sehen können, ehe Sie an die Aufgaben, Probleme und Belastungen denken, die mit Ihrer Verantwortung für die Gemeinde verbunden sind. Auch der Gemeindeaufbau hat es nicht zuerst mit Arbeit von Menschen, sondern mit dem zu tun, was Gott zum Aufbau der Gemeinde schon längst getan hat und immer weiter tut. Wenn Sie sich mit Ihrer Arbeit und Ihrer Verantwortung für die Gemeinde in Gottes Bauen, Arbeiten und Schaffen einfügen lassen, werden Sie verstehen, was Martin Luther mit seinem Satz von der Kirche meint: »Wir sind es doch nicht, die da die Kirche erhalten könnten; unsere Vorfahren sind es auch nicht gewesen; unsere Nachkommen werdens auch nicht sein. Sondern der ists gewesen, ists noch, wirds sein, der da sagt: ›Ich bin bei euch alle Tage bis an der Welt Ende‹« (Mt 28,20).[1]

1. Brief

›Gemeindeaufbau‹ – was ist das?

»Wenn der Herr nicht das Haus baut,
so arbeiten umsonst, die daran bauen.
Wenn der Herr nicht die Stadt behütet,
so wacht der Wächter umsonst.
Es ist umsonst, daß ihr früh aufsteht
und hernach lange sitzet
und esset euer Brot mit Sorgen;
denn seinen Freunden gibt er es im Schlaf.«
(Psalm 127,1f.)

Bauen ist in der Bibel zuerst und zuletzt eine Tätigkeit Gottes, nicht nur das Bauen von Gemeinde, sondern auch das Bauen eines Hauses. Das wußten frühere Generationen, wenn sie den 1. Vers von Psalm 127 über ihre Haustür oder auf ihren Hausgiebel schrieben. Sie wußten, daß man nicht nur einen Turmbau in Babel ohne Gott beginnen und sich dann hoffnungslos verwirren kann, sondern daß auch ein Haus und natürlich auch eine Gemeinde in die Irre geraten, wenn nicht Gott selbst der Bauherr ist. Soll also der Mensch die Hände beim Bauen besser in den Schoß legen? Wenn er es zur rechten Zeit und auf rechte Weise täte, wäre es das Beste, was er zum Gelingen des Baus beitragen könnte.

Natürlich weiß Psalm 127 auch etwas von menschlicher Aktivität: Die Menschen arbeiten, wachen, stehen früh auf, halten lange Sitzungen und essen ihr Brot. Es kann also keine Rede davon sein, daß es auf des Menschen Seite nichts zu tun gäbe. Die Frage ist nur, *wie* das geschieht. Es gibt einen Aberglauben der Macher, dessen Parole lauten kann: »Es gibt viel zu tun – packen wir's an!« Der Psalm 127 macht durch die Ideologie der Macher, die sich auch in eine Gemeinde einschleichen kann, einen gründlichen Strich, wenn es dreimal in sehr betonter Weise heißt: *Umsonst* gearbeitet, *umsonst* gewacht, *umsonst* aufgestanden und lange Sitzungen gehalten. Dieses ›Umsonst‹, das übrigens in der lateinischen Sprache ›frustra‹ heißt, kann sehr frustrierend sein, zumal in der Gemeindearbeit. Da hat ein Ältestenkreis lange gesessen und getagt, hat ein Bauprogramm nach dem andern durchgezogen, hat über die reine Lehre und die rechte Verwaltung der Sakramente zusammen mit dem Pfarrer sorgfältig gewacht und muß doch eines Tages feststellen, daß eigentlich alles umsonst war. Alles dreht sich irgendwie im Kreis und immer mehr Menschen ziehen sich lautlos aus der Gemeinde zurück. Nun stehen die neuen Gebäude fast leer. Die sorgfältig ausgearbeitete Predigt will kaum einer hören. Es scheint, als ob alles umsonst wäre, weil die vielen Angebote einfach ins Leere laufen und nicht angenommen werden.

Doch es kann auch volle Häuser in einer Gemeinde geben, und dennoch dreht sich alles nur im Kreis. Die wachsenden Zahlen und der blendende äußere Eindruck einer Gemeinde lassen freilich viel schwerer erkennen, ob etwa in Wahrheit nur ein Leerlauf im Gange ist.

Was heißt dann ›Gemeindeaufbau‹? Soll jetzt etwa noch mehr zugepackt werden? Sollen noch längere Sitzungen gehalten, noch mehr gebaut, noch mehr gepredigt, noch mehr Menschen als Mitarbeiter gewonnen werden? Im Sinne von Psalm 127 wäre das nicht nur vergebens, sondern würde das frustrierende ›Umsonst‹ nur noch bis zur Vernichtung durch Herzinfarkt, Magengeschwüre oder Depressionen steigern. Für die Bibel ist Gottes Bauen nicht eine Steigerung menschlicher Arbeit, sondern eine andere Qualität und eine neue Ausrichtung menschlichen Tuns.

Was ich konkret meine, möchte ich an einer der »Erzählungen der Chassidim« deutlich machen, die Martin Buber gesammelt und herausgegeben hat:

»Rabbi Schmelke pflegte, damit sein Lernen nicht allzu lange Unterbrechung erleide, nicht anders als sitzend zu schlafen, den Kopf auf dem Arm und zwischen den Fingern ein brennendes Licht, das ihn wecken sollte, sowie die Flamme seine Hand berührte. Als Rabbi Eli Melech ihn besuchte, bereitete er ihm ein Ruhebett und bewog ihn mit viel Überredung, sich für ein Weilchen darauf auszustrecken. Dann schloß und verhüllte er das Fenster.

Rabbi Schmelke erwachte erst am hellen Morgen. Er merkte, wie lang er geschlafen hatte, aber es reute ihn nicht, denn er empfand eine unbekannte Klarheit. Er ging ins Bethaus und betete der Gemeinde vor, wie es sein Brauch war. Der Gemeinde schien es, als hätte sie ihn noch nie gehört. Als er den Gesang vom Schilfmeer sprach, mußten sie den Saum ihrer Kaftane raffen, daß sie die rechts und links bäumenden Wellen nicht netzten. Später sagte Schmelke zu Eli Melech: ›Jetzt erst habe ich erfahren, daß man Gott auch mit dem Schlafe dienen kann.‹«[2]

Was ist bei Rabbi Schmelke anders geworden? Aus einem leistungsbesessenen Menschen, der sich nicht einmal mehr einen ruhigen Schlaf gönnte, wurde mit Hilfe des Rabbi Eli Melech ein ausgeruhter Mensch, von dessen Ruhe etwas auf die ganze Gemeinde ausstrahlte. Nichts Neues tat dieser Rabbi, und doch war alles anders geworden und hatte eine andere Qualität bekommen, seit Rabbi Schmelke die Erfahrung gemacht hat, »daß man Gott auch mit dem Schlafe dienen kann«.

Der Psalm 127 meint eine ähnliche, vielleicht noch tiefer gehende Erfahrung, wenn es heißt, daß Gott es seinen Freunden im Schlaf gibt: Gottes Gaben begegnen uns am ehesten, wenn wir selber ganz stillhalten und nicht auf unser, sondern auf SEIN Werk ausgerichtet sind. Das kann auch und gerade dort geschehen, wo wir uns den Schlaf als eine Gabe Gottes gönnen! Deshalb wird ja der Schlaf in der Bibel häufig als Ort für Gottes Tätigkeit genannt: Als Adam schläft, baut Gott aus seiner Rippe Eva (1. Mose 2,21f.). Als Jakob in Bethel schläft, geht ihm der Himmel auf, und er sieht die Engel Gottes auf einer Leiter vom Himmel zur Erde auf- und niedersteigen (1. Mose 28,11-15). Weil Jesus sich Gott als seinem Vater ganz ausliefert, kann er selbst in Seenot auf einem Boot ruhig schlafen und seine Jünger wegen ihres Kleinglaubens anfahren, daß sie ihn wekken (Mt 8,23-27). Deshalb stellt Jesus auch in den Mittelpunkt seines Gleichnisses von der selbstwachsenden Saat einen Bauern, der sich den Schlaf gönnen kann, weil er weiß, daß die Erde ihre Frucht von selbst bringt (Mk 4,26-29).

Die Bibel weiß freilich auch von einer Verschlafenheit, vor der Jesus seine Jünger warnt: »Wachet und betet, daß ihr nicht in Versuchung fallt!« (Mk 14,38). Nicht das Schlafen an sich tut es schon, denn es gibt auch eine träge Schläfrigkeit. Aber auch das Wachen an sich tut es noch nicht, denn es gibt auch eine zwanghafte Wachsamkeit, die in Wahrheit nichts mehr wahrnimmt. Entscheidend ist, daß Menschen sich mitsamt ihrem Wachen *und* Schlafen in Gottes Bauen, Schaffen und Behüten einfügen lassen. Wenn es in Psalm 127,3 heißt: »Siehe, Kinder sind eine Gabe des Herrn, und Leibesfrucht ist ein Geschenk«, so ist das Wörtchen ›Siehe‹ das Schlüsselwort für eine Gemeindearbeit, die sich in Gottes Bauen einfügen läßt und so zum Gemeindeaufbau wird. Die neue Qualität solcher Gemeindearbeit besteht darin, daß sie die Augen offen hat für das, was Gott umsonst schenkt. Das Wörtchen ›umsonst‹ nimmt im zweiten Teil des Psalmes der Sache nach eine ganz neue Bedeutung an: Es zeigt nicht mehr die Frustration vergeblicher Arbeit an, sondern die Beglückung, daß Gottes Geschenke ›gratis‹ sind und in diesem Sinne ›umsonst‹.

Wohl dem Ältestenkreis, dessen Augen aufgehen für das, was Gott einer Gemeinde umsonst schenkt!

Das muß gar nichts Spektakuläres sein. Es kann ein sehr unscheinbarer Mensch sein, der bisher immer nur im Schatten der Macher-Ideologie stand und deshalb nie gesehen wurde. Nun erweist sich seine Treue, mit der er Sonntag für Sonntag den Gottesdienst besucht, als eine Gabe für die ganze Gemeinde. Überhaupt kann der Gottesdienst ein neues Gesicht annehmen, wenn er als eine Gabe Gottes entdeckt wird und Menschen darüber zu staunen beginnen, *daß* wir Gottesdienst feiern und in Gottes Dienst einstimmen dürfen. So können sich auch diakonische Pflichten der Gemeinde, wie etwa der Kindergarten oder die Sozialstation, als Chancen zeigen, durch die Gott die Gemeinde bauen will. Alles, alles kann sich noch einmal von einer anderen Seite her zeigen, auch die kleinsten Dinge auf der Tagesordnung eines Ältestenkreises. Alles zeigt noch einmal ein anderes Gesicht, wenn Gemeindearbeit dadurch zu Gemeindeaufbau wird, daß sich Menschen in Gottes Bauen einfügen lassen und Augen für Gottes Gaben bekommen. Frustrierende Gemeindearbeit, endlos lange Sitzungen voller Sorgen können sich zu kreativem Gemeindeaufbau verwandeln, wenn die Augen dafür aufgehen, was der Herr »seinen Freunden im Schlaf schenkt« – umsonst!

Meine Bitte ist, daß Sie Ihre Arbeit im Ältestenkreis mit Psalm 127 zu sehen und zu durchdenken versuchen, ehe ich mit Ihnen im nächsten Brief Schritte zum Gemeindeaufbau bedenken möchte.

2. Brief

Schritte zum Gemeindeaufbau

Es gibt Probleme, die eine Gemeinde so sehr belasten und einem Ältestenkreis so schwer zu schaffen machen, daß von kreativem Gemeindeaufbau auch nicht annähernd mehr die Rede sein kann, sondern nur noch von mühevoller und vergeblich scheinender Verwaltung eines Mißstandes. Wie sähen Schritte aus, um von einer derart hoffnungslos erscheinenden Gemeindearbeit, die nur auf der Stelle tritt, zu einem Gemeindeaufbau zu kommen, der mit Gottes Bauen rechnet?

Ich weiß von einem Presbyterium am Niederrhein, welches mit Problemen in der Gemeinde so sehr belastet war, daß es dankbar das Angebot eines ökumenischen Teams aus England, Wales und Indonesien annahm, für einige Wochen die Gemeinde zu besuchen und mit ihr zu leben. Das Team sollte in allen Bereichen, Gruppen und Arbeitskreisen der Gemeinde zuhören, am Ende der Besuchszeit dem Presbyterium die Beobachtungen mitteilen und ihm vielleicht sogar den einen oder anderen Ratschlag

für die weitere Arbeit geben. In dem Schlußbericht des ökumenischen Teams heißt es:
»Trotz aller Ihnen zur Verfügung stehenden Mittel macht es uns traurig, daß Sie immer mit Problemen beschäftigt sind, hier, dort und überall. Vielleicht hilft es Ihnen, wenn Sie immer dann, wenn Sie versucht sind, das Wort ›Problem‹ in den Mund zu nehmen, sofort hinzufügen: Problem, ja, aber bei Gott sind alle Dinge möglich.«

Es gibt offenbar Kirchenvorstände, die nicht nur Probleme haben, sondern von ihren Problemen regelrecht gebannt und gefangen sind, »hier, dort und überall«. Manchmal habe ich sogar den Eindruck: Wo zwei oder drei deutsche Protestanten zusammen sind, da ist ein ›Problem‹ in ihrer Mitte. In einer durch lauter Probleme gebannten und verdunkelten Atmosphäre kann es sein, als würde ein Fenster zum Himmel geöffnet und Oberlicht strömte wieder ein, wenn das wahr wird und zur Geltung kommt, was das ökumenische Team jenem Presbyterium am Niederrhein rät: »Vielleicht hilft es Ihnen, wenn Sie immer dann, wenn Sie versucht sind, das Wort ›Problem‹ in den Mund zu nehmen, sofort hinzufügen: Problem, ja, aber bei Gott sind alle Dinge möglich.« Die Probleme, die einer Gemeinde auf der Seele liegen, sind damit nicht einfach verschwunden. Sie können nur gelassener und vielleicht auch gewisser und entschiedener angegangen werden, weil sie in einem neuen Licht, im Licht von Gottes Möglichkeiten erscheinen. Dann wächst vielleicht wieder Phantasie, um nächstliegende, einfache Schritte zu gehen, oder auch Mut, um etwas Ungewohntes anzupacken.

Wie kann es aussehen, daß das Licht von Gottes Möglichkeiten auf den Weg von ratlosen, von ihren Problemen gefangenen Menschen fällt und hier neue Perspektiven eröffnet und Schritte ermöglicht? Solche Schritte, die auch zum Gemeindeaufbau führen, schildert Lukas an dem Weg der beiden Jünger von Jerusalem nach Emmaus (Lk 24,13-35). Bedrückt sind sie von ihren Erlebnissen, die sie im Zusammenhang der Kreuzigung Jesu in Jerusalem gemacht haben. Sie reden zwar miteinander unterwegs darüber, aber es ist, als ob sie dabei nicht vorankommen, sondern sich nur im Kreise drehen und mit ihren Problemen auf der Stelle treten. Dann naht sich aber jener Dritte, der scheinbar nichts weiß von dem, »was in diesen Tagen dort geschehen ist« (24,18). Wie er nun die beiden Jünger die Ereignisse von Jerusalem der Reihe nach erzählen läßt, bekommt das, was ihnen auf der Seele liegt, allmählich eine Richtung, einen Weg. Dieser Weg führt mit des Dritten Hilfe bis hin zu Mose und den Propheten, an denen er den Jüngern zeigt, daß der Messias leiden mußte, ehe er zu seiner Herrlichkeit kam. Äußerlich gesehen scheint es noch so, als ob die problembeladene Wirklichkeit der Jünger und die Möglichkeiten Gottes, wie sie in der Auslegung Jesu zur Erscheinung kommen, unverbunden und fremd nebeneinander herlaufen. Und doch ist, wie sich hernach beim Brotbrechen zum Abend zeigt, das Herz der beiden Jünger unterwegs schon entbrannt, bis auch die Augen angesichts des Brotbrechens aufgehen. Die Erfahrung wird eindeutig, die die Jünger unterwegs schon zu machen begonnen haben. Wie sehr eine solche Erfahrung in Fahrt bringt und zum Gemeindeaufbau führt, wird am Schluß deutlich: »Und sie standen auf zu derselben Stunde, kehrten zurück nach Jerusalem und fanden die Elf versammelt und die bei ihnen waren ... Und sie erzählten ihnen, was auf dem Wege geschehen war« (Lk 24,33.35).

Ich habe Sie an diese Ostergeschichte erinnert, weil sie beispielhaft die Schritte beschreibt, die aus dem Gebanntsein von Problemen herausführen in die Erfahrung neuer, österlicher Lebensmöglichkeit: eine Erfahrung, die so sehr in Fahrt bringt, daß sie zum Weitererzählen treibt und darin bereits Gemeinde baut. Von allein kommt solch eine Erfahrung freilich nicht. Ein Dritter muß sich von außen einmischen, der Gottes Möglichkeiten ins Spiel bringt, indem er mitgeht und im Mitgehen die Schrift auslegt und im Bleiben das Brot bricht.

Eine ganz ähnliche Schrittfolge finde ich bei Lukas in der Apostelgeschichte, wo er den Weg von den Pfingstereignissen bis zum Aufbau der urchristlichen Gemeinde schildert (Apg 2). Mit dem Brausen vom Himmel fing es an. Aber das war noch ein durchaus zwiespältiges Ereignis, das die einen zur Zungenrede brachte und die anderen zum Entsetzen oder gar zum Spotten. Der zweite Schritt ist die Verkündigung von Gottes Möglichkeiten durch Petrus, der die zwiespältigen Erlebnisse in das Licht der Geschichte Israels stellt und so das Erlebte von Gottes Möglichkeiten her zu sehen lehrt. Da kommen die Menschen mit ihren Erlebnissen in Fahrt. Ihr irres Entsetzen bekommt eine Richtung, die von den Aposteln aufgezeigt wird: »Tut Buße, und jeder von euch lasse sich taufen auf den Namen Jesu Christi zur Vergebung eurer Sünden, so werdet ihr empfangen die Gabe des heiligen Geistes« (2,38). Im Licht der verkündigten Verheißung wird das Erlebte eindeutig, bringt zur Umkehr und zur Taufe. Daraus wächst auch die Kraft und der Vorsatz, Gemeinde zu bauen und als Gemeinde gottesdienstlich beieinander zu bleiben: »Sie blieben aber beständig in der Lehre der Apostel und in der Gemeinschaft und im Brotbrechen und im Gebet« (2,42).

Natürlich muß sich Gemeindeaufbau nicht immer so eindrücklich wie auf dem Weg von Jerusalem nach Emmaus und zurück vollziehen und nicht immer so pfingstlich wie in der Urgemeinde. Die Schrittfolge wird aber in der Regel so sein, daß es mit Beobachtungen, Erlebnissen oder Problemen beginnt, die durchaus verwirrend oder zum Streit anregend sein können, zwiespältig vielleicht, nachdenkenswert oder auch in die Verzweiflung treibend. Entscheidend ist, daß es nicht bei Beobachtungen, Erlebnissen und Problemen allein bleibt, seien sie noch so beglückend oder bedrückend. Entscheidend ist, daß die Verheißung von Gottes Möglichkeiten hinzukommt, damit Vereinzeltes in einen neuen Zusammenhang gerät und in ein neues Licht getaucht wird. Dann kann es zu Aufbrüchen kommen, bei denen etwas in Bewegung gerät und Menschen fragen, was sie eigentlich tun sollen. Doch nicht ihr Tun ist zuerst das Entscheidende, sondern daß sie ihr zwiespältiges Erlebnis im Lichte der Verheißung von Gottes Möglichkeiten mit dem Namen Jesu Christi zusammenbringen und eindeutig machen können. Dann sehen sie gleichsam durch ihr Erlebnis hindurch auf das, was jetzt neu auf sie zukommen will. Aus solchen Aufbruchserfahrungen mag dann auch der Vorsatz entstehen, mit anderen das eindeutig gewordene Erlebnis zu teilen, es ihnen zu erzählen und auf diese Weise Gemeinde neu zu entdecken und zu bauen. Das ist ja der Sinn von Gemeinde, daß Glaube ausdauernd wird, nicht Eintagsfliege bleibt, sondern durch Gemeinschaft aufgerichtet und ausgerichtet wird.

Wie sähe nun eine Schrittfolge im Gemeindeaufbau aus? Etwa so:[3]

1. *Ich erlebe ... oder: Ich leide an ... oder: Ich freue mich über ...* Stets geht es in diesem Schritt um die sichtbare Seite der Kirche, die ärgerlich oder auch erfreulich sein kann, umstritten, doppeldeutig und unklar, scheinbar erfolgreich, wie die einen meinen, scheinbar verloren, wie die andern sagen. Kurz: Es ist mit der Kirche selten anders als schon zu Pfingsten, wo die einen erfüllt sind vom Heiligen Geist, andere entsetzt, wiederum andere spottend; selten auch anders als mit den Jüngern auf dem Weg nach Emmaus: ratlos, kaum vorankommend, sondern sich eher im Kreise drehend.
2. *Ich glaube aber, daß Kirche Jesu Christi mehr ist ... oder: Ich glaube aber, daß bei Gott alle Dinge möglich sind, und daß das auch für meine Kirchengemeinde gilt.* Es geht im zweiten Schritt um die Seite der Kirche, die nur im Glauben zugänglich ist. Zu dieser Kirche bekennen wir uns sonntäglich im Gottesdienst: »Ich glaube die Gemeinschaft der Heiligen«. Entscheidend ist, daß diese sonntägliche Seite der Kirche von ihrer alltäglichen Seite, daß die sichtbare, erlebbare Seite der Kirche von

ihrer unsichtbaren, nur im Glauben zugänglichen Seite nicht abgetrennt wird. Es muß zu einer gegenseitigen Verschränkung, zu einer Spannung, ja zu Herausforderungen von erlebter und geglaubter Kirche kommen.

3. *Manchmal mache ich die überraschende Erfahrung oder: Manchmal gehen mir die Augen auf ...* Die Jünger fragen sich in Emmaus rückblickend betroffen: »Brannte nicht unser Herz ...?« In der Pfingstgeschichte heißt es: »Da ging's ihnen durchs Herz ...« Ich könnte auch sagen: Da kamen sie in Fahrt. Erfahrung im qualifizierten Sinne des Wortes darf nicht mit dem Erlebnis verwechselt werden. Es gibt Menschen, die in ihrem Leben viel erlebt haben und dennoch nicht erfahrener geworden sind. Erfahrung hat es im Unterschied zum Erleben mit Veränderung und Durchblick zu tun, während mir beim Erleben das Leben noch lange nicht durchsichtig wird oder mich verändert. Damit aus Erleben Erfahrung wird, muß noch etwas hinzukommen, das im zweiten Schritt genannt wird: Der Glaube an das, was von außen her andringt, d. h. der Glaube, daß Kirche Jesu Christi mehr ist als das, was ich von der Kirche erleben und sehen kann. Glauben heißt, mit dem Erlebnis in Fahrt zu kommen, Erfahrungen zu machen und Durchblick zu bekommen.

4. *Deshalb will ich dazu beitragen ... oder: Deshalb habe ich mir vorgenommen ... oder: Deshalb will ich einen Schritt wagen ...* Es geht um den Schritt, der in der Pfingstgeschichte lautet: »Sie blieben aber beständig ...« Nun gewinnt eine Erfahrung Dauer. Aus einer Überraschung wächst ein Vorsatz. Aus ei-

ner Umkehr folgt ein Entschluß, der dem Aufbau der Gemeinde zugute kommt. Natürlich geht wiederum so etwas nicht automatisch, wie mir überhaupt wichtig ist, daß es hier nicht um eine machbare Schrittfolge geht, sondern um eine sich überraschend einstellende Ereignisfolge. Sie stellt sich dort ein, wo Zutrauen und Offenheit für das Wirken des Heiligen Geistes und die Wirklichkeit von Jesu Nähe da sind. Da kann es um Entschlüsse, um Vorsätze, um Wagnisse gehen, die auf Dauer und Beständigkeit von Gemeinde angelegt sind und entscheidend zum Gemeindeaufbau beitragen. Es geht freilich nicht um Vorschläge, die am Ende doch wieder darauf hinauslaufen, den anderen die Arbeit aufzubürden. Es geht vielmehr um Vorsätze, die aus persönlicher Erfahrung erfolgen und jener Umkehr entsprechen, die aus dem Gebet chinesischer Christen spricht: »Herr, erwecke deine Kirche und fange bei mir an. Herr, baue deine Gemeinde und fange bei mir an.«

Ob Ihnen diese Schrittfolge hilft, eine Perspektive zu erkennen, wie Sie mit Ihren Problemen in der Gemeinde umgehen können? Ich wäre sehr froh, wenn sich Ihnen mit Hilfe der vier Schritte ein Weg von mühevoller Gemeindearbeit zu kreativem Gemeindeaufbau öffnete.

zu kommen? Oder ist schon das Interesse an klaren Grenzziehungen falsch, um eine zutreffende, biblisch verantwortete Bestimmung dessen zu finden, was eigentlich Gemeinde sei?

Lassen Sie uns einen anderen Zugang suchen: Im Deutschen Wörterbuch der Brüder Grimm finde ich bei dem Stichwort ›Gemeinde‹ die Auskunft, sie sei dasjenige, »was einer ganzen gemeine eines orts an hut oder weide oder anderem zugehört.« Gemeint ist die Wiese, die allen Bürgern eines Ortes gemeinsam gehört. Im Alemannischen nennt man sie heute noch ›die Allmende‹. Seinem Ursprung nach hat also das Wort ›gemeine‹ nicht zuerst mit Personen zu tun, sondern mit einer Sache, die allen ›gemein‹ ist. Natürlich geht es hier noch nicht gleich um christliche Gemeinde, sondern um Gemeinde im weitesten Sinn des Wortes.

Was ist nun dasjenige, das allen ›gemein‹ ist, wenn es um die christliche Gemeinde geht? Zur Präzisierung muß ich das Wort ›Kirche‹ einführen: Es ist die Kirche, die allen ›gemein‹ ist und doch von keinem für sich beschlagnahmt werden darf. Im Volksmund heißt es: »Laß die Kirche im Dorf!«, weil sie hier allen gehört. Negativ heißt das: Zerre die Kirche nicht aus dem Dorf in irgendeinen Winkel hinein, wo sie nur noch der Privatbesitz einiger Privilegierter wäre. Was die Kirche zur ›Gemeine‹ macht, hat mit dem Herrn zu tun, der auf Golgatha für alle gestorben ist und zuvor für alle gebetet hat: »Vater, vergib ihnen; denn sie wissen nicht, was sie tun!« (Lk 23,34). Wo der Tod dieses Herrn verkündigt und seine Auferstehung gefeiert wird, kann niemand ausgeschlossen werden. Deshalb hat es seinen guten

Sinn, wenn die Kirchenglocken über alle Grenzen und Zäune hinweg alle Menschen immer wieder neu einladen, des Lebens, Sterbens und Auferstehens Jesu Christi mit zu gedenken. Mir scheint es eine der wichtigsten Aufgaben von Kirchenältesten zu sein, darauf zu achten, daß diese öffentliche Bedeutung der Kirche zum Ausdruck kommt, in der Gemeinde Gestalt gewinnt, und daß Kirche um ihres Herrn willen eine Sache des ganzen Ortes und des ganzen Volkes ist und immer wieder werden will. Deshalb sind auch alle noch so gut gemeinten Bestrebungen abzuwehren, Kirche auf einen Kreis Gleichgesinnter einzuengen, weil sie dann nicht mehr ›Gemeine‹ für alle wäre.

Kirche Jesu Christi meint mehr als die gottesdienstliche Gemeinde, mehr auch als die Gemeinde der Getauften, mehr als die Gemeinde der Gläubigen, mehr als die Summe der Kirchensteuerzahler. Es geht zuerst um Jesus Christus selbst, der mit seinem Leben, Sterben und Auferstehen für alle am Ort ›gemein‹ ist und auf seinen Namen hin jeden Menschen rufen läßt: »Kommt her zu mir, alle, die ihr mühselig und beladen seid ...« (Mt 11,28). Zur Kirchengemeinde gehören alle, die sich von IHM rufen lassen, auch die, die nicht heute, aber vielleicht morgen ihr Ohr und ihr Herz öffnen. Ausgeschlossen ist nur, wer sich selbst ausschließt und in seiner Verschlossenheit einschließt. Doch selbst diese Grenze kann und darf eine Kirchengemeinde nicht daran hindern, zu rufen und immer wieder zu rufen, indem sie sich auch selbst immer wieder neu dem Ruf Jesu Christi öffnet. Wenn eine Kirchengemeinde nicht zur Sekte von lauter Gleichgesinnten werden soll, sondern in der Nachfolge ihres Herrn bleiben will, der ebenso mit Zöllnern und Huren aß, wie er Thomas in seinen Zweifeln ernst nahm und den sinkenden Petrus bei der Hand faßte, dann darf es für sie letztlich gar keine ausschließenden Grenzen geben. Unversehens werden solche Grenzen zu Mauern, mit denen sie sich selbst einmauert.

Wird dann aber nicht alles so willkürlich und beliebig, daß auch der Ruf Jesu Christi zur Schleuderware verkommt? Jesus schickte seine Jünger mit dem Auftrag hinaus: »Wenn ihr aber in ein Haus geht, so grüßt es; und wenn es das Haus wert ist, wird euer Frieden auf sie kommen. Ist es aber nicht wert, so wird sich euer Friede wieder zu euch wenden« (Mt 10,12f.). Jesu Jünger brauchen also keine Angst zu haben, Gottes Frieden könnte zur Schleuderware verkommen und allzu billig werden, wenn alle Häuser mit dem Frieden Gottes gesegnet werden. Es liegt nicht im Vermögen des Menschen, zu erforschen, wer des Friedens Gottes wert ist und wer nicht. In Gottes Frieden steckt aber das Vermögen zur Unterscheidung zwischen Zuwendung und Abwendung wie auch die Kraft, eine Kirchengemeinde vor Willkür und Beliebigkeit zu bewahren. Da läßt sich heute der eine rufen und öffnet wieder seine Tür, während das Haus nebenan um so dichter versperrt ist, bis erst die nächste Generation den Schlüssel wieder findet, um sich dem einladenden Ruf von Gottes Frieden zu öffnen. Wo die Grenzen einer Kirchengemeinde wirklich verlaufen, wissen wir Menschen nicht und sollen es auch nicht wissen, Gott sei Dank! Gott allein kennt die Grenzen zwischen drinnen und draußen. Um so mehr Kraft aber soll eine

Kirchengemeinde darauf konzentrieren, zu rufen und sich selbst immer wieder neu in die Nachfolge Jesu Christi rufen zu lassen. Solch ein Ruf kann durch das Geläut der Glocken hörbar werden, durch einen liebevoll gestalteten Gemeindebrief, der vielleicht sogar in alle Häuser persönlich gebracht wird, durch eine diakonische Einrichtung, durch Schutz für einen Verfolgten, durch Fürbitte, durch ein Fest und vieles andere mehr.

Unsere anfängliche Frage, wer die Gemeinde sei, hat sich zu der anderen Frage gewendet, wer eine Gemeinde zur Kirchengemeinde macht und sie offen und weitherzig für alle sein läßt und ihr gerade darin klare Konturen gibt. Unser Augenmerk hat sich dabei von den Grenzen, die Menschen zwischen draußen und drinnen festsetzen, weggewandt zu dem, der die Mitte einer Kirchengemeinde ist, von der Mitte her ruft und es in seinem Rufen darauf ankommen läßt, wer jetzt hört oder nicht hört.

Was sagen Sie nun zu folgendem Versuch, möglichst prägnant zu bestimmen, wer die Gemeinde ist: Kirchengemeinde ist ein Ruf im Namen Jesu, der auf vielfältige Weise zu allen Menschen an einem Ort dringen und sie einladen will, Gott die Ehre zu geben, sich öffentlich zum Lob Gottes zu versammeln und bis in jedes Haus hinein sich mit Gottes Frieden segnen zu lassen.

Die Aufgabe von Kirchenältesten wäre dann, an verantwortlicher Stelle mit darauf zu achten, ob dieser einladende Ruf möglichst klar und deutlich hörbar wird, vor allem bei den Mühseligen und Beladenen, damit eine Kirchengemeinde in Rufweite mit allen Menschen am Ort zusammengehört.

Ob Sie einmal Ihren Umgang mit Menschen bedenken könnten, die aus der Kirche ausgetreten sind? Oft sind es ja sehr zufällige Gründe, die zum Kirchenaustritt führen. Natürlich wollen auch diese Gründe und die daraus gezogenen Entscheidungen respektiert werden. Und doch kann eine Kirchengemeinde nicht darauf verzichten, den einladenden Ruf Jesu Christi auch bei diesen Menschen immer wieder hörbar werden zu lassen und sie im Licht ihres Getauftseins zu sehen, das ihnen erhalten bleibt, über ihren Kirchenaustritt hinaus.

4. Brief

Ökumene der Gemeinden am Ort

Im letzten Brief habe ich fast so getan, als gäbe es nur *eine* christliche Gemeinde am Ort, und das wäre Ihre Gemeinde. Dabei gibt es in Ihrer Stadt oder in Ihrem Dorf vielleicht eine große Anzahl von christlichen Gemeinden: eine katholische, eine oder mehrere freikirchliche und seit kurzem noch eine ganz neu gegründete, pfingstlerisch anmutende Gemeinde.

Wie gehen Sie mit dieser Vielzahl von Gemeinden um? Hat sich bei Ihnen vielleicht schon so etwas wie eine Ökumene der Gemeinden am Ort herausgebildet, die eine gegenseitige Diffamierung von Christen ebenso ausschließt wie eine Gleichgültigkeit gegenüber den anderen? Die ökumenische Einstellung, die Sie auch für schwierige Gemeinden anderer Prägung aufgeschlossen oder zumindest geduldig machen kann, finde ich bei dem Apostel Paulus. In Philipper 1 berichtet er davon, daß einige Christen aus Neid und Streitsucht, einige aber auch in guter Absicht das Evangelium von Jesus Christus verkündigen. Paulus kommt dann zu dem wahrhaft ökumenischen Schluß: »Was tut's aber? Wenn nur Christus verkündigt wird auf jede Weise, es geschehe zum Vorwand oder in Wahrheit, so freue ich mich darüber« (Phil 1,18). Der Apostel nimmt es offenbar nicht nur hin, sondern begrüßt es sogar, daß Christus auch noch ganz anders als durch ihn selbst verkündigt wird, ja sogar mit ganz anderer Einstellung. Hauptsache, Christus wird verkündigt! Könnten Sie so über anders geprägte Christen und ihre Gemeinden denken, es stünde um die Ökumene der Gemeinden an Ihrem Ort nicht schlecht.

Für eine Ökumene der Gemeinden am Ort erscheint mir die Selbsteinschätzung holländischer Gemeinden hilfreich zu sein, die von sich bekennen: »Wir sind an unserem Teil das Ganze; wir sind aber das Ganze nur für unser Teil.«[4] Zum Ganzen bekennen sich diese Gemeinden, weil sie Christus als Heil der Welt verkündigen, und das geht nur ganz oder gar nicht. Und doch wissen sie, daß sie das Ganze nur für ihr Teil sind, weil die Kirche als Gemeinschaft der Heiligen viel mehr umfaßt ist als nur einige reformierte Gemeinden in den Niederlanden. Wenn sich so viel Selbstbewußtsein mit so viel Bescheidenheit paart, dürfte es um die Ökumene der Gemeinden am Ort wie überhaupt um die Ökumene der Kirchen gut bestellt sein.

Im ökumenischen Gespräch der verschiedenen Kirchen hat sich ja längst gezeigt, daß hier nur ernstgenommen wird und mitreden kann, wer auch selbst um seine Identität weiß und sie gesprächsfähig im Austausch der Christen bezeugen kann. In der Ökumene der Gemeinden am Ort wird es nicht anders sein, als daß jede Gemeinde – im Sinne von Matthäus 25,14-39 – mit ihrem Talent wuchert, um dadurch zugleich die anderen Gemeinden zu ermutigen, auch ihr Talent auszugraben und wirken zu lassen.

Was wären denn nun die Talente, die eine evangelische Kirchengemeinde hat oder ausgraben muß, um die Ökumene am Ort zu bereichern und dabei zu helfen, daß Christus auf vielfältige Weise verkündigt wird? Da ist einmal die reformatorische Einsicht, daß ein Mensch vor allem, was er aus sich selbst machen kann, um sich Ansehen zu verschaffen, schon ein von Gott um Christi Willen angesehener Mensch ist. Muß nicht mit diesem Talent der »Rechtfertigung des Gottlosen allein aus Glauben« mehr denn je gewuchert werden, in einer Zeit, in der die Devise gilt: »Hast du was, so bist du was!«? Und ist es nicht beglückend, wie sehr etwa katholische Christen sich von dieser reformatorischen Einsicht inzwischen auch ansprechen lassen?

Umgekehrt wäre es wohl an der Zeit, daß evangelische Christen sich von der katholischen Einsicht ansprechen lassen, wie wichtig für den Glauben die Aufmerksamkeit auf die Tradition sein kann. Tradition – da geht es um Weitergabe des Glaubens. Wir stehen in einer langen Kette von Christen, die uns den Glauben weitergegeben haben. Wird es uns heute gelingen, den Glauben auch an die nächste Generation weiterzugeben? So verzagt uns diese Frage manchmal machen kann, wenn wir an unsere Kinder denken, so sehr wollen uns frühere Generationen von Christen ihre Erfahrung weitergeben, wie Glaube so gelebt werden kann, daß er zur nächsten Generation gelangt.

Eine Erfahrung ist etwa, wie schnell Christen sich mit ihrer ersten Begeisterung im Glauben verrennen können, so daß sie gleichsam über dem Boden zu schweben meinen und die Beziehung zu den nächstliegenden Menschen und Dingen verlieren. Aus so einer Erfahrung zu lernen, könnte gegenwärtig immer wichtiger werden, wenn die Sucht nach Neugründung von Gemeinden um sich greift und Menschen eine frühlingshaft erste Stunde des Glaubens zu erleben meinen. Mag solch ein Erlebnis subjektiv durchaus seine Berechtigung haben, so gilt es doch objektiv daran zu erinnern, daß nicht einmal die urchristliche Gemeinde sich den Traum einer Stunde Null erlaubte. Sie achtete vielmehr das Erbe, das sie mit Israel teilte und verstand sich deshalb als Zweig an einem Baum, der schon viel ältere Wurzeln hat (Röm 11,17f.).

Nun mag es gegenwärtig Neugründungen von Gemeinden geben, die eindeutiger und verbindlicher den Glauben zu leben versuchen als eine in ihren Augen müde und allzu pluralistische Volkskirche. In der Geschichte der Kirche hat sich jedoch immer wieder gezeigt, wie die verbindende Kraft der gleichen Gesinnung über kurz oder lang dem unwiderstehlichen Zwang unterliegt, noch gleicher, noch verbindlicher, noch frömmer als die anderen zu sein. Und flugs durchwuchert ein Spaltpilz den ganzen schönen Sauerteig, der nun nicht mehr dazu taugt, den ganzen Teig zu säuern.

Statt dessen kommt es meiner Überzeugung nach jetzt darauf an, ein altes Talent der Kirchengemeinde wieder auszugraben und um der Ökumene am Ort willen zu gebrauchen, nämlich das Selbstverständnis einer Kirchengemeinde als »Parochie«. Paroikia hieß in der Antike Nachbarschaft. Eine nachbarschaftliche Gestalt der Kirchengemeinde bringt ihren Willen zum Ausdruck, das Evangelium von Jesus Christus mit allen Menschen am Ort gemeinsam zu leben, mit den Guten ebenso wie mit den Bösen, mit den Heiligen ebenso wie mit den Scheinheiligen. Parochie – das meint den bewußten Verzicht auf alle Versuche, zwischen Gläubigen und Ungläubigen in diesem Leben scheiden zu können. Stattdessen gilt das Bekenntnis: »Ich glaube; hilf meinem Unglauben!« (Mk 9,24). Ich sehe das Talent einer parochial verfaßten Kirchengemeinde darin, bei den Menschen am Ort nachbarschaftlich zu bleiben, die ihren Glauben oft sehr undeutlich und mit vielen Kompromissen leben müssen. Sie sind dankbar dafür, wenn sie ohne Vorbedingung und ohne Vorleistung eine Menschenwürde gesagt und gezeigt bekommen, die sie sich selbst nicht erworben haben, sondern die ein anderer auf Golgatha für sie erworben hat.

In diesem Verständnis von nachbarschaftlicher Ortsgemeinde steckt eine Fülle missionarischer Chancen, die in vielen Kirchengemeinden oft gar nicht wahrgenommen werden. Ich wäre dankbar, wenn Sie einige solcher Chancen miteinander zu entdekken und anzusprechen versuchten.

5. Brief

Missionarische Volkskirche?!

Offengestanden, ich mag beide Begriffe nicht so recht, weil sie zu Schlagworten verkommen sind, das ›Missionarische‹ und die ›Volkskirche‹. Und dann werden beide auch noch gegeneinander ausgespielt: ›Volkskirche‹ sei nicht ›missionarisch‹, und das ›Missionarische‹ habe nichts mit der ›Volkskirche‹ zu tun. Hier hat sich ein Gegensatz aufgebaut, den ich um des Gemeindeaufbaus willen noch einmal mit Ihnen überdenken möchte.

In Matthäus 9,36 heißt es: »Und als er (Jesus) das Volk sah, jammerte es ihn; denn sie waren verschmachtet und zerstreut wie die Schafe, die keinen Hirten haben«. So verstehe ich das Wahrheitsmoment im Begriff ›Volkskirche‹: Es ist der Blick Jesu für das Volk. Wenn der Kirche dieser Blick Jesu für das Volk verlorengeht, dann verkommt sie zu einer Sekte von Gleichgesinnten und Besserwissern. ›Volkskirche‹ heißt, sich auf Überraschungen einzulassen, wie sie Jesus in der Begegnung mit dem Volk erlebt: daß eine blutflüssige Frau ihm von hinten her folgt, um seine Kleider zu berühren – und diese ›magische‹ Erwartung nennt Jesus dann auch noch ›Glaube‹! (Mt 9,22). Oder daß ein heidnischer Hauptmann ihn um Hilfe für seinen Knecht bittet, und das so beharrlich und vertrauensvoll, daß Jesus erstaunt ausruft: »Solchen Glauben habe ich in Israel bei keinem gefunden!« (Mt 8,10); oder daß sie zu ihm brachten »alle Kranken, mit mancherlei Leiden und Plagen behaftet, Besessene, Mondsüchtige und Gelähmte« (Mt 4,24). Im Blick auf diese und ähnliche Berichte in den Evangelien vermute ich, daß es in der Nähe Jesu nicht sonderlich edel, sondern eher nach schmuddeligem Volk gerochen haben dürfte. Doch ohne diesen Geruch ist Nachfolge Jesu nicht zu haben. Ohne Liebe und Offenheit für das Volk und ohne Leben mit dem Volk ist Kirche im Sinne Jesu nicht möglich.

Wenn Gemeindeaufbau von dieser Offenheit für das Volk geprägt ist, wird er auch offen sein für Überraschungen mit Menschen, die scheinbar nichts mit Kirche oder mit Gott oder mit Jesus zu tun haben. Mit ihrem ›magischen‹ Glauben, mit ihrer Wundersucht, mit ihrer Hartnäckigkeit strahlen sie vielleicht dennoch etwas aus, was Kirche in der Nachfolge Jesu reich macht. Was kann es z. B. für das Klima einer ganzen Stadt bedeuten, wenn sich eine Kirchengemeinde für die immer größer werdende Zahl von Menschen engagiert, die nicht seßhaft sind und ziellos herumirren! Eine gastliche Gemeinde, in deren Gemeindehaus es nach heißem Kaffee oder nach Bohnensuppe riecht, kann ein wahrer Segen sein. Und was kann es für die Menschen einer Stadt, einschließlich der sie besuchenden Touristen, bedeuten, wenn sie sich in einer ganztägig geöffneten Kirche nicht bloß wie Museumsbesucher fühlen müssen, sondern wie in einer guten, wohnlichen Stube oder wie in einem festlichen Saal, in dem der eine ausruhen, die andere beten, der dritte einfach nur sehen und staunen kann, kurz, in dem sie sich wie Gäste erwartet und aufgenommen fühlen!

›Volkskirchlich‹ im besten Sinn des Wortes ist eine Gemeinde dann, wenn sie nur einen Hauch von der Freude ausstrahlt, »die allem Volk widerfahren wird« (Lk 2,10). Diese Freude gibt einer Volkskirche auch missionarische Leidenschaft und macht eine Gemeinde nicht nur offen für das Volk, sondern auch offen für das Wirken von Gottes Geist. Was hilft eine noch so gut gemeinte Offenheit, wenn sie doch die Menschen nach kurzer Zeit ausgebrannt und leer zurückläßt. Missionarische Volkskirche ist Kirche für alle, aber nicht Kirche für alles. Sie bezeugt die Rechtfertigung des Gottlosen und widerspricht zugleich der Gottlosigkeit. Sie lebt aus der Vergebung der Sünden und widersteht zugleich der Sünde. Sie ist *missionarische* Volkskirche, indem sie dem Missionsbefehl Jesu folgt: »Mir ist gegeben alle Gewalt im Himmel und auf Erden. Darum gehet hin und machet zu Jüngern alle Völker: Taufet sie auf den Namen des Vaters und des Sohnes und des Heiligen Geistes und lehret sie halten alles, was ich euch befohlen habe. Und siehe, ich bin bei euch alle Tage bis an der Welt Ende« (Mt 28,18-20). Als missionarische *Volkskirche* sieht sie keinen hinreichenden Grund, Kinder von Jesu Missions- und Taufbefehl auszuschließen. Deshalb praktiziert sie auch die Taufe von Kindern. Sie ruft Kinder wie Erwachsene immer wieder neu in die Nachfolge Jesu und verzichtet zugleich mit Bedacht auf jede menschliche Grenzziehung zwischen Gläubigen und Ungläubigen, weil solche Grenzziehungen allein Gott zustehen.

Sie ist eine sozial engagierte Kirche, die mit allen sozialen Kräften im Staat zum Wohl der Menschen zusammenarbeitet. Sie weiß aber auch um die Grenzen ihrer Kraft und praktiziert deshalb keine flächendeckende, sondern eine exemplarische Diakonie, in der das Wohl des Menschen und Gottes Heil möglichst überzeugend zusammenfinden. Es ist nicht umsonst, daß in Lukas 10 das Gleichnis vom Barmherzigen Samariter eine weiterführende, korrigierende Ergänzung in der Geschichte von Maria und Martha findet. Der Barmherzige Samariter kann ja auch zum Modell für unbarmherzige Moralpredigten werden, wenn er nicht in jener Maria seine notwendige Korrektur findet, die zu Jesu Füßen ausruht und zuhört. So erwählt sie »das gute Teil«, das nicht von ihr genommen werden soll (Lk 10,42).

Eben diese Spannung zwischen dem Tun des Barmherzigen Samariters einerseits und dem Zuhören Marias andererseits macht eine missionarische Volkskirche hellhörig und aufmerksam. Sie ringt um den rechten Augenblick, in dem es Zeit zum Handeln oder Zeit zum Hören ist. Ohne missionarische Leidenschaft wird eine sozial engagierte Volkskirche zu einer sich verzettelnden Kirche für alles und nichts. Ohne den Willen zu volkskirchlicher Weite bewegt eine missionarische Kirche sich nur noch in Kreisen von Gleichgesinnten, die andere Menschen eigentlich nur deshalb brauchen, um sie zu ihrer Gesinnung zu bekehren.

Abschließend möchte ich noch einmal betonen,

daß es mir nicht unbedingt auf den Begriff ›Missionarische Volkskirche‹ ankommt. Wer mit diesem Begriff nichts anfangen kann, mag ihn getrost vergessen. Wichtig ist mir nur, Offenheit und Verbindlichkeit in der Kirche zusammenzuhalten. Das scheint mir nur möglich zu sein, wenn von einer Mitte her gedacht wird, die nicht ausgrenzt, sondern einlädt, integriert und Weite schafft. Es ist keine Mitte, die von einigen besonders frommen, besonders gläubigen, besonders aktiven Christen okkupiert werden könnte. ER SELBST ist die Mitte, der sowohl durch das hörbare Wort der Verkündigung wie durch das sichtbare Wort der Mahlfeier ruft: »Kommt her zu mir, alle, die ihr mühselig und beladen seid, ich will euch erquicken« (Mt 11,28).

Meine Frage ist: Wie verhalten sich Offenheit und Verbindlichkeit, Mitte und Weite in Ihrer Kirchengemeinde zueinander? Ist Ihre Gemeinde eher in der Gefahr, sich zu verzetteln, oder ist sie eher in der Gefahr, sich abzukapseln und einzuigeln?

6. Brief

Gemeinschaft der Heiligen

»Gemeinschaft« – was hat dieses Wort für einen Zauberklang! Endlich heraus aus der Einsamkeit, endlich mit jemandem reden oder gemeinsam singen und gemeinsam beten oder einfach nur beisammen sein können! Danach sehnen sich so viele Menschen, die an ihrer Einsamkeit leiden, weil sie sonst keinen haben, mit dem sie sich austauschen könnten. Manche vermissen es auch im Gottesdienst, daß jemand sie anspricht oder sie einfach nur grüßt oder sie im Anschluß an den Gottesdienst einmal einlädt. In der Katholischen Kirche, mehr und mehr auch in evangelischen Kirchen, gibt es seit einiger Zeit in der Feier der Eucharistie den Friedensgruß, den sich die Teilnehmer im nächsten Umkreis nach Aufforderung des Priesters mit Handschlag sagen. Andere Gemeinden gehen noch weiter und feiern das Abendmahl zuweilen in der Gestalt von Tischmahlzeiten, in denen auch längere Gesprächsphasen zwischen den Nachbarn vorgesehen sind. Vielfach werden auch nach dem Gottesdienst Gelegenheiten angeboten, um zum Predigtnachgespräch oder einfach zu einer Tasse Kaffee beisammen zu bleiben.

Doch merkwürdig, diese und viele andere Versuche, Gemeinschaft in der Gemeinde zu bilden, werden oft nach einiger Zeit wieder aufgegeben. Die Predigtnachgespräche halten nicht das, was sie versprechen, sondern führen oft nur dazu, daß die Predigt zerredet wird. Die Tasse Kaffee lockt alsbald nicht mehr. Die Tischmahlzeiten werden zunehmend gemieden, weil viele Menschen eine so enge Gemeinschaft gar nicht suchen. Selbst aus katholischen Gemeinden ist zu hören, daß sich immer mehr Menschen möglichst einen Platz in der Kirche suchen, auf dem sie beim Friedensgruß in Ruhe gelassen werden und der Aufforderung des Priesters nicht folgen müssen. Sie suchen vielmehr mit ihrer Seele das Gespräch zunächst mit Gott allein. Vielleicht ist ja nach dem Gottesdienst Gelegenheit dazu, auf andere Menschen zuzugehen, aber nicht jetzt und schon gar nicht auf Kommando.

Mit der Gemeinschaft ist es offenbar eine merkwürdige Sache: Sie läßt sich nicht machen und schon gar nicht kommandieren. Wer sie erzwingen will, zerstört zarte Keime, die sich vielleicht gerade im Menschen bilden. Künstlich gezüchtete Gemeinschaften sterben ab, wenn ihnen die schwüle Wärme des Treibhauses fehlt und sie in kühler Wirklichkeit bestehen sollen. Was nach außen hin wie eine herzliche, bergende Gemeinschaft aussieht, kann von innen her in Wahrheit Kampf und Krampf sein. Gemeinschaft allein tut es noch nicht. Manche Gemeinschaften können geradezu ein Grund dafür sein, eine Gemeinde zu meiden, weil dort Insider-Gemeinschaften herrschen, denen ich mich erst anpassen und unterordnen müßte, um zur Gemeinde zu gehören. Nein, Gemeinschaft an sich ist noch kein christlicher Wert. Es gibt auch Lumpengemeinschaft, Terrorgemeinschaft, Teufelspakte. Der Apostel Paulus schreibt einmal: »Ich will nicht, daß ihr in der Gemeinschaft der bösen Geister seid« (1. Kor 10,20).

Nur wenige haben in unserem Jahrhundert so intensiv über das Wesen der Gemeinschaft nachgedacht wie Dietrich Bonhoeffer, der in Zeiten von faschistischer Gemeinschaftseuphorie ein Büchlein schrieb über »Gemeinsames Leben«. Darin finden sich die Sätze: »Wer nicht allein sein kann, der hüte sich vor der Gemeinschaft.« Und: »wer nicht in der Gemeinschaft steht, der hüte sich vor dem Alleinsein.«[5] Wie sehr diese Sätze zutreffen, weiß am besten, wer sich aus der Einsamkeit geflüchtet und sich dann an einen anderen Menschen gehängt hat, um alsbald zu entdecken, daß ihm der andere seine Probleme auch nicht abnehmen kann, sondern sie vielleicht nur noch vermehrt. Deshalb trennt er sich alsbald wieder, um in die Einsamkeit zu flüchten, bis ihm auch hier wieder die Wände zu eng werden und er sich erneut in eine Gemeinschaft flüchtet, in der es ihm nach kurzer Zeit wiederum zu eng wird und so fort. Wieviele Menschen mag es geben, die zwischen Selbstsucht und Selbstflucht hin und her laufen und sich dabei mehr und mehr verlaufen!? Die Gemeinschaft ist für sie in Wahrheit nur eine Droge ihrer Selbstsucht. Gemeinschaften dieser Art werden oft nur durch einen gemeinsamen Feind zusammengehalten, den es zu bekämpfen oder abzuwehren gilt.

Die christliche Gemeinde lebt nicht von einem

gemeinsamen Feind, sondern von dem, der ihr verheißen hat: »Ihr seid meine Freunde, wenn ihr tut, was ich euch gebiete« (Joh 15,14). Er gebot nicht nur die Liebe untereinander, sondern auch die Feindesliebe (Mt 5,44). Mit ihr gibt er der christlichen Liebe einen so weiten Radius, daß eine geschlossene Gemeinschaft nicht ihre Sache sein kann. Die Kraft einer christlichen Gemeinschaft lebt nicht von klaren Grenzen her, die Freund und Feind erkennbar machen, sondern von einer Mitte her, in der ER steht und ruft, ER, der »Heilige Gottes« (Joh 6,69). Zur Eigenart seiner Heiligkeit gehört es, daß er sie nicht für sich behält, sondern für andere gebraucht, indem er auch sie heilig macht. Von IHM Geheiligte gehören zur Gemeinschaft der Heiligen. Diese Heiligen haben es wiederum an sich, daß sie ihre Heiligkeit nicht für sich wie einen Privatbesitz haben, sondern für andere und mit anderen gemeinsam. Sie können also keine geschlossenen Gesellschaften bilden, sondern immer nur offene, weil sie auch denen, die nicht ihrer Gesinnung sind, zutrauen, heilig zu sein oder heilig zu werden um dessentwillen, der heilig macht.

Wird nun aber nicht alles so unanschaulich, so offen, so grenzenlos, daß die Gemeinschaft der Heiligen eigentlich nur noch geglaubt werden kann? In der Tat, es ist der Glaube die eigentliche und strenge Weise, wie die Gemeinschaft der Heiligen zur Geltung kommen kann. Deshalb bekennen wir ja auch im Gottesdienst: »Ich glaube an den Heiligen Geist, die heilige christliche Kirche, Gemeinschaft der Heiligen ...« Dieser Glaube setzt auch Erlebnisse frei: Es kann ein Friedensgruß sein, der mir die Gemeinschaft der Heiligen mit einem Nachbarn durch alle Glieder fahren läßt; es kann ein Hauskreis sein, in dem etwas von der Gemeinschaft der Heiligen aufblitzt; es kann auch in dem ganz profanen Klassenzimmer einer Schule sein, daß etwas spürbar wird von der Gemeinschaft der Heiligen; ja, es kann sogar auch in meiner Einsamkeit geschehen, daß sich mir der Himmel öffnet und mir Gemeinschaft mit anderen schenkt, die mir als Heilige vor Augen treten, es mögen Lebende oder schon Gestorbene sein. Auf jeden Fall machen sie meine Einsamkeit hell und lebendig.

Nun habe ich weder Angst vor der Einsamkeit, noch Angst vor der Gemeinschaft. Alles, alles kann sich nun öffnen zur Gemeinschaft der Heiligen. Der Glaube macht frei von Kampf- und Krampfgemeinschaften, von Euphorie, die sich nach kurzer Zeit in Enttäuschung wendet und von Wunschbildern, die einer Gemeinschaft insgeheim Gesetze aufnötigen. Er bringt eine so wohltuende Nüchternheit mit sich, wie sie aus Dietrich Bonhoeffers Buch »Sanctorum Communio« (Gemeinschaft der Heiligen) spricht:

»Fragen wir nun, wo der Glaube am reinsten ›Kirche erlebt‹, so geschieht das gewiß nicht in den Gemeinschaften der romantischen Solidarität Gleichgearteter, vielmehr dort, wo nichts als die kirchliche Gemeinschaft die einzelnen verknüpft, wo Jude und Grieche, Pietist und Liberaler aneinander stoßen und dennoch in Einheit ihren Glauben bekennen, dennoch zum Abendmahl miteinander hintreten und im Gebet füreinanderstehen; gerade in der Umgebung des Alltags wird Kirche geglaubt und erlebt; nicht in

Augenblicken gehobener Seelenbestimmung, sondern in der Gleichmäßigkeit und Härte des täglichen Lebens, des geregelten Gottesdienstes wird der Ernst der Kirche begriffen ... Ehe nicht verstanden ist, was Kirche ist, und daß sie ihrem Wesen nach geglaubt wird trotz oder gerade in all ihrer Sichtbarkeit, ist es nicht nur gefährlich, sondern geradezu gewissenlos und das evangelische Verständnis der Kirche völlig verwirrend, von Erlebnissen zu reden, die nie eine Kirche konstituieren können, und in denen das Wesen der Kirche gar nicht erfaßt ist. An Erlebnissen ist unsere Zeit nicht arm, aber am *Glauben*. Nur Glaube aber schafft echtes Erlebnis der Kirche, und so meinen wir, daß es unserer Zeit wichtiger sei, daß man sie hineinführe in den Glauben an die Gemeinde Gottes, statt Erlebnisse aus ihr herauszupressen, die als solche nichts helfen, dort aber, wo der Glaube an die sanctorum communio (die Gemeinschaft der Heiligen) gefunden ist, von selbst eintreten.«[6]

7. Brief

Der Engel der Gemeinde

Ist es nicht merkwürdig, daß die sieben Sendschreiben, die im letzten Buch der Bibel, dem Buch der Offenbarung des Johannes (Kap 2-3), an sieben Gemeinden Kleinasiens gerichtet sind, »dem Engel der Gemeinde« gewidmet wurden? Wer mag das sein, der »Engel der Gemeinde«? Einige Ausleger vermuten, es könne sich um den Bischof der Gemeinde gehandelt haben. Dieser Vermutung wird aber von anderen Auslegern widersprochen, denn dafür gebe es nirgendwo einen Anhaltspunkt. Ein Ausleger meint[7], mit dieser Anrede werde die Existenz der Gemeinde gleichsam in die Schwebe gebracht. Aber was heißt das, daß eine Gemeinde in die Schwebe kommt?

Vor einiger Zeit traf ich einen Pfarrer, in dessen Gemeinde eine alte Lehrerin von mir gestorben war. Ich fragte ihn nach dieser Frau, und er antwortete mir: »Sie war der Engel der Gemeinde!« Gespannt fragte ich nach, wie er das meine. Sie war keineswegs einfach gewesen, wandte der Pfarrer zunächst ein. Denn wirkliche Engel seien viel schwieriger, als wir uns das von Krippenspielen und Schlafzimmerbildern her vorstellten. Wenn sie eine Idee für die Gemeinde hatte, dann bohrte sie so lange, bis sie sie durchgesetzt hatte. Das konnte manchmal mühsam sein, brachte aber die Gemeinde meist ein Stück voran. Ob er mir das an einem Beispiel erläutern könnte, bat ich. Er überlegte einen Augenblick und erzählte mir dann von ihren letzten zwei Jahren, als sie Krebs bekommen und deshalb ihren Schuldienst aufgegeben hatte. Sie ging häufig auf jüdische Friedhöfe und entzifferte dort mit ihren guten Hebräisch-Kenntnissen die verwitterten Grabsteine. Dann fuhr sie häufiger nach Amsterdam und besorgte sich javanische Schattenspielfiguren. Wieder wußte niemand, was das solle. Aber dann fingen immer mehr Menschen zu begreifen an, daß sie sich sowohl auf den Friedhöfen als auch mit der Kunst der javanischen Schattenspiele in das Loslassen von diesem Leben und in das Hinübergehen zu jenem Leben einübte. Immer häufiger ging sie auch zu sterbenden Menschen, blieb eine kürzere oder längere Zeit bei ihnen und sagte ihnen, daß sie ihren Engel anschauen sollten, der sie hinüberleite in Gottes ewiges Leben. Häufig konnten die Menschen dann ruhig einschlafen. Und endlich kam es soweit, daß man zu ihr hinschickte, um sie zu holen, wenn ein Mensch im Dorf ans Sterben kam. Sie selbst wurde eines Tages tot aufgefunden. Der Fernseher lief noch. Erst meinte man, daß ihr Krebs wohl plötzlich ins Endstadium getreten sei. Als man sie dann aber obduzieren ließ, um der plötzlichen Todesursache nachzugehen, kam heraus, daß sie sich an einem Apfelstückchen verschluckt hatte und erstickt war. Der Krebs aber war in einem Frühstadium stehengeblieben.

Ich gab dem Pfarrer meine Anteilnahme zu verstehen, daß er nun keinen Engel mehr in der Gemeinde habe. Doch er wehrte ab und meinte: Natürlich sei irgendwo in der Gemeinde schon wieder ein Engel am Werk. Doch wo und wer das sei, das wisse man erst hinterher. Jedenfalls könne er seine Arbeit in der Gemeinde gar nicht tun, wenn er nicht fest daran glaube, daß ein Engel, vielleicht auch zwei oder drei, am Werk seien. Dabei heiße für ihn, eine Gemeinde im Licht ihres Engels zu sehen, keineswegs, sie nur in positivem Licht zu sehen. Es heiße ganz im Gegenteil, ihr von Zeit zu Zeit auch ganz offen kritische Dinge zu sagen, weil die Gemeinde nun in viel größerem Zusammenhang als nur in ihren vorfindlichen Bezirksgrenzen erscheine. Diese andere Sicht der Gemeinde erlaube auch ein anderes Sprechen mit der Gemeinde.

Wie offen und kritisch mit einer Gemeinde geredet werden kann, die im Licht ihres Engels gesehen wird, zeigen schon die Sendschreiben der Offenbarung des Johannes. Da kann es etwa im Sendschreiben an den Engel der Gemeinde in Sardes heißen: »Du hast den Namen, daß du lebst, und bist tot. Werde wach und stärke das andre, das sterben will, denn ich habe deine Werke nicht als vollkommen befunden vor meinem Gott« (Offb 3,1f.). Diese Kritik ist aufbauend und nicht zersetzend, weil sie die irdische Gemeinde vor ihren himmlischen Herrn bringt. Alle Kritik an der sichtbaren Gemeinde kann dann um so offener sein, weil sie letztlich nur daran interessiert ist, das himmlische Wesen der Gemeinde inmitten der irdischen Kirche um so mehr offenbar werden zu lassen.

Übrigens ist in keinem Teil der Bibel so viel von der himmlischen Bewahrung der Kirche die Rede wie im letzten Buch der Bibel. In seiner Vorrede zum Buch der Offenbarung schreibt Martin Luther:

»Es ist dies Stück (ich glaube eine heilige christliche Kirche) ebensowohl ein Artikel des Glaubens als die andern. Darum kann sie keine Vernunft, wenn sie gleich alle Brillen aufsetzt, erkennen. Der Teufel kann sie wohl zudecken mit Ärgernissen und Rotten, daß du dich müssest dran ärgern. So kann sie Gott auch mit Gebrechen und allerlei Mangel verbergen, daß du mußt drüber zum Narren werden und ein falsch Urteil über sie fassen. Sie will nicht ersehen, sondern erglaubt sein. Glaube aber ist von dem, das man nicht siehet (Hebr 11,1). Und sie singet mit ihrem Herrn auch das Lied: ›Selig ist, der sich nicht ärgert an mir‹. Es ist ein Christ auch wohl ihm selbst verborgen, daß er seine Heiligkeit und Tugend nicht siehet, sondern eitel Untugend und Unheiligkeit siehet er an sich. Und du grober Klügling, wolltest die Christenheit mit deiner blinden Vernunft und unsauberen Augen sehen? Summa, unser Heiligkeit ist im Himmel, da Christus ist, und nicht in der Welt, vor den Augen, wie ein Kram auf dem Markt.«[8]

Vielleicht haben wir gegenwärtig nichts so nötig wie dieses ›Erglauben‹ von Kirche, um nicht mit unserem Ärger über die sichtbare Kirche zum Narren zu werden, die Volkskirche mit ihren Chancen aber auch nicht zu überschätzen. Es ist mit dem zweifachen

Wesen der Kirche ganz ähnlich wie mit den zwei Naturen Jesu Christi: Er ist wahrer Mensch und wahrer Gott, und gerade das macht ihn für viele Menschen so ärgerlich, weil so schwer faßbar. Kennten wir Jesus nur als Menschen, so könnten wir ihn in die Galerie der Vorbilder und Propheten einreihen und hätten ihn rasch im Griff. Beteten wir ihn nur als Gott an, so wäre er alsbald in einem vergoldeten Götterhimmel als Idee entschwunden.

Ist es nicht mit der Kirche Jesu Christi genau so, daß sie als himmlische Kirche allein für uns unfaßlich wäre und zur schönen Idee würde, während sie als nur irdische Kirche in die Hände von Machern geriete und beliebig abzählbar und gestaltbar wäre? Eine Gemeinde im Licht ihres Engels zu sehen, das heißt also, ihre himmlische Bewahrung inmitten der irdischen Gemeinde so konkret zu erglauben, wie ich es von jenem Pfarrer und seiner Erfahrung mit dem Engel der Gemeinde geschildert habe. Dann kommt eine Gemeinde tatsächlich in die Schwebe des zweifachen Wesens der Kirche als himmlischer und irdischer.

Haben Sie es als Älteste schwerer oder leichter, eine Gemeinde zu leiten, wenn Sie die Gemeinde im Licht ihres Engels erglauben? Ich wäre nun gern ein stiller Zuhörer Ihres Gespräches.

II

Gabe und Aufgabe des sonntäglichen Gottesdienstes

In den Briefen des II. Teils geht es um den sonntäglichen Gottesdienst in seinen Schwierigkeiten, aber auch in seinen Schönheiten. Die Schwierigkeiten fangen heute ja schon damit an, daß der Sonntag im Wochenende unterzugehen droht und »Heiligung des Feiertages« weithin ein Fremdwort geworden ist. Wer heute am sonntäglichen Gottesdienst festhält, muß genauer als frühere Generationen wissen, aus was für einer Quelle hier zu schöpfen ist, und welche verborgenen Schätze es hier zu entdecken gibt. Ist nicht der sonntägliche Gottesdienst das Herz einer Gemeinde? Wie der Blutkreislauf eines Menschen in Systole und Diastole vom Herzen aus und zum Herzen hin geht, muß der alltägliche Gottesdienst immer mit im Blick sein, wenn vom sonntäglichen Gottesdienst als Mitte der Gemeinde die Rede ist. Die Aufteilung von Teil II und III ist deshalb nur sehr vorläufig, denn eigentlich geht es bei sonntäglichem und alltäglichem Gottesdienst um ein Ganzes.

8. Brief

Ist der Sonntag noch zu retten?

Sie spüren es sicher auch, wie sehr uns Zug um Zug der Sonntag als Tag für Gott und als Tag gemeinsamer Ruhe und gemeinsamen Feierns verlorengeht. Andere Zwänge, andere Gewohnheiten im Umgang mit der Zeit lassen den Sonntag mehr und mehr im Wochenende untergehen. Seit der Kalenderreform der UNO 1976 ist der Sonntag offiziell nicht mehr der erste, sondern der letzte Tag der Woche. Er ist auch in unseren Gefühlen nicht mehr der erste Tag der Woche, der sie neu werden läßt, sondern das Ende des Wochenendes, das schon am Freitag nach Arbeitsschluß beginnt. Die Züge und Autobahnen sind dann voll. Ganze Stadtteile dünnen aus, wenn der Massenaufbruch ins Wochenende auf dem Campingplatz oder im Landhaus beginnt. Der Samstag ist der geheime Mittelpunkt des Wochenendes geworden: Da wird in Ruhe auf dem Markt eingekauft; nachmittags vielleicht ein Fußballspiel angesehen oder im Garten gearbeitet; abends ausgiebig ferngesehen und dann noch ausgiebiger ausgeschlafen, bis tief in den Sonntag hinein. Erst um Sonntagmittag herum regt sich neues Leben im Lande. Die Straßen werden wieder voller, die Bundesbahn auch. Am Sonntagnachmittag wird es dann etwas dösig. Da breitet sich Langeweile aus. Die Depression schleicht umher und sucht sich ihre Opfer. Die Statistik zeigt, daß am späten Sonntagnachmittag die Selbstmordziffern am höchsten sind. Wem das Wochenende nichts gebracht hat, dem kann die Schwermut einreden, das Leben bringe ihm überhaupt nichts mehr. Die Jagd nach Leben kann am Wochenende geradezu tödlich werden.

Wie sich der allmähliche Untergang des Sonntags im Wochenende auf die christliche Gemeinde auswirkt, spüren Sie spätestens beim Kirchgang am Sonntagmorgen wahrscheinlich auch: Da kann es sein, daß Sie mit Ihrem Gesangbuch durch ganze Straßenzüge allein laufen und gelegentlich von dem Gedanken überfallen werden, ob Sie überhaupt noch auf der Höhe der Zeit sind. Eins wird Ihnen dabei auf jeden Fall klar: Kirchgang ist heute keine Modesache mehr, sondern eine Sache persönlicher Entscheidung, die zuweilen sogar gegenüber den eigenen Kindern verantwortet und durchgehalten werden will. Da kann sich entweder die Resignation einschleichen, hinter dem Zug der Zeit hinterherzuhinken und hoffnungslos veraltet zu sein. Oder die Arroganz der Scheinheiligen breitet sich aus, sich besser vorzukommen als diese verlorene Welt, die die Wiederkunft Christi verschläft.

Beide Wege scheinen mir aber falsch zu sein und in eine Sackgasse zu führen, die Resignation ebenso wie die Arroganz. Die Resignation blickt nur zurück zu vergangenen Zeiten, wo Kirchgang noch zum guten Ton gehörte, weil ›man‹ sich in der Kirche sehen lassen mußte, um angesehen zu sein. War das aber wirklich ein Zustand, den es wieder herbeizusehnen gilt? Die Arroganz nimmt Gottes Urteil vorweg und maßt sich etwas an, das in keines Menschen Macht steht. Wer seinen Weg zur Kirche heute zwischen Resignation und Arroganz hindurch finden will, kann ihn nur in der Nachfolge dessen gehen, der die Welt nicht verachtete, sondern liebte und zugleich Gott allein die Ehre gab. In Seiner Nachfolge mögen es tatsächlich nur zwei oder drei sein, die sich zum Gottesdienst versammeln, und doch haben sie die Verheißung, daß ER mitten unter ihnen ist. Er ist freilich nicht als ein Privatbesitz der zwei oder drei da, um sie in ihrer resignativen oder arroganten Art zu bestärken. Er ist vielmehr als eine Quelle des Lebens anwesend, aus der alle schöpfen dürfen, die nach Leben dürstet, auch diejenigen, die am Wochenende auf der Jagd nach Leben sind. Die zwei oder drei oder vier, die Gottesdienst dennoch feiern, halten die Quelle des Lebens für alle offen, vergleichbar jenen vier in Markus 2,1-12, die ein Dach abdeckten, um einen Gelähmten zu Jesus zu bringen. Als Jesus aber den beharrlichen und phantasievollen Glauben der vier sah, den sie für den fünften aufgebracht hatten, heilte er den Gelähmten und ließ ihn aufstehen.

Nicht nur den Gottesdienst, sondern den ganzen Sonntag in solch einem stellvertretenden Glauben zu feiern, das ist keine Frage großer oder kleiner Zahlen, sondern Ausdruck einer Hoffnung, die den Sonntag als Quelle des Lebens auch für die festhält, die bei der Jagd nach Leben am Wochenende zu kurz kommen und sich vor lauter Verzweiflung am liebsten das Leben nehmen möchten; oder auch für die, die am Sonntag zu Hause bleiben müssen und vor lauter Einsamkeit nicht ein noch aus wissen. Für sie am Sonntag nachmittag etwa das Gemeindehaus zu öffnen, einen Kaffeetisch zu decken, einen Spiele-Nachmittag einzurichten oder Hausmusik in das Gemeindehaus zu bringen und abschließend einen Sonntagabend-Gottesdienst miteinander zu feiern – das kann Ausdruck einer Hoffnung sein, die den Sonntag trotz allem nicht im Wochenende untergehen läßt, sondern ihn als Quelle eines österlichen Lebens für alle offenhält, die von diesem Leben zehren möchten. Vielleicht fallen Ihnen im Gespräch noch weitere oder ganz andere Möglichkeiten ein, um den Sonntag als einen festlichen Tag zu gestalten. Wichtig ist mir nur jener Geist der Stellvertretung, aus dem Fürbitte und Fürsorge, stellvertretender Glaube und stellvertretender Dank fließen.

sich selbst zerfallen sind und ihre Umwelt als so feindselig erleben, daß es sie förmlich danach hungert, die Freundlichkeit des Herrn zu schauen! Wie soll das aber in einem Gottesdienst möglich sein, wenn sich doch Gott in seiner Freundlichkeit allein aus eigener Freiheit heraus zeigen will und Menschen da nichts bewirken können? So unverfügbar Gottes Freundlichkeit ist, so sehr können Menschen ihr doch gottesdienstlich Raum geben und ihr den Weg bahnen. Sie können freilich auch den Weg verstellen, ja den Raum verschließen. Wie solch ein Verstellen und Verschließen im Gottesdienst möglich ist, möchte ich zunächst mit Ihnen bedenken, ehe ich dann frage, wie wir Gottes Freundlichkeit im Gottesdienst einen Weg ebnen und ihr Raum geben können.

1. Jochen Klepper, der Dichter von Liedern wie »Die Nacht ist vorgedrungen« oder »Er weckt mich alle Morgen«, wurde im Dritten Reich wegen seiner Ehe mit einer Halbjüdin aus seiner Stellung im staatlichen Rundfunk entlassen und erlebte zusammen mit seiner Frau die nationalsozialistische Welt als eine ihn von allen Seiten feindselig umgebende Welt. Um so mehr sehnte er sich danach, Gottes Freundlichkeit gottesdienstlich zu schauen und hungerte deshalb von einem Sonntag zum andern nach dem Gottesdienst. Er war, wie aus seinem Tagebuch »Unter dem Schatten deiner Flügel« hervorgeht, im Gottesdienst oft schon für Weniges dankbar, z. B. für ein Lied, das die Gemeinde gern mitsingt oder für ein Gebet, das die Sorgen der Menschen wirklich aufnimmt. Um so enttäuschter war er jedoch, wenn er nichts im Got-

tesdienst fand, was ihn die Freundlichkeit Gottes schauen ließ. Seine Enttäuschung gipfelt in dem Satz: »So verschüttet ist in den Gottesdiensten das Göttliche. So drängt das Menschliche sich hervor.«[9]

Mir scheint diese Kritik, die im Grunde ein einziger Seufzer ist, nach wie vor den Kern der Enttäuschung gegenüber dem Gottesdienst zu treffen: »So drängt sich das Menschliche hervor.« Das kann schon mit einem gehetzten Pfarrer beginnen, dessen Unruhe sich alsbald auf alle Teilnehmer des Gottesdienstes überträgt. Es kann aber auch eine Saloppheit sein, die in dem Gottesdienst eine »Guten-Morgen-liebe-Leute«-Freundlichkeit ausbreitet. Der Liturg gleicht dann eher einem Show-Master im Fernsehen. Die Lustigkeit, die von ihm ausgehen soll, berührt gerade angefochtene Menschen, aber nicht nur sie, so peinlich, weil sie ja nicht gekommen sind, um einen unterhaltsamen Pfarrer oder ein gut eingespieltes Gottesdienst-Team zu erleben, sondern um – auch wenn sie es ausdrücklich so nicht sagen können – Gottes Freundlichkeit zu schauen. Alle, die den Gottesdienst gestalten, vom Pfarrer über den Lektor, den Organisten, den Chor, den Küster usw., sollen nur Transparente sein, durch die hindurch Gottes Freundlichkeit zur Erscheinung kommen kann. Aufgespreizte, eitle, unruhige oder schlecht vorbereitete Menschen verstellen die Erscheinung von Gottes Freundlichkeit.

Praktisch sieht das etwa so aus, daß die Begrüßung schon zu aufdringlich ist, die Gebete zu flüchtig sind, die Lieder zu flach, die Lesung zu schnell, die Abkündigungen zu lang, die Predigt zu langweilig, das Abendmahl zu trist und der Segen zu routiniert. Natürlich kann ein Abglanz von Gottes Freundlichkeit selbst durch solche Gottesdienste noch hindurchscheinen, denn das gehört ja zum Wesen von Gottes Freundlichkeit, daß er, wie es in Psalm 103,10 heißt, nicht mit uns nach unseren Sünden handelt und uns nicht nach unserer Missetat vergilt. Gäbe es diese Gnade Gottes nicht – wir wären längst mit unseren Gottesdiensten am Ende. Und doch kann es Menschen traurig stimmen, ja regelrecht verbittern, wenn sich das Menschliche so sehr hervordrängt, daß von Gottes Freundlichkeit nur noch ein schwacher Abglanz zu schauen ist.

2. Wie wenig kann stattdessen schon ausreichen, damit dem Glanz von Gottes Freundlichkeit im Gottesdienst größerer Raum gegeben wird! Das kann bei einem Ältestenkreis beginnen, dem anzumerken ist, daß sein Herz für den Gottesdienst schlägt, weil er verstanden hat, was sich da ereignen will. Deshalb entlastet er den Pfarrer von so mancher anderen Last, damit er sich für die Vorbereitung des Gottesdienstes Zeit lassen kann. So ein Mitsorgen des Ältestenkreises kann eine ganze Gemeinde zu spüren bekommen, so daß sie weiß, wodurch sie als Gemeinde erbaut und gebaut wird. Dann wird es auch sehr leicht sein, Menschen zu gewinnen, die an der Gestaltung des Gottesdienstes mitarbeiten, z. B. durch gemeinsame Predigtvorbereitung oder durch die sorgfältige Gestaltung von Abkündigungen, etwa im Blick auf den Zweck der Kollekte, so daß das Einsammeln der Gaben ein wahrhaft diakonisches Ereignis ist. Auch die Schriftlesungen wollen gut vorbereitet sein, damit im Ereignis des gestalteten Le-

sens laut zu Gehör kommen kann, was für uns zum Heil geschrieben steht. Ebenso wollen die Gebete aus der Haltung der Anbetung heraus vorbereitet sein, damit die gottesdienstliche Gemeinde durch Klage, Lobpreis, Bekenntnis und Fürbitte hindurch immer tiefer in die Haltung der Anbetung gerät. Vor allem soll im Abendmahl das Schmecken und Sehen von Gottes Freundlichkeit zur Geltung kommen. Schließlich will auch der Segen zum Schluß des Gottesdienstes noch einmal dem Leuchten von Gottes Angesicht Raum geben.

So will jeder Schritt zum Gottesdienst und im Gottesdienst daraufhin durchdacht sein, ob es ein Schritt ist, der in der Erwartung auf und mit der Bitte um das Erscheinen von Gottes Freundlichkeit gegangen wird und diesem Erscheinen dienen kann. Das scheint mir gegenwärtig das Wichtigste zu sein, daß wir den Gottesdienst als einen Raum erfüllter Stille wiederentdecken, in dem sich der Glanz von Gottes Freundlichkeit ausbreiten kann. Manchmal ist das schon dadurch möglich, daß wir den Raum der Kirche, der möglichst alle Tage der Woche geöffnet sein sollte, mit seinen Symbolen neu zu betrachten lernen. Von Zeit zu Zeit könnte der Gemeinde auch die Bedeutung einzelner liturgischer Stücke gepredigt werden, damit sie versteht, daß und wie sich Gottes Freundlichkeit im Gottesdienst zeigt. Es ist auch für die Gemeinde wichtig, daß ihr eine liturgische Schrittfolge vertraut ist oder allmählich vertraut gemacht wird, weil sich erst im Mitgehen von Vertrautem so etwas wie liturgisches Wiedererkennen einstellen kann, aus dem Gewißheit und Geborgenheit erwachsen. Das Neue, das einer Gemeinde durchaus zugemutet werden will, ist ja dann erst wirklich neu, wenn es sich auf dem Hintergrund von Vertrautem als neu einstellt. Eine Gemeinde, die von Überraschung zu Überraschung gejagt wird, kommt niemals zur Ruhe und niemals zur Anbetung. Sie erlebt auch das Neue nicht als Befreiung, sondern als Belästigung.

Ich habe Ihnen nur wenige Möglichkeiten aufgezählt, wie dem Erscheinen von Gottes Freundlichkeit Raum gegeben werden kann, so daß Gottesdienste im Sinne von Psalm 27 wirklich »schön«, d.h. ein Weg in geborgenes, gelingendes Leben werden. Ich habe auch Beispiele genannt, wie das Erscheinen von Gottes Freundlichkeit verstellt werden kann. Natürlich habe ich auch nicht annähernd eine vollständige Aufzählung von positiven und negativen Möglichkeiten beabsichtigt. Die geschilderten Möglichkeiten garantieren nicht das Erscheinen von Gottes Freundlichkeit. Wir haben sie nicht in der Hand – Gott sei Dank! Wir können uns mit unserer Verantwortung für den Gottesdienst nur immer wieder der Aufforderung der Bibel stellen: »In der Wüste bereitet dem Herrn den Weg, macht in der Steppe eine ebene Bahn unserm Gott! Alle Täler sollen erhöht werden, und alle Berge und Hügel sollen erniedrigt werden, und was uneben ist, soll gerade, und was hügelig ist, soll eben werden; denn die Herrlichkeit des Herrn soll offenbart werden, und alles Fleisch miteinander wird es sehen; denn des Herrn Mund hat's geredet« (Jes 40,3-5).

10. Brief

Sorge für die rechte Verkündigung von Gottes Wort

»Ihr werdet nun berufen, die Gemeinde zu leiten und dafür zu sorgen, daß Gottes Wort recht verkündigt wird.« So heißt es bei der Einführung badischer Ältester, und so dürfte es ähnlich auch in anderen Landeskirchen heißen. Das ist ein hoher Anspruch, dem Sie sich als Älteste bei Ihrem Gelöbnis verpflichtet haben. Wie könnte es aussehen, daß Sie diesem Anspruch gerecht werden?

Ich stelle es mir ähnlich vor wie bei dem Apostel Paulus, der an die Gemeinde in Thessalonich schreibt: »Und darum danken wir auch Gott ohne Unterlaß dafür, daß ihr das Wort der göttlichen Predigt, das ihr von uns empfangen habt, nicht als Menschenwort aufgenommen habt, sondern als das, was es in Wahrheit ist, als Gottes Wort, das in euch wirkt, die ihr glaubt« (1. Thess 2,13). Die Verkündigung von Gottes Wort begegnet uns also zunächst in dem Menschenwort einer Predigt, auf der freilich die göttliche Verheißung ruht: Hier will Gott selbst durch Menschenworte mit uns reden und in uns zur Wirkung kommen. Ob und wie Gottes Wort in Menschenworten zur Wirkung kommt, zeigt sich im Ereignis des Hörens. Hören ist die wohl anstrengendste und wichtigste Arbeit, die es um des Glaubens willen gibt. Deshalb ist Paulus ja auch so dankbar dafür, daß im Hören der Thessalonicher sich Gottes Wort im Menschenwort ereignet hat. Von Menschen aus ist so ein Ereignis nicht machbar. Es ist ein Werk des Heiligen Geistes in denen, die hören.

Wie können Sie als Älteste dafür sorgen, daß Gottes Wort recht verkündigt wird? Allem voran steht das Gebet als Bitte um den Heiligen Geist. Für die rechte Verkündigung von Gottes Wort können Sie gar nicht besser sorgen als durch die Bitte um den Heiligen Geist. In der Evangelischen Kirche von Kurhessen-Waldeck erhebt sich die ganze Gemeinde am Anfang des Gottesdienstes und betet singend:

»Komm, Heiliger Geist, erfüll die Herzen deiner Gläubigen und entzünd in ihnen das Feuer deiner göttlichen Liebe, der du in Mannigfaltigkeit der Zungen die Völker der ganzen Welt versammelt hast in Einigkeit des Glaubens. Halleluja« (EKG 124).

Solch eine Bitte um den Heiligen Geist will ja den Verstand keineswegs ausschalten, sondern ihn im Gegenteil in ganzheitlicher Weise freisetzen als einen Verstand des Kopfes, des Herzens, des Gefühls und aller anderen Sinne. Wenn der Verstand so wach ist, kann das Wort der Predigt wie auch der Gottesdienst insgesamt den ganzen Menschen erfassen und durchdringen. Es beginnt nun ein Hören der Predigt, das nicht bloß danach fragt: Was habe *ich* davon? Die

Frage wird umfassender: Was hat mein Nachbar und was haben z. B. die Konfirmanden davon? Wie wird die Gemeinde als Ganze durch diese Predigt erbaut und gebaut? Welche Zusammengehörigkeit bildet sich in der Gemeinde durch das gemeinsame Hören dieser Predigt? Und welchen Raum gewinnt der biblische Text in der Predigt? Wie werden die Seufzer der Zeit in diesem Raum hörbar? Diese und ähnliche Fragen mögen dazu helfen, daß Sie sich mit Vernunft und allen Sinnen einer Predigt wie überhaupt dem Gottesdienst aussetzen und so für die rechte Verkündigung von Gottes Wort zu sorgen beginnen.

Ich kenne Ältestenkreise, die sich mindestens einmal im Jahr gemeinsam mit ihrem Pfarrer oder ihrer Pfarrerin in das Hören der Predigt einüben, indem sie sich das Manuskript einer gehaltenen Predigt vornehmen und nicht nur die Kritik der Predigt, sondern auch das Lob der Predigt miteinander lernen. Gern denke ich auch an Predigtnachgespräche, in denen die Predigt nicht zerredet wurde, sondern mit der gehaltenen Predigt im Ohr nach vorn, in die vor allen Teilnehmern liegende Lebensstrecke geschaut wurde, um zu fragen: Wie hat mir diese Predigt und wo hat mir dieser Gottesdienst dazu geholfen, daß nun in meinem Leben etwas klarer und durchsichtiger wurde, und daß ich nun mit Zuversicht auf die vor mir liegende Lebensstrecke blicke? Je mehr Sie aus persönlicher Betroffenheit heraus und in Verantwortung für die ganze Gemeinde auf die Predigt hören und miteinander über sie reden, desto geringer dürfte die Gefahr sein, daß die Predigt zerredet und alsbald vergessen wird.

Was könnte Sie daran hindern, auch in Ihrem

Ältestenkreis einmal ein Gespräch über die Predigt zu versuchen? Dann werden Sie mit Ihrer eigenen Lebens- und Glaubenserfahrung Teil einer geistlichen Sorge für die rechte Verkündigung des Wortes Gottes, und es kommt zu einer geistlichen Leitung der Gemeinde nicht nur im Blick auf die Predigt, sondern auf alle Fragen, die die gottesdienstliche Versammlung der Gemeinde betreffen.

11. Brief

Die Gabe der Taufe

Es ist merkwürdig, daß in unserer Kirche zwar häufig getauft, aber die Taufe nur wenig bedacht wird, als sei das selbstverständlich und müsse gar nicht weiter zur Sprache gebracht werden. So kann die Taufe zu einer Art ›Schluckimpfung‹ verkommen. Dabei war es gar nicht selbstverständlich, als Jesus den Täufer darum bat, ja regelrecht danach forderte, getauft zu werden: »Laß es jetzt geschehen!« (Mt 3,15). Den über seiner Taufe geöffneten Himmel will Jesus über allen Menschen aufgehen lassen. Deshalb gebietet er vollmächtig und letztgültig seinen Jüngern: »Gehet hin und machet zu Jüngern alle Völker: Taufet sie auf den Namen des Vaters und des Sohnes und des Heiligen Geistes und lehret sie halten alles, was ich euch befohlen habe« (Mt 28,19f.).

Diesem Taufbefehl schuldet die Kirche Gehorsam. Sie darf keinen Menschen wegen seines Alters, seiner Hautfarbe, seiner Behinderung oder wegen sonst eines Grundes davon ausschließen, auf den Namen des Vaters und des Sohnes und des Heiligen

Geistes getauft zu werden, um so unter den geöffneten Himmel Jesu zu gelangen. Sie muß freilich auch jeden und jede lehren, von der Taufe im Glauben Gebrauch zu machen und zu verstehen, was es heißt, unter den geöffneten Himmel Jesu zu gelangen. Gottes Ja, in das wir im Namen Jesu getauft worden sind, will mehr und mehr in unser Glauben und in unser Leben hineinwachsen. Dieses ›Ja‹ ist wie ein Kleid, das uns bei unserer Taufe noch viel zu groß ist. Erst langsam wachsen wir da hinein, und wir brauchen Helfer bei diesem Wachstum, damit wir nicht in einem viel zu großen Kleid herumschlottern. Zunächst sind es wohl die Eltern, die uns beim Wachsen im Glauben helfen, indem sie uns morgens in den Tag und abends in die Nacht mit einem Gebet geleiten, oder indem sie zusätzlich zum Geburtstag, vielleicht gemeinsam mit den Paten, unseren Tauftag feiern. So kann uns mit jedem Jahr immer deutlicher werden, was es heißt, unter dem geöffneten Himmel Jesu zu leben. Vielleicht sind es dann der Kindergarten und die Schule, die uns unsere Taufe mehr und mehr begreifen lehren, indem sie einen Sinn für Symbole in uns wecken. Hoffentlich ist dann der Konfirmandenunterricht eine wirksame Bekräftigung unserer Taufe und unsere Konfirmation eine Feier des Taufgedächtnisses, die nicht als ›Aussegnung‹ aus der Kirche hinausführt, sondern dazu anregt, das Taufgedächtnis auch später immer wieder zu feiern. Wir können ja gar nicht oft genug unserer Taufe gedenken und sie im Glauben ergreifen! Martin Luther tat es täglich und forderte in seinem Kleinen Katechismus dazu auf, unseren alten Adam im Wasser unserer Taufe täglich neu zu ersäufen. Wie eindrücklich kann etwa die Feier einer Osternacht werden, wenn sie im Licht des Kreuzes und der Auferstehung Jesu Christi die Taufe als ein Mitsterben und Mitauferstehen mit Jesus Christus nahebringt. Wie tröstlich kann es bei einer Beerdigung sein, wenn dort der Sarg mit Wasser besprengt und dazu mit Worten des Apostel Paulus ausgerufen wird: »Ich bin darin guter Zuversicht, daß der in euch angefangen hat das gute Werk, der wird's auch vollenden bis an den Tag Christi Jesu« (Phil 1, 6). Leider geschieht das aber in der Regel nicht bei einer evangelischen, sondern bei einer katholischen Beerdigung, wie es ja auch nur in der Katholischen Kirche Sitte ist, die Finger in ein mit geweihtem Wasser gefülltes Becken zu tauchen und sich zu bekreuzigen, um sich seiner Taufe zu erinnern. Ich sehe eigentlich keinen Grund, warum sich nicht evangelische Christen dieses Brauches auch bedienen sollten, um sich ihrer Taufe zu erinnern. Längst ist ja auch die Taufkerze als ein anschauliches Symbol in der evangelischen Kirche wiederentdeckt worden, nachdem sie in Zeiten einer übertriebenen Intellektualisierung und Leibfeindlichkeit verschwunden war.

Die Taufe will eben gespürt, gesehen, erfahren werden, weil sie es nicht nur mit dem Kopf, sondern mit dem ganzen Leib und der ganzen Seele zu tun hat. Da muß das Wasser fließen, und die Kerzen müssen brennen. Da sollen auch den Eltern die Hände aufgelegt werden, um sie festlich für ihr Amt als Vater und Mutter zu segnen. Und warum sollte nicht bei einer Erwachsenentaufe der Täufling in einem Becken ganz und gar untergetaucht werden, wie es einige Freikirchen tun? Überhaupt sollte der monatlich gefeierte Taufgottesdienst ein besonders festlich gestalteter Gottesdienst sein, damit Eltern, Paten und andere Glieder der Taufgesellschaft, unter denen auch viele sind, die lange nicht mehr einen Gottesdienst mitgefeiert haben, sich von der Atmosphäre bei einer Taufe angesprochen und in der Kirche angenommen fühlen. Es geht ja um eine Gabe Jesu Christi, die gefeiert und verdankt sein will. Vielleicht sehen Sie als Älteste aber noch ganz andere Wege, um die Taufe als eine Gabe unseres Herrn neu ins Bewußtsein zu bringen und das Taufgedächtnis zu feiern. Es wäre gut, wenn Sie sich darüber miteinander austauschen könnten, was Sie selbst mit Ihrer Taufe verbinden und wann Sie sich in letzter Zeit durch einen Taufgottesdienst besonders angesprochen fühlten.

12. Brief

Die Freude des Abendmahls

In welcher Weise feiern Sie miteinander das Abendmahl, und wie wurde es früher in Ihrer Gemeinde gefeiert?

Wenn manche Erzählungen von Abendmahlsfeiern aus vergangenen Zeiten stimmen, so müssen das ziemlich traurige Veranstaltungen gewesen sein, in denen es sehr steif und sehr feierlich zuging. Was hat sich da in der Zwischenzeit doch alles gewandelt! Es wird häufiger als nur vier- oder gar zweimal im Jahr das Abendmahl gefeiert. Manche Gemeinden sind schon so weit, daß das Abendmahl ein fester Bestandteil jedes Sonntagsgottesdienstes ist – wie in der Katholischen Kirche. Darin hat ein erfreulicher Wandel in der evangelischen Einstellung zum Abendmahl stattgefunden: Nicht mehr trauriger Ernst, sondern befreite Freude bestimmt die Feier des Abendmahls in vielen evangelischen Gemeinden. Das ist wohl auch der Grund dafür, daß der Abendmahlsbesuch immer häufiger wird, weil die Menschen sich inzwischen viel eher trauen, zum Tisch des Herrn zu treten.

Trotzdem gab es wohl in Abendmahlsfeiern vergangener Zeiten etwas mehr von dem, was zu befreiter und aufatmender Freude gar nicht unbedingt im Widerspruch stehen muß: Ernst und Würde. Wenn der Freude jeder Ernst und jede Würde abhanden kommen, wird sie leicht zu einer platten Fröhlichkeit. Sie verliert dann einen wichtigen Inhalt aus dem Blick, daß nämlich Christi Blut vergossen ist für viele zur Vergebung der Sünden. Darf von der Vergebung der Sünden im Abendmahl nicht mehr die Rede sein, zieht mit einer flachen Fröhlichkeit auch ein Gemeinschaftstaumel in die Abendmahlsfeier ein. Die von ihrem Leben bedrückten Menschen haben dann im Abendmahl keinen Raum mehr, in den sie sich aufgenommen fühlen, und wo sie vielleicht auch Tränen vergießen können. Es sind ja Tränen der Erleichterung darüber, daß sie durch Christi Leib und Blut ein Gegengewicht zu dem bekommen haben, was sie beschwert und niederdrückt in ihrem Leben. Weil sie im Abendmahl erfahren, daß sie in Christi Gegenwart mehr sind als alles, was sie getan oder nicht getan haben, atmen sie erleichtert auf, und es kommen ihnen Tränen der Erleichterung. Es ist so, wie es im Psalm 126,5 heißt: »Die mit Tränen säen, werden mit Freuden ernten.«

Zwischen echter Freude und tiefem Ernst kann ich keinen Gegensatz sehen, wie ich auch zwischen dem Vergebungs- und dem Gemeinschaftscharakter des Abendmahls keine Alternative sehe. Es geht im Abendmahl um die Gemeinschaft in der Vergebung der Sünden, die Christus uns gewährt. So tat er es ja auch am Tisch der Zöllner und Huren: Er suchte Tischgemeinschaft mit denen, die ihr Leben moralisch verwirkt hatten und nun zu spüren bekamen, daß sie in Jesu Gegenwart mehr als alles sind, was sie bisher von sich selbst dachten oder andere von ihnen redeten (z. B. Mt 9,9-13). Eben diese Erfahrung machte ihnen die Tischgemeinschaft mit Jesus so unvergeßlich und so kostbar.

Ginge uns nicht etwas Entscheidendes verloren, wenn über der erfreulichen Entkrampfung unserer Abendmahlsfeiern jede Heiligkeit des Sakraments verschwände? Heilig – das heißt ja so viel wie kostbar, einzigartig, wertvoll, von Gott herausgehoben. Ich bin der Überzeugung, daß wir heute mehr denn je die Begegnung mit dem Heiligen brauchen, zumal dann, wenn es um die Vergebung der Sünden durch Christi Leib und Blut geht. Darin hat die Freude der Gemeinschaft im Abendmahl ihre Tiefe, ihren Ernst und ihre Würde. Gemeinschaft an sich ist ja noch völlig unbestimmt und leer. Sie braucht ihren bestimmten Inhalt. Das ist im Blick auf das Abendmahl die Gemeinschaft des Leibes Christi. An diesem Leib bekommt jedes Glied seine besondere Bedeutung und sein besonderes Recht. Deshalb wird jedem und jeder Einzelnen zugesprochen: »Christi Leib – für dich gegeben« und »Christi Blut – für dich vergossen«. Zuvor aber wird allen in den Einsetzungsworten Jesu gesagt: »Das ist mein Leib, der für euch gegeben wird«. So bedingen und setzen sich die Gemeinschaft des Leibes Christi und der Einzelne gegenseitig frei und geben sich gegenseitig Raum. So baut sich Gemeinde Jesu Christi im Abendmahl als Gemeinschaft in der Vergebung der Sünden, die jedem und jeder Einzelnen als Glied am Leib Christi zugesprochen wird.

len in Sekten, lassen sich wiedertaufen und verfallen in körperliche und seelische Abhängigkeit.

Natürlich treibt auch die Neugier, die sich an die neusten Moden und Trends hängt. Im Kern aber scheint es mir ein sehnsüchtiges, zuweilen gar verzweifeltes Suchen nach dem zu sein, was den Menschen ganz werden läßt, ihn heil macht, ihn zum Aufatmen bringt und alle Fasern menschlicher Existenz durchdringt. In der Sprache der Bibel heißt dies »HEILIGER GEIST«.

Wie kommt es, daß die Suche nach Spiritualität heute weithin an der Kirchengemeinde vorbeigeht? Hat sie etwa keinen Raum für das Wirken des Heiligen Geistes in ihrer Mitte? Sicherlich wird jeder Gottesdienst am Sonntag »Im Namen des Vaters und des Sohnes und des Heiligen Geistes« begonnen. Sicherlich heißt es im Glaubensbekenntnis: »Ich glaube an den Heiligen Geist«. Wie gewinnen diese Worte aber Gestalt in unserem Leben? Wie bringen sie uns in eine Erfahrung mit dem Heiligen Geist? Wie öffnen sie gleichsam ein Fenster zu jener Welt hinter den Dingen? Eben darum geht es bei dem Ruf nach Spiritualität, daß das Heilige uns berührt, in uns Gestalt gewinnt. Eine vom Materialismus und vom Rationalismus beherrschte Welt soll durchsichtig werden für Kräfte und Mächte außer und über unserer Welt. Die *Rede* vom Heiligen Geist und das Bekenntnis zum Heiligen Geist sind eines, die Gestaltwerdung dieser Rede in unserem Leben und im Leben der Kirchengemeinde ist ein anderes.

Dabei gilt es nun freilich auf der Hut zu sein vor solchen, die so tun, als könnten oder wollten sie den Heiligen Geist in ihre Verfügung bringen, indem sie irgendwelche spirituellen Experimente anstellen oder sich als besonders geistlich hervortun. Es hat seinen guten Sinn, wenn es im Glaubensbekenntnis heißt: »Ich glaube an den Heiligen Geist«. Sicherlich werden dem Glauben auch Erlebnisse geschenkt. Aber die Erlebnisse machen noch lange nicht den Glauben. Jesus preist nicht diejenigen selig, die sehen und erleben wollen, wie Thomas, der Zweifler, der seine Hände unbedingt in die Wundmale des Auferstandenen legen will. Jesus preist vielmehr diejenigen selig, die glauben, daß der Auferstandene alle Tage bei uns ist, auch wenn wir ihn nicht sehen und erleben können (Joh 20,29). Unsere Augen bleiben ja nur an etwas haften, was zeitlich und vergänglich ist. Der Glaube aber ist auf das Unsichtbare und Ewige gerichtet (2. Kor 4,18). Doch eben dieser Glaube braucht auch eine Gestalt in unserem Leben. Es reicht nicht aus, wenn es nur bei einem gedanklichen, formelhaften Glauben bleibt. Der Ruf nach Spiritualität ist auf eine lebbare, erfahrbare Gestalt des Glaubens gerichtet. Es ist ein Glaube, der gleichsam durchlässig ist und durchlässig macht für Kräfte des Heiligen.

Ich meine mit dem Heiligen zuerst und allem voran den Heiligen Gottes, Jesus Christus, wie er gestern, heute und in alle Ewigkeit mit uns geht. Ich meine mit dem Heiligen aber auch das, was durch SEINE Gegenwart geheiligt wird: Gottes Geschöpfe, Mensch und Kreatur. Der Umgang mit den Menschen und mit den Dingen wird ein anderer, wenn er im Zeichen des Heiligen geschieht. Er wird behutsamer, demütiger, dankbarer.

Gibt es nicht zu denken, daß ein großer jüdischer

Philosoph unserer Tage, Hans Jonas, es als eine Überlebensfrage für unsere Welt ansieht, ob es in ihr zu einer »Wiederherstellung der Kategorie des Heiligen«[10] kommt? Ich bin der Überzeugung, daß die christliche Gemeinde einen entscheidenden Beitrag dazu leisten kann. Das wird schon in der Art und Weise deutlich, wie sie mit ihren ureigenen Dingen umgeht, etwa mit Taufe und Abendmahl, die durch Christi Gegenwart geheiligt sind. Oder wie sie mit der Bibel als einer Heiligen Schrift umgeht, oder wie sie mit dem Kirchengebäude als einem durch Gottes Gegenwart geheiligten Raum und mit dem Kirchenjahr als einer durch Christi Mitgehen geheiligten Zeit umgeht.

In einer russisch-orthodoxen oder griechisch-orthodoxen Kirche ruft der Priester auf dem Höhepunkt der göttlichen Liturgie: »Das Heilige den Heiligen!«, um dann die durch Christi Gegenwart geheiligten Gaben von Brot und Wein den Gläubigen auszuteilen. Es scheint mir nicht zufällig zu sein, daß es viele Menschen heute gerade zu dieser Gestalt von Spiritualität hinzieht, weil hier ein Sinn für das Heilige als das von uns Unterschiedene und unserem Zugriff Entzogene geweckt wird. Es will uns immer wieder berühren und zu geheiligten Menschen machen. Ob es nicht auch in einer evangelischen Kirchengemeinde möglich ist, den Sinn für das Heilige neu zu wecken und *so* dem Ruf nach Spiritualität zu entsprechen?

Vielleicht sehen Sie aber noch ganz andere Möglichkeiten, wie auf den Ruf nach Spiritualität heute eingegangen werden kann. Dann sollten Sie sich unbedingt darüber austauschen!

14. Brief

Wie lebendig ist die Bibel?

Welche Rolle spielt bei Ihnen im sonntäglichen wie im alltäglichen Gottesdienst die Bibel?

Es hat in den zurückliegenden Jahrzehnten eine Fülle von Versuchen gegeben, die Bibel dem modernen Menschen vertrauter zu machen und als lebendig zu erweisen: »Das Wichtigste aus der Bibel in der Sprache unserer Zeit« hieß eine Auswahl, die Jörg Zink 1963 für jeden Tag des Jahres neu übersetzt hat. Mit dem »NT 68« und dem Neuen Testament »in heutigem Deutsch« ging es weiter. Eine Fotobibel folgte als »Versuch, Menschen unserer Zeit in Formen, die ihnen geläufig sind, mit dem Evangelium vertraut zu machen«. Nun wurde auch die Lutherbibel mehrfach revidiert. Die Katholische Kirche in Deutschland ließ eine Einheitsübersetzung der Heiligen Schrift anfertigen. Einzelne Evangelien wurden in Mundart übersetzt. Für ganz eilige Leser wurde eine »Bibel kurz gefaßt« herausgegeben. Für Kinder konnte es auch »Bibel-Comics« geben. Sogar eine Kaffeefirma warf große Bibelausgaben auf den Markt.

Merkwürdig, je mehr Versuche es gibt, die Bibel für Menschen heutiger Zeit verständlicher und schmackhafter zu machen, desto weniger wird sie gelesen. Sie steht vielleicht im Bücherschrank, aber sie wird nur selten aufgeschlagen und gelesen. Die Bibel scheint ein so fremdes Buch zu werden, daß die Evangelische und die Katholische Kirche zusammen mit den Freikirchen 1992 ein »Jahr mit der Bibel« veranstalteten, um die Bibel wieder ins öffentliche Bewußtsein zu rücken und die Kenntnis der Bibel auszubreiten. Bibelausstellungen werden veranstaltet, es wird, selbst im Privatfernsehen, Bibelquiz gespielt, ein Bibel-Mobil fährt durch die Lande usw.

Wenn diese oder ähnliche Versuche dazu dienen sollen, die Bibel dem sogenannten ›modernen Menschen‹ schmackhaft zu machen, finde ich sie problematisch. Die offene oder geheime Devise ist dabei, die Bibel möge sich doch als zeitgemäß erweisen. Kann sie das nicht, nun, dann hat sie eben ausgespielt und gilt als unzeitgemäß. Es ist ein Spiel von der Art, wie im Märchen von Hase und Igel: Die Igel hetzten den Hasen zu Tode, indem sie verkündeten, immer schon allda zu sein. So kann auch die Bibel zu Tode gehetzt werden, wenn sie sich vor dem modernen Menschen als lebendig und zeitgemäß erweisen soll, der sich einbildet, immer schon allda und auf der Höhe der Zeit zu sein. Ich glaube sogar, daß die Bibel zum Tode eines verstaubten Buches verurteilt ist, wenn sie sich den Bedürfnissen des modernen Menschen nach Interesse, Attraktivität, Aktualität und Relevanz fügen und der sogenannten ›Tagesordnung der Welt‹ anpassen muß.

Wie könnte es aber anders gehen, daß nicht wir

die Bibel in unseren konsum- und problemorientierten Bann ziehen, sondern die Bibel uns in ihren Bann zieht? Franz Rosenzweig, der große jüdische Lehrer am Frankfurter Lehrhaus bis 1929, vertrat die These, daß es nicht darum gehe, von der Thora ins Leben, sondern umgekehrt, vom Leben in die Thora zu kommen. Dort warte das wahre Leben auf uns. Das ist die Umkehr, die wir Christen gegenwärtig gerade von den Juden zu lernen haben, die von der Thora als der geschriebenen Weisung Gottes das wahre Leben erwarten. Wer über der Thora murmelt Tag und Nacht und ihr nachsinnt, der ist wie ein Baum an den Wasserbächen gepflanzt (Ps 1,2f.). Dagegen kann nur verkümmern, wer von der Thora in das sogenannte ›moderne Leben‹ zu kommen versucht, das doch so schnell *mo*dern kann, wie das Wort ›mo*dern*‹ nur anders betont werden muß, um schon das Gegenteil zu bedeuten.

Ich glaube, daß sich die Bibel gerade dann als ein lebendiges Buch erweist, wenn sie sich nicht vor dem Forum unserer Probleme, unserer Vernunft oder unserer Zeit als aktuell und modern rechtfertigen muß, sondern wenn sie von sich selbst her reden darf als ›Heilige Schrift‹. Diesen Namen hat die Bibel nicht etwa bekommen, weil sie sakrosankt und unantastbar wäre, sondern weil sie sich als der Ort erwiesen hat, wo Gott mit seinem Wort in besonderer Weise zu uns reden will. Das geschieht gerade dann, wenn die Bibel für sich sprechen und ausreden darf und nicht als ein Legitimationsbuch für unsere Interessen mißbraucht wird.

Wie könnte das praktisch aussehen?[11]

1. Von sich selbst her kommt die Bibel in der gottesdienstlichen Lesung der Heiligen Schrift zum Sprechen. Das ist ihr ursprünglicher Gebrauch, für den sie aufgeschrieben wurde. Versuchen Sie doch einmal mitzuerleben, wie der Kantor in einem Synagogengottesdienst die Thorarolle aus dem Schrein holt und sie, feierlich singend, bis zum Lesetisch in der Mitte der Synagoge trägt. Die Gemeindeglieder drängen sich um ihn und versuchen, die Rolle zu berühren, wobei sie ihre Finger ehrfurchtsvoll durch den Gebetsschal bedecken. Dann wird die Thora auf dem Tisch ausgerollt und der Text des Tages vorgelesen. Für die jüdischen Gläubigen ist das der Moment, in dem Gott in ihrem Gottesdienst gegenwärtig ist. Am achten Tag des Laubhüttenfestes feiert die Gemeinde die »Simchat Thora«, das Fest der Freude am Gesetz. Dann wird mit der Thorarolle getanzt und hinterher wird gemeinsam gegessen, getrunken und gefeiert.

Vielleicht ist in Ihrer Nähe ja auch eine griechisch-orthodoxe oder russisch-orthodoxe oder serbisch-orthodoxe Gemeinde, in deren Gottesdienst Sie miterleben könnten, wie das Evangelienbuch im ersten Teil des Gottesdienstes feierlich durch die Nordtür bis zum Altar getragen wird. So wird das Kommen Jesu in unsere Welt zeichenhaft sichtbar. Der Priester küßt das Buch und hält es hoch, damit alle es sehen können. Dann legt er das Evangelium auf den Altar und darauf das Kreuz. Dadurch wird die Gemeinde an den Tod und die Auferstehung Jesu erinnert. Erst danach werden die Worte des Evangeliums vorgetragen, feierlich gesungen.

Auch die Römisch-Katholische Kirche hat diese

Tradition bewahrt bzw. wieder aufgenommen. Seit dem Zweiten Vatikanischen Konzil hat sich ein neues Interesse für die Bibel und ihre Texte entwickelt. Zu Anfang des katholischen Gottesdienstes wird das Evangelienbuch feierlich vom Priester zum Altar getragen, begleitet von den Lektoren und einigen Ministranten. Die Lesungen sind in bestimmte Gesten des Priesters und in liturgische Antworten der Gemeinde eingebunden.

Die Reformatoren wollten den Gottesdienst von mißverständlichen und magischen Praktiken reinigen. Gegenstände wie Bilder, Kerzen, Gewänder, Reliquien und Gesten wie das Kreuzschlagen, Niederknien, das Küssen von Gegenständen und das Anzünden von Kerzen sollten die Menschen nicht vom Wort Gottes ablenken oder zum Ersatz für die biblischen Inhalte werden. Indem die Reformatoren die Verkündigung des Wortes Gottes in den Mittelpunkt stellten, haben Sie uns aber von der Bibel als gegenständlichem Buch entfremdet und die Möglichkeiten, Gottes Gegenwart symbolisch zu vergegenwärtigen und sinnlich zu erfahren, eingeschränkt. Es ist wohl nicht zufällig, daß unter diesen Voraussetzungen inzwischen auch die biblischen Lesungen in einem evangelischen Gottesdienst ihren eigenständigen Wert fast verloren haben und vielfach als Pflichtübung und Routine erscheinen. Wie oft habe ich es schon miterlebt, daß ein schlecht vorbereiteter Lektor das Evangelium aus einem billigen Taschenbuch oder einer Senfkornbibel flüchtig vorlas.

So kann aus der Kirche des Wortes, das mit Vernunft und allen Sinnen wahrgenommen werden will, eine Kirche der Wörter werden, die nur noch am Ohr vorbeirauschen.

Wie schön wäre es, wenn wir evangelischen Christen für die Lesung von Epistel und Evangelium in ökumenischer Offenheit von den anderen Kirchen wieder lernten! Das könnte praktisch etwa so aussehen, daß aus der gottesdienstlichen Lesung wieder eine festliche Handlung wird: Die Bibel wird vom Altar geholt und zum Lesepult getragen. Die Lesungen werden so eingeleitet, daß die Zuhörenden ihnen gesammelt und mit Verständnis folgen können. Eine knappe, kurze Einleitung macht deutlich, daß Lektor oder Lektorin selber den Text in Ruhe studiert und verstanden haben. Das liturgische Lesen will geübt sein. Dabei können Bleistiftzeichen hilfreich sein, welches Wort oder welche Silbe betont werden wollen, an welcher Stelle Pausen gemacht werden usw. Die Art und Weise, wie mit der Bibel im Gottesdienst umgegangen wird, ist selbst schon eine kräftige Aussage, die das, was dann gelesen wird, bekräftigen oder verstellen kann.

2. Die Reformation hat über den gottesdienstlichen Gebrauch hinaus die Bibel auch für den Hausgebrauch im Priestertum aller Getauften zugänglich gemacht. Als eine der wichtigsten Regeln zum Gebrauch der Bibel prägte Martin Luther den Satz, daß die Heilige Schrift ihr eigener Ausleger sei. Dieser Satz richtet sich kritisch gegen alle, die sich über die Bibel stellen, sich eigenmächtig mit ihren Auslegungskünsten aufspielen, sich nur Lieblingsworte aus der Bibel herauspicken oder die Bibel zur Legitimation ihrer Ansichten mißbrauchen. Ist die Heilige Schrift

ihr eigener Ausleger, so zieht sie ihre Leser und Hörer immer tiefer in das Gespräch hinein, das die Autoren der Bibel miteinander führen, und zwar keineswegs unkritisch, wie etwa das Gespräch des Jakobus mit Paulus zeigt (vgl. Jak 2,14-26). Um in diesen Auslegungsvorgang der Bibel hineinzukommen, bedarf es geduldiger Leser, die nicht rasch nach Spitzensätzen der Bibel schnappen, sondern sich langsam in größere Zusammenhänge der Bibel hineinlesen und -denken, bis sie die Erfahrung machen, wie sich die Bibel als Heilige Schrift gleichsam wie ein bunter Teppich vor ihnen auslegt und ihnen die Sprache gibt, die zur Zwiesprache mit Gott führt.

3. Der Brüdergemeine des Grafen Zinzendorf in Herrnhut verdanken wir noch eine dritte Weise, die Bibel von sich selbst her sprechen zu lassen. Es ist die ›Losung‹, ein kurzes Wort des Alten Testaments, dem ein ebenso kurzes Wort des Neuen Testaments als ›Lehrtext‹ hinzugefügt ist. Das Losungsbüchlein ist inzwischen weit über die Brüdergemeine hinaus in vielen christlichen Häusern verbreitet. Es gehört zum Kern einer Morgenandacht oder sonst einer Art von Kurzbesinnung. Daß mit der Losung schon vielfach im Stile eines christlichen Horoskops Mißbrauch getrieben worden ist, mag sicherlich wahr sein. Doch der Mißbrauch hebt den rechten Brauch noch nicht auf, und der meint das Bibelwort als ein einprägsames, prägnantes Lebenswort, das durch einen Tag hindurch mitgehen und ein Gegenwort zu den tausend Parolen werden will, die täglich von allen Seiten auf den Menschen einprasseln. Zinzendorf meinte das Losungswort durchaus nicht als ein isoliertes

Wort, sondern als Teil eines biblischen Ganzen. In der Bewegung vom Teil zum Ganzen und vom Ganzen zu den Teilen will die Heilige Schrift sprechen und so Menschen in die Selbstauslegung der Bibel immer tiefer hineinziehen.

Wie lebendig ist also die Bibel? Ich habe drei Beispiele beschrieben, die in eine einzige Richtung weisen: Die Bibel ist so lebendig, wie sie ihr eigenes Leben als Heilige Schrift entfalten und wie sie selbst wirklich ausreden darf. Sie ist in dem Maße überholt, ja tot, wie ihr von Auslegern erst künstliches Leben eingehaucht werden muß, als könne sie von sich selbst her gar nicht sprechen, sondern müsse erst zum Sprechen gebracht werden. Dann ist sie bestenfalls nur das Kunstprodukt eines Auslegers, der andere mit seinen Künsten zum Staunen bringen will. Dort aber, wo die Bibel als Heilige Schrift von sich selbst her sprechend wird, ihr eigenes Wort sagen und wirklich ausreden darf, erfahren wir: »Dein Wort ist meines Fußes Leuchte und ein Licht auf meinem Wege« (Ps 119,105).

III

Gaben und Aufgaben im alltäglichen Gottesdienst

In den Briefen des III. Teils möchte ich Ihr Augenmerk auf den alltäglichen Gottesdienst lenken. Er ist freilich viel schwerer faßbar als der Gottesdienst am Sonntag, zu dem durch Glockengeläut öffentlich eingeladen wird. Der alltägliche Gottesdienst ist nicht weniger wichtig, auch wenn er verborgener, vereinzelter und verstreuter als der sonntägliche Gottesdienst geschieht. Diakonie, Seelsorge und Lebenshilfe haben es mit dem alltäglichen Gottesdienst zu tun, aber auch die unter der Woche geöffnete Kirche als Ort stillen Gebetes und stiller Andacht. Wie aktiv oder wie gelassen darf eine Kirchengemeinde in diesem alltäglichen Gottesdienst sein, und welche Gaben braucht sie dafür? Daß und wie sonntäglicher und alltäglicher Gottesdienst zusammengehören, soll abschließend im Blick auf den dreieinigen Gott als Anfang, Mitte und Ziel im Gemeindeaufbau deutlich werden.

15. Brief

Wie wird eine Gemeinde diakonisch?

Woran denken Sie, wenn Sie das Wort ›Diakonie‹ hören? An das Diakonische Werk Ihres Kirchenbezirkes oder Ihrer Landeskirche? An diakonische Anstalten wie Bethel oder Hephata? An Diakonissen, die früher in Ihrer Gemeinde arbeiteten, oder an Väter der Diakonie wie Bodelschwingh, Wichern oder Löhe? Ist es nicht so, daß Sie bei ›Diakonie‹ leicht an etwas denken, das sich entweder außerhalb Ihrer Gemeinde befindet, oder das es früher einmal in Ihrer Gemeinde gab, jetzt aber nicht mehr gibt? Das spräche für eine merkwürdige Auswanderung der Diakonie aus der Ortsgemeinde, wie ich sie schon an vielen Stellen beobachtet habe.

Natürlich gibt es für diese im vergangenen Jahrhundert anhebende Entwicklung gute Gründe: Manche Gemeinden sind so klein und so arm, daß sie gar nicht dazu in der Lage wären, ein Altenwohnheim oder ein Krankenhaus zu bauen. Andere Gemeinden sind so sehr in ihren eigenen Problemen gefangen, daß sie gar nicht dazu kommen, die Notleidenden am Rande der Gemeinde oder weiter entfernte Hilfsbedürftige wahrzunehmen. Schließlich braucht die Diakonie so gut ausgebildete Mitarbeiter, daß guter Wille allein, wie er in mancher Gemeinde durchaus vorhanden ist, noch nicht ausreicht. Denken Sie nur an eine diakonische Einrichtung von der Größe der Bethel-Anstalten! Dann verstehen Sie, daß selbst mehrere Ortsgemeinden mit den Aufgaben einer solchen Anstalt bei weitem überfordert wären. Auch eine Sozialstation übersteigt die Möglichkeiten einer einzelnen Ortsgemeinde. Deshalb ist es in der Regel eine ganze Region oder ein Verbund mehrerer Gemeinden, auf die die Arbeit einer Sozialstation ausgerichtet ist. Ähnlich ist es mit dem Diakonischen Werk, das einen oder gar mehrere Kirchenbezirke in ihrer diakonischen Arbeit verwaltet und verbindet.

So sehr diese Entwicklung fördert, daß Diakonie effektiv und flächendeckend arbeitet, so problematisch kann sie doch für die einzelne Ortsgemeinde werden. Denn diese ist dadurch um einen der elementarsten Vorgänge des christlichen Glaubens gebracht, der seinem Wesen nach gar nicht anders kann, als in der Liebe tätig zu werden. Wie soll aber der Glaube in der Liebe tätig werden, wenn die Notleidenden nur an die entsprechenden diakonischen Einrichtungen weitergereicht werden, die in größerer oder geringerer Entfernung von der Ortsgemeinde existieren? Dort sind schließlich die Fachkräfte, die es gelernt haben, professionell zu helfen, während der einzelnen Gemeinde zwar oft guter Wille, aber wenig Sachverstand bescheinigt wird. Die Ortsgemeinde soll Kollekten im Gottesdienst einsammeln,

Diakonieopfer eintreiben, Briefmarken und Kleider für Bethel sammeln usw. Das andere tun dann die übergeordneten, überörtlichen Einrichtungen mit ihren Fachkräften.

Daß diese Arbeitsteilung auf Dauer aber immer problematischer wird, zeigt sich vor allem in den diakonischen Einrichtungen selbst. Sie müssen zwar als ein Aushängeschild herhalten, mit dem sich die Kirche allseits sehen lassen kann, obwohl sie zum größten Teil inzwischen von staatlichen Zuschüssen finanziert werden. Aber spätestens die Diskussion um den vielberedeten ›Pflegenotstand‹ hat an den Tag gebracht, daß Diakonieanstalten in Schwierigkeiten geraten, wenn nicht durch die Ortsgemeinden in den Menschen ein Sinn für Diakonie geweckt wird, so daß sie sich vielleicht in eine Diakonieanstalt rufen lassen und dort ihren Beruf ausüben. Viele Diakonieanstalten wären aber auch froh, wenn sie manche der von ihnen betreuten Menschen in die häusliche Pflege einer Ortsgemeinde oder in die Begleitung eines Hauskreises übergeben könnten. Ortsgemeinden und diakonische Einrichtungen brauchen sich gegenseitig dringender denn je, wie auch die sozialen Kräfte einer Stadt die diakonische Mitverantwortung der Kirchengemeinden immer dringender brauchen. Denken Sie nur an Asylantenprobleme, Arbeit mit Drogenabhängigen und ihren Familien, Obdachlosen, überschuldeten Personen usw. Wie sollen Städte und Dörfer ohne Mitwirkung der Sozialpartner damit auf Dauer fertig werden?

Wie wird nun eine Gemeinde diakonisch, so daß sie aufnahmefähig und aufnahmewillig wird für die Arbeit der Diakonie? Weise ich auf die Liebe hin, die eine Gemeinde diakonisch macht, so ist das natürlich richtig. Woher aber die Liebe nehmen, wenn sie nicht vorhanden ist, oder nur in einer zwar gutwilligen, aber schwärmerischen Gestalt? Es ist ja der Glaube, der in der Liebe tätig wird, wie Paulus in Gal 5,6 schreibt. Die Frage wird dann freilich um so dringender: Woher den Glauben nehmen, wenn keiner vorhanden ist, oder wenn der Kleinglaube in Kirche und Diakonie zu regieren droht? Dann scheint nur noch die Verwaltung eines Defizits möglich, zumal auch in den Gemeinden der Sinn für Diakonie bis in lustlos eingesammelte Kollekten hinein mehr und mehr zu schwinden scheint. Breitet sich einmal der Sog des Defizits aus, dann ist es, als ob alle und alles davon erfaßt würden. Dann zieht eine Mangelwirtschaft in die Diakonie ein.

Wie sähe eine Gegenbewegung aus, durch die eine Gemeinde wieder diakonisch würde? Ich lerne sie an der Art und Weise, wie der Apostel Paulus bei den Gemeinden Griechenlands und Kleinasiens eine Sammlung für die notleidende Gemeinde von Jerusalem in Gang gesetzt hat. Er tut es so, daß er die Gnade dessen vor Augen malt, der reich ist, doch um ihretwillen arm wurde, »damit ihr durch seine Armut reich würdet« (2. Kor 8,9). So geht der Apostel von einem Überfluß aus und nicht von Defiziten, die es in Gemeinden wie der von Korinth wohl auch zur Genüge gegeben hat. Indem der Blick der Gemeinde von ihren Defiziten weg auf den gerichtet wird, der mit seiner reichen Armut Arme reich macht, läßt Paulus auf das merken, was einen Menschen reich macht und ihn wie von selbst zum Teilen bringt. Lustlose, kärgliche Geber sind jetzt nicht mehr ge-

meinde ein Segen sein, wenn sie einen Pfarrer oder eine Pfarrerin hat, denen die Gabe der Seelsorge verliehen ist. Wie dringend braucht unsere Zeit Seelsorger und Seelsorgerinnen, die zuhören und durch das Gebet einen Raum schaffen können, in dem sich Menschen vor Gott angenommen und verstanden fühlen!

Seelsorge ist aber keineswegs nur eine Sache von Pfarrern und Pfarrerinnen. Auch wenn sie noch so treu und fleißig in Haus- und Krankenbesuchen sein sollten, werden sie doch immer nur einen Bruchteil der Seelsorge wahrnehmen können, die in einer Gemeinde nötig ist. Tatsächlich geschieht in einer Gemeinde viel mehr Seelsorge, als es dem oberflächlichen Beobachter erkennbar ist, wenn auch nicht unter dem anspruchsvollen Begriff ›Seelsorge‹: Selbsthilfegruppen sind im Gemeindehaus tätig; Nachbarn kümmern sich umeinander; Hauskreise versammeln sich und beten miteinander; und vieles andere mehr geschieht, was auf den ersten Blick vielleicht gar nicht wie Seelsorge aussieht und dennoch Seelsorge ist. Vielleicht ist das Wort ›Seelsorge‹ zu groß und zu vollmundig, so daß es den Blick auf viele kleine Dinge verstellt, die durchaus von seelsorglicher Qualität sind und doch nicht unter diesem Namen erwartet werden.

Denken Sie an einen Postboten, der nicht von Haus zu Haus hetzt, sondern hier oder da einmal anhält, um einen Brief persönlich zu überreichen und einem einsamen Menschen vielleicht die einzigen Worte zu sagen, die dieser am Tag zu hören bekommt – ist das nicht auch Seelsorge? Oder denken Sie an einen Gastwirt, der sich den Kummer so mancher seiner Gäste bis nach Mitternacht anhört, und dann immer noch ein gutes Wort zu finden versucht – ist das nicht auch Seelsorge? Oder denken Sie an einen Samstagvormittag im Frisiersalon – finden da nicht während der Dauerwellen wahre ›Beichtstunden‹ statt?

Mit diesen Beispielen möchte ich deutlich machen, daß Seelsorge auch sehr weltlich und sehr unscheinbar geschehen kann, natürlich unter ganz anderen Namen als unter dem Begriff ›Seelsorge‹. Leider gibt es aber auch viele Menschen, die sich von Gott und der Welt verlassen fühlen und doch so dankbar wären, wenn sie einmal angesprochen oder besucht würden. Eben dafür braucht es ein Kontaktnetz, das langsam, beharrlich und behutsam in der Gemeinde geknüpft sein will, um möglichst keinen in seiner Einsamkeit oder Hilflosigkeit umkommen zu lassen. Es mag mit einem Besuchsdienstkreis oder mit dem Aufbau einer Nachbarschaftshilfe beginnen. Vielleicht fängt es auch damit an, daß sich in jeder Straße jemand findet, der jeden zweiten Monat etwa zehn bis fünfzehn Gemeindebriefe persönlich austeilt und vorbeibringt. Dabei können sich langsam persönliche Begegnungen einstellen, hier zu Neu-Zugezogenen, dort zu Alt-Eingesessenen, dann wieder zu Konfirmandeneltern, zu Jubilaren oder zu Angehörigen eines Verstorbenen. Es gibt ja so viele Anlässe, an die sich anknüpfen läßt.

Wohlgemerkt, ein solches Kontaktnetz wird nicht von heute auf morgen entstehen, sondern über Jahre hinweg fest und fester werden, wenn es nur geduldig und planvoll in Zusammenarbeit aller Haupt- und Ehrenamtlichen geknüpft wird. Da gehört die

Gemeindeschwester ebenso dazu wie der Küster, der Pfarrer ebenso wie die Ältesten, vor allem aber die vielen, die durchaus mitknüpfen oder sich verknüpfen lassen, wenn es nur unaufdringlich und liebevoll geschieht. Der Anfang könnte schon in Ihrem Kreis gemacht werden – wie wäre das?!

17. Brief

Die Kirchengemeinde – eine Anwältin für das Leben

Die Überschrift mag vollmundig in Ihren Ohren klingen und fremdartig obendrein, zumal Sie vielleicht auch schon gelegentlich den Spott zu hören bekamen: Da waren doch im Gottesdienst nur ein paar alte Leute und einige Kinder! Und dann soll die Kirchengemeinde eine Anwältin für das Leben sein?

Wenn die Spötter doch nur wüßten, was sie sagen! Wer hat es denn heute mit dem Leben schwerer als gerade Kinder. Sie möchten an der Fülle des Lebens Anteil bekommen und können es doch nicht, weil ihnen oft schon so viel am Leben verbaut ist. Vielleicht waren sie gar nicht einmal gewollt und spüren es auch, daß sie unerwünscht auf dieser Welt sind?! Wie schön, wenn diese Kinder dann in einer sich im Gemeindehaus treffenden Krabbelgruppe oder in einem Kindergarten der Gemeinde oder in einem Kindergottesdienst etwas von der Wahrheit ihrer Taufe zu spüren bekommen, daß sie erwählte, gern gesehene und angenommene Menschen sind!

Und die Alten – sie haben es mit dem Leben heute

manchmal noch schwerer, wenn sie ihren Lebensabend in Würde verbringen wollen und doch zu spüren bekommen, wie sie in die Isolation abgeschoben und den Zusammenhängen von Beruf und Familie zunehmend entfremdet werden. Wie schön, wenn sie dann im Gottesdienst oder im Seniorenkreis ihrer Kirchengemeinde erfahren, wer ihrem Leben Würde gibt und wie sie dieses Leben im Blick auf ein anderes, größeres, umfassenderes Leben loslassen und gesegnet sterben können. Die alten Leute und die Kinder – am Umgang mit ihnen zeigt sich, ob eine Kirchengemeinde so etwas wie eine Anwältin für das Leben ist.

Unser Leben wird gerade an den Rändern immer bedrohter, einmal dort, wo es sich im Mutterleib zu regen beginnt, zum andern dort, wo es sich zum letzten Atemzug anschickt und ausgehaucht werden soll. In beiden Fällen ist es denen immer hilfloser ausgeliefert, die es in den Griff zu kriegen versuchen, am besten und scheinbar am harmlosesten mit einer Todespille. Wenn der Griff nach dem Leben zunächst in unseren Köpfen und dann in unserer Wirklichkeit zur Herrschaft gekommen ist, hat die Schlange mit ihrer einflüsternden Parole tatsächlich die Macht erlangt: »Ihr werdet sein wie Gott!« (1. Mose 3,5). Dann wird es nur noch kontrolliertes Leben geben, aber nicht mehr Leben, das sich wie ein überraschendes Geschenk ereignet, sowohl am Anfang des Lebens als auch am Ende. Zur Überraschung des Lebens kann es etwa gehören, daß das, was mich zunächst bedrohlich ansah und mich zu überfordern schien, im nächsten Moment noch eine ganz andere, wunderbare Seite zeigt, die ich niemals zu Gesicht bekäme, wenn ich der scheinbaren Bedrohung auswiche und sie alsbald unter menschliche Kontrolle nähme.

Wenn ich von der Kirchengemeinde als einer Anwältin für das Leben spreche, so leitet mich die Überzeugung, daß hier viel geschehen könnte und müßte, damit das Leben von seiner überraschenden, uns allen entzogenen Seite her als ein Geschenk Gottes erinnert und gottesdienstlich gefeiert wird. Der Gottesdienst wird ja im Namen dessen gefeiert, der gesagt hat: »Ich lebe, und ihr sollt auch leben« (Joh 14,19). Wie das im einzelnen aussieht, wird an dem Weg Jesu im Johannesevangelium (Kap. 2-12) sehr schön deutlich: Da darf auf einer Hochzeit, deren Freude zu ersterben droht, weil der Wein ausgeht, dennoch weiter gefeiert werden, weil sich in SEINER Gegenwart das Wasser zu Wein verwandeln muß. Da darf ein Vater sein sterbenskrankes Kind wieder mit Lebenshoffnung in die Arme schließen. Da kann ein Mann, der achtunddreißig Jahre lang bettlägerig war, wieder aufstehen und herumlaufen, weil ihm durch Jesu Gegenwart neues Leben in die Glieder gefahren ist. Da kann ein Blindgeborener erstmals sehen, weil er von Jesus nicht auf seine Vergangenheit hin angesehen wird, so daß ihm die Augen für die Zukunft von Gottes Herrlichkeit aufgehen. Da kann selbst ein bereits stinkender Leichnam aus seiner Grabeshöhle wieder herauskommen und sich aus seinen Tüchern wickeln, um sich dem Zug dessen anzuschließen, der aus dem Tod ins Leben geht und für das Leben Zeichen setzt.

Solche Lebenszeichen waren freilich schon zu Jesu Zeiten höchst umstritten und zweideutig: Die einen staunten und kamen zum Glauben; die anderen wurden nur um so verstockter und planten die Kreuzigung Jesu um so entschiedener. Erst wer Jesus selbst als die eigentliche Quelle eines aus der Einheit von Vater und Sohn entspringenden Lebens verstand, fand auch ein Zutrauen zu den Lebenszeichen, die Jesus selbst gesetzt hatte. Vor allem fand er Zugang zu dem Urzeichen des Kreuzes, an dem das Leben endgültig erhöht worden war, um sich nunmehr gegen alle Spielarten des Todes österlich durchzusetzen (Joh 19-20).

Müßte nicht eine Kirchengemeinde im Zeichen des Kreuzes Jesu tatsächlich zur Anwältin des Lebens für alle werden, die keinen Mut mehr zum Leben haben, weil sie am Leben verzweifelt sind? Da mag eine Mutter, die vor lauter Verzweiflung am Leben den Plan faßt, das in ihr keimende neue Leben abzutöten, im Zeichen des Kreuzes Jesu doch wieder Mut fassen zum Leben in seiner überraschenden, geschenkhaften Gestalt und ihr Kind doch zum Leben austragen. Da mag ein seelisch zerbrochener Mensch noch einmal neu mit dem Leben beginnen, weil er im Zeichen des Kreuzes Jesu verstanden hat: Was das Leben zum Leben macht, geht in meiner seelischen Krise nicht auf, sondern zeigt sich gerade dann, wenn ich dem größeren Leben um Gottes willen eine Chance gebe und es nicht dem Griff meiner Verzweiflung überlasse. Solche und viele andere Lebenszeichen könnten von Ihrer Kirchengemeinde ausgehen, wenn Sie als Anwältin des Lebens nur mutig und entschieden gegen alle Gestalten und Mächte des Todes angehen und phantasievoll allem Leben zu seinem Recht und zu seiner Würde verhelfen.

18. Brief

Die Predigt der Steine oder: Kirchen erzählen vom Glauben

Die Erfahrung haben Sie vielleicht auch schon gemacht: Ich bin in einer fremden Stadt, sehe eine schöne, alte Kirche, will eben mal hineinschauen, freue mich auf ein bißchen Ruhe mitten im Großstadtlärm, gehe auf das Hauptportal zu – verschlossen! Ich gehe zum Seitenportal – verschlossen! Ich gehe rings um die Kirche herum – alle Türen verschlossen! Da weiß ich mit 99,9prozentiger Gewißheit: Das ist eine evangelische Kirche! Denn das unterscheidet die evangelische Kirche von der katholischen: Sie ist sechs Tage der Woche verschlossen und am siebten Tag für drei Stunden – wenn's hochkommt – geöffnet. Zugegeben, das ist eine sehr äußerliche Erfahrung und trifft nicht überall in gleicher Weise zu. Und doch kann sie in vielen Menschen tiefe Enttäuschung und Verärgerung auslösen und ein Bild von der Evangelischen Kirche als einer verschlossenen, ungastlichen, abweisenden Kirche verfestigen.[12]

Ich möchte Sie gern dafür gewinnen, daß es in

der Kirche, für die Sie verantwortlich sind, so nicht bleiben muß, zumal dann, wenn Sie eine sehenswerte Kirche haben, oder wenn die Möglichkeit besteht, daß sich in Ihrer Kirche gern einmal jemand vom Einkauf oder vom Spaziergang ausruhen möchte. Wie oft kam ich schon an einem Wochentag in eine katholische Kirche und sah dort Menschen mitten am Tag versunken in Gedanken oder im Gebet. Gern werfen auch manche Menschen in eine alte Kirche einfach nur einen Blick oder schlendern vielleicht einige Minuten durch die Kirche hindurch und halten bei einem Altargemälde, einem Kirchenfenster oder einer brennenden Kerze inne. So manche Kirche hält auf ihre Weise mit ihren Steinen, Fenstern, Bildern und Kerzen eine Predigt, die gerade in einer der vielen Worte überdrüssigen Zeit aufmerksamer gehört wird als viele Worte einer Kanzelpredigt. Manchmal können kleine Hinweise oder kurze Broschüren schon wichtige Hilfen zum Entdecken und Sehen einer Kirche sein. Noch wichtiger können Menschen sein, die unaufdringlich in der Kirche zur Stelle sind, um Besuchern eine Frage zu beantworten oder ihnen die Kirche zu zeigen. Manche Gemeinden haben mit Hilfe von Pensionären einen regelrechten Kirchenführungsdienst eingerichtet. Wenn Sie dort unter der Woche in die geöffnete Kirche eintreten, spüren Sie sofort, daß Sie in einen gastlichen Raum kommen, in dem Sie gern gesehen sind. Sie spüren auch, daß in dieser Kirche eine Gemeinde wohnt, die ihre Kirche lieb hat und die Wahrheit des Psalmwortes beherzigt: »Herr, ich habe lieb die Stätte deines Hauses und den Ort, da deine Ehre wohnt« (Ps 26,8).

Zwei Beispiele möchte ich Ihnen nennen, welche Überlegungen dazu führen und welche Erfahrungen gemacht werden, wenn Gemeinden ihre Kirche täglich öffnen.

1. Pastorin Beate Marwede aus St. Andreasberg im Harz erzählt:

»Die St. Martinikirche in St. Andreasberg (Oberharz) steht in einem Ort, der stark durch den Fremdenverkehr geprägt ist. Sie wird gern von Touristen besichtigt. Unsere Kirche ist täglich von 9 bis 18 Uhr, im Sommer länger geöffnet. Hinweise auf die offene Kirche finden sich im Schaukasten der Gemeinde und in der Kurgastinformation.

Zweierlei beabsichtigen wir mit der geöffneten Kirche: Zum einen bieten wir die Möglichkeit der Besichtigung. Ein kurzgefaßter Kirchenführer in deutscher und holländischer Sprache (ein dänischer ist in Arbeit) steht zur Verfügung. Durch Plakate und Handzettel erfahren die BesucherInnen einiges über die aktuellen Angebote der Gemeinde.

Zum anderen stellen wir durch die geöffnete Kirche einen Raum der Ruhe, der Andacht und des Gebets zur Verfügung. Einige Bibeln und verschiedene Meditationsschriften liegen aus. Während des Golfkriegs hatten wir auf einer Ausstellungswand Meditationsposter und Gebete zum Frieden angebracht sowie Material zum Schreiben eigener Gebete zur Verfügung gestellt.

Die Martinikirche wird häufig von Gästen besucht, die ihren Dank für die offene Kirche im Gästebuch zum Ausdruck bringen. Aber auch Gemeindeglieder kommen. Für sie ist ihre Kirche ein Ort der Einkehr und des Gebets, den sie nicht missen wollen.«

2. Pastor Alfred Tengler aus Weener (Ostfriesland) berichtet:

»Unsere Kirche ist seit Sommer 1989 geöffnet. In unserem Schaukasten steht: ›Die Kirche ist für Andacht, Stille und Gebet geöffnet.‹ Diese Einladung fand ein sehr positives Echo in der Gemeinde. Viele nutzen die Möglichkeit, die Kirche zu besuchen.

Es ist keine besonders fotogene Kirche: im Jahr 1954 fertiggestellt, ohne wertvolle Kunstwerke. Die Kirche ist unbeaufsichtigt, allerdings hat man vom Pfarrhaus die offene Tür im Blick. Doch bisher ist noch nie etwas passiert. Es gibt noch keinen Kirchenführer, aber eine Kirchenkachel, auf der unsere Kirche mit der weit aufstehenden Tür zu sehen ist.

Meiner Ansicht nach soll eine Kirche gebraucht werden, auch alltags. Ich hoffe, wenn jemand unter der Woche einmal unbeobachtet in die Kirche hineingegangen ist, traut er sich auch eher am Sonntag hinein.«[13]

Eine Kirche läßt sich eigentlich nur für andere Menschen als einladender Raum des Menschen öffnen, wenn Sie auch selbst als Gemeinde mit Ihrem Glauben darin Wohnung gefunden haben und hellhörig geworden sind für die Predigt, die Ihnen die Steine Ihrer Kirche zurufen. Da ist der Kirchturm, der oft das Gesicht einer Stadt prägt und Sie daran erinnert: »Suchet der Stadt Bestes!« (Jer 29,7). Da ist die Höhe des Kirchenraums, die Sie gleichsam über den Alltag erheben will, und die Weite des Kirchenraums, die Ihnen bezeugt: »Du stellst meine Füße auf weiten Raum« (Ps 31,9). Da sind Altar, Kanzel und Taufstein, die Ihnen sagen, was Kirche ist: »Es ist aber die Kirche eine Versammlung von Heiligen, in der das Evangelium rein (d. h. ohne verfälschende Zusätze) gepredigt und die Sakramente (von Taufe und Abendmahl) stiftungsgemäß verwaltet werden« (Artikel 7 des Augsburger Bekenntnisses von 1530). Da sind die bunten Kirchenfenster, durch die hindurch Ihnen die Sonne vielleicht so zu predigen beginnt, daß Sie mit einstimmen können in das Morgenlied: »O Christe, Morgensterne, leucht uns mit hellem Schein; schein uns vons Himmels Throne an diesem dunklen Ort mit deinem reinen Wort« (EKG 340, 1). Da ist die Orgel, die Ihnen die Melodie dieses Liedes anstimmt und Sie überhaupt dazu einlädt: »Alles, was Odem hat, lobe den Herrn!« (Ps 150,6).

Vielleicht sehen und hören Sie Ihre Kirche noch einmal ganz anders, als ich es mit den wenigen Beispielen anzudeuten versuchte. Wichtig ist nur, daß Sie Ihre Kirche als eine Gestalt des Glaubens zu sehen und zu hören lernen. Vielleicht ist ja in Ihrer Tagesordnung noch etwas Zeit, so daß Sie sich ein wenig darüber austauschen können, wie Sie Ihre Kirche sehen, und wie Sie Ihre Kirche als einen gastlichen Raum sonntags wie alltags für andere Menschen öffnen könnten. Es ist ja oft schon ganz Weniges, was einen Kirchenraum lebendig erscheinen läßt: Eine brennende Kerze, ein Gästebuch für Kirchenbesucher, meditative Hefte in den Bankreihen usw.

19. Brief

Gaben entdecken

Geht es Ihnen auch so, daß Sie nicht nur erstaunt, sondern auch ein wenig neidisch sind, wenn Sie von der Fülle der Gaben lesen, die es in der Gemeinde von Korinth gab: »Einem wird gegeben durch den Geist, zu reden von der Weisheit; dem andern wird gegeben, zu reden von der Erkenntnis, nach demselben Geist; einem andern der Glaube, in demselben Geist; einem andern die Gabe, gesund zu machen, in dem einen Geist; einem andern die Kraft, Wunder zu tun; einem andern Weissagung; einem andern, Geister zu unterscheiden; einem andern mancherlei Zungenrede; einem andern, die Zungen auszulegen« (1. Kor 12,8-10).

Ich glaube, daß die Gemeinde von Korinth selber erstaunt und überrascht von der Fülle der Gaben war, die ihr von dem Apostel Paulus zugeschrieben wurde. Es wird ihr vielleicht ergangen sein wie einem, der seine Schubladen und Schränke schon lange nicht mehr geöffnet hat und nun erstaunt ist, wenn ihm eines Tages gezeigt wird, was er alles hat.

Paulus tut aber mit der Gemeinde von Korinth noch mehr. Er zeigt ihr nicht nur das, was sie schon besitzt. Er zeigt ihr vielmehr auch das, was ihr gegeben und geschenkt wird, wenn sie sich dem Wirken von Gottes Geist öffnet. Dann geht ihr auf, was es alles an Fähigkeiten in ihrer Mitte gibt. Es bleibt aber nicht bei Fähigkeiten, denn Fähigkeiten müssen noch lange keine Gaben sein. Fähigkeiten des einen können für den anderen, der diese nicht hat, auch sehr erdrückend sein. Die deutsche Sprache ist beredt, wenn sie von einem Menschen sagt: »Der ist zu allem fähig!« So ein Mensch kann geradezu gemeingefährlich sein. Josef Goebbels z. B. war ein fähiger Redner, doch im biblischen Sinn hatte er die Gabe der Rede nicht. Während Fähigkeiten erdrücken, sind Gaben befreiend und aufbauend, weil sie den Nächsten im Blick haben, dem es etwas zu geben gilt. Fähigkeiten machen mich mächtig, dich aber klein. Gaben lassen mich über mich hinauswachsen, indem sie dich begaben.

Wie kommt es zur Verwandlung von Fähigkeiten in Gaben? Sie geschieht nicht automatisch. Wenn sie sich ereignet, ist es eine Gnade. Wenn etwa Frömmigkeit nicht mehr eine Fähigkeit ist, mit der ich mein Seelenheil zu retten versuche, sondern eine Gabe wird, die meinem Nächsten ›frommt‹ (wie das alte deutsche Wort für nützen heißt), so ist das eine Gnade. Wenn eine musikalische Fähigkeit nicht zur Show benutzt wird, um anderen zu zeigen, was ich alles kann, sondern wenn sie zu einer Gabe wird, die andere erfreut und vielleicht zum Mitsingen bringt, so ist das eine Gnade. Wenn Geistesgröße nicht dazu führt, andere klein zu machen, sondern eine Gabe wird, die andere Menschen groß macht, so ist das eine Gnade.

Um Gnade will Gott gebeten werden, vielleicht so ungestüm, wie jene Witwe in Jesu Gleichnis einen gottlosen Richter mit Bitten bestürmen konnte (Lk 18,1-8). Gerät eine Gemeinde durch Bitte und Fürbitte, durch Lob und durch Klage in den Wirkungsbereich der Gnade hinein, so mag das für sie zur Folge haben, daß sie nun auch untereinander im zwischenmenschlichen Bereich befreiend bitten und so zu einer Verwandlung von Fähigkeiten in Gaben beitragen kann. Ich denke etwa an eine Gemeinde, deren Ältestenkreis dringend für einen längeren Zeitraum in Rechtsfragen juristischen Rat brauchte. Da war ein fähiger Jurist in der Nähe, der aber aus der Kirche ausgetreten war. Dennoch gingen Älteste auf ihn zu und baten ihn um Hilfe bei ihren Beratungen. Sie machten ihm deutlich, daß sie ihn dringend brauchten. Der Mann war über die Art und Weise der Anfrage so überrascht, daß er seine Fähigkeiten gern in den Dienst der Gemeinde stellte und hier im Laufe der Zeit erlebte, wie Fähigkeiten in Gaben für andere verwandelt werden können.

So stelle ich es mir vor, daß Gaben nicht nur in Korinth, sondern auch heute in einer Kirchengemeinde entdeckt werden. Könnte es sein, daß Sie auch in Ihrer Kirchengemeinde viel reicher beschenkt sind, als Sie es ahnen? Es käme darauf an, daß Sie von diesem Reichtum Gebrauch machten! Vielleicht warten viele Menschen nur darauf, daß sie auf ihre Fähigkeiten angesprochen werden und auf die Möglichkeit aufmerksam werden, daß sich ihre Fähigkeiten in Gaben verwandeln können.

20. Brief

»Segne unser Tun und Lassen«

Haben Sie auch manchmal das Gefühl, es geschehe in Ihrer Gemeinde viel zu wenig, obwohl die Tagesordnung des Ältestenkreises immer länger wird? Was könnte, was müßte noch alles geschehen und bleibt dann doch wieder liegen: Asylsuchende müßten betreut, Obdachlose müßten gespeist und mit Kleidung versehen werden; eine Evangelisation wäre vielleicht einmal wieder fällig; eine Friedensaktion wird immer wieder aufgeschoben; ein Besuchsdienstkreis sollte längst ins Leben gerufen werden; für die Jugendlichen müßte viel mehr getan werden; überhaupt: es müßte viel mehr geschehen!

Wenn dieses Motto »Es müßte viel mehr geschehen!« sich erst einmal in einer Gemeinde festgesetzt hat und der damit verbundene Geist in sie gefahren ist, der pausenlos zu mehr und noch mehr Aktionen treibt, dann kann es leicht um ihre einladende Kraft geschehen sein. Jeder, der sich dann noch im Gottesdienst oder sonst bei einer Gelegenheit blicken läßt, bekommt es rasch zu spüren, daß er im Grunde nur daraufhin angesehen wird, wie er für diesen Chor oder für jene Freizeit, für diesen Kreis oder für jenes Unternehmen eingespannt werden kann. Der einzelne mit seinen Freuden und Sorgen ist eigentlich gar nicht mehr wichtig. Es zählt nur noch die Verwertbarkeit des Menschen für irgendeine Aktion oder eine Strategie der Gemeinde.

Von einer *evangelischen* Gemeinde im strengen Sinne des Wortes kann dann eigentlich gar nicht mehr gesprochen werden. Was eine Gemeinde wahrhaft evangelisch macht, ist die Gerechtigkeit, die allein aus dem Glauben an Jesus Christus kommt, ohne des Gesetzes Werke, wie Paulus in Römer 3,21-31 schreibt. Wo diese Gerechtigkeit zählt, die Ansehen vor Gott und den Menschen schafft, da ist ein Mensch um seiner selbst willen wichtig und weiß sich eingeladen, auch wenn er oder sie für keine Aktion und für keine Strategie verwertbar sind. Darauf kommt es bei der paulinischen Rechtfertigungslehre an, daß ein Mensch vor Gott mehr ist als die Summe seiner Taten, mehr auch als die Summe seiner Untaten.

Das macht eine Gemeinde für mich einladend und anziehend, wenn ich spüre: Hier werde ich selbst erwartet. Hier kann ich meine Freude teilen. Hier werde ich auch mit meinen persönlichen Sorgen und Problemen ernst genommen. Hier darf ich zur Ruhe kommen, weil hier die Wahrheit gilt und gefeiert wird, daß Gott mich um meiner selbst willen ansieht und mich mit seinen Gaben beschenkt und darin meine alltäglichen Leistungszusammenhänge zu meinen Gunsten unterbricht. Hier komme ich aber auch mit meinen Fähigkeiten zum Zuge; freilich so, daß daraus Gaben für andere werden.

Eine Gemeinde wird um so aktiver, je empfänglicher sie für Gottes Gaben macht und je mehr sie sich selbst von Gott beschenken läßt. Sie ist dann wie jener Baum, von dem es in Psalm 1,3 heißt, daß er an Wasserbächen gepflanzt ist und seine Frucht bringt zu *seiner* Zeit und seine Blätter nicht verwelken; und was er macht, das gerät wohl. Zu seiner Zeit Frucht bringen und aktiv werden, das ist geradezu das Gegenteil von einem permanenten Aktionsdruck, unter den eine Gemeinde geraten oder gar sich selbst setzen kann. Sie lebt dann nicht mehr nach der Devise: Es muß etwas geschehen, damit wir uns als Kirchengemeinde sehen lassen können. Es gilt vielmehr: das Entscheidende *ist* für uns schon geschehen, nämlich unsere Erlösung durch Jesus Christus. Nun kann alles, was noch geschehen müßte, wie eine Frucht heranwachsen, bis es reif ist, um getan zu werden.

Nicht nur ein Baum, sondern auch eine Gemeinde hat ihren Kräftehaushalt. Er darf nicht willkürlich ausgebeutet werden, wenn eine Gemeinde nicht zur Fruchtpresse verkommen soll. Es darf auch einmal etwas liegenbleiben, wenn jetzt keine Kraft dazu da ist. Was nur unter Seufzen und Stöhnen getan wird, bleibt besser liegen, bis es seine Zeit hat und gern angepackt werden kann. Es gibt eine Gelassenheit, die nicht nur den rechten Zeitpunkt zum Tun abwartet, sondern auch etwas lassen kann, was seine Zeit gehabt hat. Nicht nur unser Tun, sondern auch unser Lassen will gesegnet sein. Manchmal kann es noch schwieriger sein, etwas zu lassen, als etwas Neues anzupacken.

Ich wünsche Ihnen die Gelassenheit, die aus dem Gebet spricht:

»Gott, gib mir die Gelassenheit, Dinge hinzunehmen, die ich nicht ändern kann, den Mut, Dinge zu ändern, die ich ändern kann, und die Weisheit, das eine vom anderen zu unterscheiden.«

21. Brief

Der dreieinige Gott – Anfang, Mitte und Ziel des Gemeindeaufbaus

So viele Fragen für den Gemeindeaufbau noch anzusprechen wären – der Umgang mit Zeit, die Bedeutung der hauptamtlichen Mitarbeiter, die Rolle von Pfarrer und Pfarrerin im Aufbau der Gemeinde usw. – will ich doch mit dieser Brieffolge zum Schluß kommen und Sie auf etwas ansprechen, was auch in manchen Teilen der Bibel erst am Schluß zur Sprache kommt: das Bekenntnis zum dreieinigen Gott. Bei Matthäus im letzten Kapitel heißt es z.B.: »Taufet sie auf den Namen des Vaters und des Sohnes und des Heiligen Geistes« (Mt 28,19). Am Schluß des 2. Korintherbriefes grüßt der Apostel Paulus die Gemeinde: »Die Gnade unseres Herrn Jesus Christus und die Liebe Gottes und die Gemeinschaft des Heiligen Geistes sei mit euch allen!« (2. Kor 13,13). Der Gottesdienst kann auch mit einem trinitarischen Segen schließen: »Es segne und behüte euch Gott, der Allmächtige und Barmherzige, der Vater, der Sohn und der Heilige Geist.« Er beginnt auch trinitarisch: »Im Namen des Vaters und des Sohnes und des Heiligen Geistes«. Am Schluß des Psalmgesangs oder der Psalmlesung heißt es wiederum: »Ehre sei dem Vater und dem Sohn und dem Heiligen Geist, wie es war im Anfang, jetzt und immerdar und von Ewigkeit zu Ewigkeit.«

Was hat es mit dieser trinitarischen Sprache auf sich? Sind das nur schön klingende Formeln, nach der Weise: »Aller guten Dinge sind drei!«? Oder kommt hier die geheime Mitte, der Anfang und das Ziel des Gemeindeaufbaus zur Sprache? Lassen Sie uns mit dieser Frage in das Zentrum von Jesu Verkündigung zurückgehen: Im Gleichnis vom Verlorenen Sohn wird erzählt , daß der von zu Hause weggegangene und in der Fremde gescheiterte jüngere Sohn zu seinem Vater wieder zurückkehrt und der Vater nun für seinen heimgekehrten Sohn ein Fest ausrichtet; diesem Vater ist es nun entscheidend wichtig, daß auch sein älterer Sohn, der zu Hause geblieben ist, an diesem Fest teilnimmt und die Freude des Vaters über die Heimkehr des jüngeren Bruders teilt (Lk 15,11-32). Als Jesus bei dem Pharisäer einkehrt und dort von einer großen Sünderin gesalbt wird, will Jesus durch das Gleichnis von den beiden Schuldnern erreichen, daß auch der Pharisäer dieses befremdliche Geschehen der Salbung Jesu durch die Frau versteht (Lk 7,36-50). Wenn Paulus den Sklaven Onesimus in die neugewonnene Freiheit eines Christenmenschen entläßt, so schickt er ihn doch zu seinem Herrn und Besitzer Philemon zurück, damit auch dieser aus der Gemeinschaft des Glaubens an Jesus Christus heraus in die neue Freiheit seines ehemaligen Sklaven einstimme (Philemonbrief). An diesen und vielen ähnlichen Beispielen wird eine Liebe deutlich, die den Andersdenkenden gerade nicht ausschließt, sondern einlädt und um sein Einverständnis wirbt. Quelle und Grund dieser Liebe ist die Gemeinschaft der Liebe zwischen Vater und Sohn. Sie kommt besonders deutlich im Johannesevangelium zum Ausdruck, wenn Jesus sagt: »Ich und der Vater sind eins« (Joh 10,30). Diese Einheit ist keine nach außen hin abgeschlossene »Wagenburg-Einheit«, sondern eine für Dritte geöffnete, einladende Gemeinschaft. Die Gemeinschaft von Vater und Sohn ist von einer so unbedingten, werbenden Offenheit für Dritte, daß sie aus sich heraus den Heiligen Geist freisetzt, der wie ein Anwalt und Tröster weitere Menschen in die Gemeinschaft des Vaters mit dem Sohn einlädt und hineinzieht. Deshalb heißt es in Jesu Abschiedsrede: »Aber der Tröster, der heilige Geist, den mein Vater senden wird in meinem Namen, der wird euch alles lehren und euch an alles erinnern, was ich euch gesagt habe« (Joh 14,26).

Wer also getauft wird in den Namen des Vaters und des Sohnes und des Heiligen Geistes, der wird durch den Heiligen Geist hineingenommen in die Gemeinschaft des Vaters und des Sohnes. Für sich selbst ist diese wohl schon eine vollkommene Gemeinschaft der Liebe, und will es doch nicht sein. Auch der ältere Sohn, der Pharisäer, Philemon und bis heute immer weitere Menschen sind eingeladen, durch den Heiligen Geist in die Freude des Vaters am Sohn und die Freude des Sohnes am Vater mit einzustimmen. Der Heilige Geist ist der eigentliche Baumeister im Gemeindeaufbau. Er hat seine Herkunft in der Gemeinschaft von Vater und Sohn. Gemeinde hat also immer schon in der Gemeinschaft von Vater, Sohn und Heiligem Geist begonnen und will doch immer weiter wachsen und fester werden. Ausschließende Grenzen braucht eine solche Gemeinde nicht. Ihre Mitte ist stark genug, um offen zu sein auch für Andersdenkende und Andersfühlende.

So grüße ich Sie zum Schluß in der Verbundenheit dieser Gemeinschaft in der Weise, mit der Paulus die Korinther zum Abschluß seines zweiten Briefes grüßt: »Die Gnade unseres Herrn Jesus Christus und die Liebe Gottes und die Gemeinschaft des Heiligen Geistes sei mit euch allen.«

Anmerkungen und Nachweise

1 Vgl. Martin Luther, Wider die Antinomer (1539), WA 50, 476, 31-35.

2 Martin Buber, Erzählungen der Chassidim, Zürich [9]1984, 309-310.

3 Diese Schrittfolge findet sich ausführlicher entfaltet in einer Vorlage für die Beratung von Presbyterien und Synoden der Evangelischen Kirche im Rheinland »Kirche gemeinsam leben. Einübung in die Gemeinschaft der Heiligen«, Düsseldorf 1990, 28-37.

4 Vom Geheimnis der Gemeinde. Eine Handreichung zum Glaubensgespräch, angenommen von der Generalsynode der Niederländischen Reformierten Kirche auf ihrer Tagung am 18. Juni 1974, ins Deutsche übersetzt von Hans-Ulrich Kirchhoff, herausgegeben von der Kirchenkanzlei der EKD, Gütersloh [2]1976.

5 Dietrich Bonhoeffer, Gemeinsames Leben, DBW 5, München 1987, 65f.

6 Dietrich Bonhoeffer, Sanctorum Communio. Eine dogmatische Untersuchung zur Soziologie der Kirche, DBW 1, München 1986, 192f.

7 Vgl. Ernst Fuchs, Meditation zu Offb 3,1-6, in: GPM 18 (1963/64), 13-17, bes. 14.

8 Vgl. Martin Luther, Vorrede auf die Offenbarung Sankt Johannis (1530), WA. DB 7, 419, 36 – 421, 11.

9 Jochen Klepper, Unter dem Schatten deiner Flügel. Aus den Tagebüchern der Jahre 1932-1942, Stuttgart 1956, 854 (Eintrag vom 03.03.1940).

10 Hans Jonas, Das Prinzip Verantwortung, 1980, 57.

11 Vgl. Hildburg Wegener-Fueter/Paul D. Fueter, Die Altarbibel – mehr als ein Requisit, in: Das missionarische Wort 44 (1991), 221-223.

12 Vgl. Christian Möller, Offenheit und Verbindlichkeit der Kirche, in: ders., seelsorglich predigen, Göttingen [2]1990, 151-165, bes. 151.

13 Susanne Schmauks, Kirchen öffnen, Studienbriefe. Gemeindeaufbau A 35, hg. von der Arbeitsgemeinschaft Missionarische Dienste, Stuttgart 1992, 3f.

Christian Möller

Gottesdienst als Gemeindeaufbau

Ein Werkstattbericht. 2., durchgesehene Auflage 1990. 235 Seiten, kartoniert. ISBN 3-525-60380-0

Lehre vom Gemeindeaufbau

Band 1: Konzepte – Programme – Wege

3. Auflage 1991. 272 Seiten, kartoniert. ISBN 3-525-60368-1

Band 2: Durchblicke – Einblicke – Ausblicke

1990. 401 Seiten, kartoniert. ISBN 3-525-60373-8

Seelsorglich predigen

Die parakletische Dimension von Predigt, Seelsorge und Gemeinde. 2., durchgesehene und erweiterte Auflage 1990. 191 Seiten, kartoniert. ISBN 3-525-60277-4

Wovon die Kirche lebt

Gewissheit – Gemeinschaft – Lehre – Sakrament. 1980. 113 Seiten, kartoniert. ISBN 3-525-52164-2

Vandenhoeck & Ruprecht · Göttingen